融合型·新形态教材
复旦学前云平台 fudanxueqian.com

U0731062

高等职业教育学前教育专业系列教材

幼儿教师
多媒体课件制作

主　编　张　莉　孙培锋
副主编　赵　颖　胡　光
编　委　查　华　赵惠敏　张　晶　王　岚
　　　　张琳琳　王　芳　冯　晨　孙一格
　　　　杨　君　李晓红

复旦大學 出版社

内容提要

  本书系统介绍了幼儿园多媒体课件制作需要掌握的理论基础和基本技能，内容涵盖了幼儿园多媒体课件概述、多媒体素材的获取与处理、PPT 演示型课件制作以及微课型课件制作。

  本书构建了基于项目任务的学习共同体，创建了幼儿园多媒体课件制作的学习环境。在项目任务中学习幼儿园多媒体课件制作方法以及相关知识，使学习者可以轻松掌握多媒体课件制作的理论及相关软件的应用，并将课程思政融入课程教学环节，实现立德树人。项目任务来自幼儿园一线教学，互动性、实用性、指导性强。

  本书可以作为高等院校学前教育相关专业学生的教材，也可以作为幼儿园一线教师的参考用书。

前　言

随着计算机多媒体技术的迅速普及和现代化教育手段的广泛应用,强化信息技术应用,提升应用信息技术水平,更新教学观念,改进教学方法以及提高教学效果,是对幼儿教师提出的更高要求。

幼儿园多媒体课件以其图文并茂、声像毕现、动感无限,以及有效增大课堂容量的独特优势,已经渗透到幼儿园的各项活动,制作幼儿园多媒体课件已成为新时期幼儿教师必备的一种技能。依托幼儿园多媒体课件,能够激发幼儿学习兴趣,拓展幼儿的想象力,有利于幼儿信息素养的形成,促进幼儿教师专业的成长,提高教学效率,提升幼儿园的教学质量。

本书系统介绍了幼儿园多媒体课件制作需要掌握的理论基础和基本技能。幼儿园多媒体课件概述的内容主要阐述理论基础,包括多媒体课件的概念、特点、基本类型、设计原则以及制作流程等;多媒体素材的获取与处理项目内容包括幼儿园多媒体课件制作中用到的文本素材、图像素材、声音素材、视频和动画素材的获取、处理和应用,涉及软件 Word 2010、PhotoShop CS6、Audition CS6、Corel Video Studio X10、Animate CC 的操作方法;PPT 演示型课件制作项目内容包括"海底世界""小兔子的糖果屋"和"森林王国"等 3 个演示型课件任务,任务包括在 PowerPoint 2010 中插入对象、设置母版、设置动画、应用主题等 PPT 演示型课件制作的操作方法;微课型多媒体课件制作项目内容包括微课的概念、特点、设计流程和主要制作类型,在"泥泥狗"和"动物园"微课型课件任务中学习视频拍摄方法、拍摄技巧、拍摄完成后的视频处理、Camtasia studio 9 的操作方法。

本书有 4 个方面特点:

◇ 课程思政、立德树人:本书将课程思政融入课程教学环节,实现立德树人。"育人"先"育德",注重传道授业解惑、育人育才的有机统一,注重加强对学生的世界观、人生观和价值观的教育。

◇ 任务驱动:本书构建了基于项目任务的学习共同体,创建了多媒体课件制作的学习环境,在项目任务中学习制作方法以及相关知识,强调学习者在教学中的主观能动作用,能够调动学习者的学习自觉性和主动性,使学习者能够轻松地制作出适用于实际教学的幼儿园多媒体课件。

◇ 内容实用:任务来自幼儿园一线教学,贴合幼儿园的工作实际,互动性、实用性、指导性强。

◇ 资源丰富:任务实施部分均配有微课视频,读者可以扫描二维码观看,同时配套任务素材、课件和教案,与书中知识紧密结合并相互补充,以达到学以致用的目的。

参与本书编写的作者有多媒体课件制作获奖教师,他们不仅长期从事多媒体课件制作教学方面的研究,而且有较为丰富的计算机图书编写经验;同时还有幼儿园一线教师,为本书中的项目任务提供了丰富的活动方案和素材。

本书理论基础　幼儿园多媒体课件概述,由张莉编写;项目一　多媒体素材的获取与处理,由孙培锋编写;项目二　PPT 演示型课件制作,由赵颖编写;项目三　微课型多媒体课件制作,由胡光编写。课件制作的参考素材和活动方案由中国人民解放军信息工程大学第三幼儿园王芳、冯晨、孙一格、杨君、李晓红提供。

本书既适合作为高等院校学前教育相关专业学生的教材使用,也适合作为幼儿园一线教师的参考用书。

感谢郑州幼儿师范高等专科学校王彩凤老师的大力支持,感谢中国人民解放军信息工程大学第三幼儿园查华园长、赵惠敏副园长的指导性建议,感谢白鸽集团郑州二砂实业有限公司幼儿园张晶园长、王岚副园长和郑州市金水区姿华阳光城幼儿园张琳琳园长的配合,感谢复旦大学出版社的编辑们为本书的出版做的大量工作,在此对他们辛勤的工作和鼎力支持表示诚挚的感谢!

本书在编写过程中,翻阅了大量资料,参考了许多专业书籍,有借鉴和引用之处,谨向多位专家致谢。虽然编者从事多媒体课件制作等课程的教学工作多年,但由于编者水平有限,书中难免有错误和不当之处,敬请广大同行和读者批评指正。

编者

2021 年 10 月

目　　录

理论基础 幼儿园多媒体课件概述

　　幼儿园多媒体课件制作是现代教育技术的重要内容，是教育信息化的重要方面。掌握幼儿园多媒体课件的基本理论，设计、制作和应用多媒体课件于幼儿园活动之中，是现代幼儿教师教学技术水平和能力的重要体现。幼儿园多媒体课件能够激发幼儿学习兴趣、拓展想象力，有利于幼儿信息素养的形成，促进幼儿教师专业的成长，提高教学效率，提升幼儿园的教学质量。

一、多媒体课件的概念

早期的多媒体课件是用于执行教学任务的计算机程序,称为教学软件或课程软件,属于计算机辅助教学的范畴,即用计算机技术帮助或代替教师执行部分教学任务,向学生传授知识和提供技能训练,直接为学生服务。随着计算机应用领域的不断拓展,以及多媒体技术、网络技术的不断进步,多媒体课件的应用逐渐普及,其表现形式也愈加丰富。

多媒体课件是根据教学大纲的要求和教学的需要,经过严格的教学设计,并以多种媒体的表现方式和超文本结构制作而成的课程软件。简单来说,就是老师用辅助教学的工具,根据自己的创意,先从总体上对信息进行分类组织,然后把文字、图形、图像、声音、动画、影像等多种媒体素材在时间和空间两方面进行集成,使它们融为一体并赋予它们以交互特性,从而制作出各种精彩纷呈的多媒体应用软件产品。

实验心理学家赤瑞特拉(Treicher)做过两个著名的心理实验,一个是关于人类获取信息的来源,就是人类获取信息到底主要通过哪些途径。他通过大量的实验证实:人类获取的信息,83％来自视觉,11％来自听觉,这两个加起来就有94％。还有3.5％来自嗅觉,1.5％来自触觉,1％来自味觉。多媒体技术既看得见,又听得见,还能用手操作。这样通过多种感官的刺激获取的信息量,比单一地听老师讲课大得多,信息和知识是密切相关的,获取大量的信息就可以掌握大量的知识。他还做了另一个实验,是关于知识保持即记忆持久性的实验。结果是这样的:人们一般能记住自己阅读内容的10％,听到内容的20％,看到内容的30％,听到和看到内容的50％,在交流过程中自己所说内容的70％。这就是说,如果既能听到又能看到,再通过讨论、交流用自己的语言表达出来,知识的保持将大大优于传统教学的效果。这说明多媒体计算机应用于教学过程不仅非常有利于知识的获取,而且非常有利于知识的保持。

二、感受幼儿园多媒体课件

幼儿园多媒体课件集文字、图形、图像、音频、视频、动画等素材为一体,能通过多感官刺激,激发幼儿的学习兴趣,加深幼儿对学习内容的印象和理解。另外,多媒体课件的可重用性和共享性能为学习评价和教研共享提供极大的便利。以幼儿园中班活动"美丽的蝴蝶"为例,活动设计如表1所示。

表1　幼儿园中班活动"美丽的蝴蝶"

活动目标	(1) 观察、认识蝴蝶的外形特征,了解蝴蝶的生活习性; (2) 对动物的活动和生长变化过程有初步的兴趣和认识; (3) 通过观察、欣赏蝴蝶,让幼儿感受其独特的美,体验蝴蝶带来的美的享受
活动重、难点	(1) 让幼儿了解蝴蝶的形状颜色特征; (2) 让幼儿了解蝴蝶的生长过程
活动准备	(1) 蝴蝶的图片和标本; (2) 利用多媒体课件(含蝴蝶生长变化的图片以及视频影像)观察蝴蝶的生长过程
活动过程	(1) 猜谜,引出蝴蝶的话题 师:猜猜这个谜语说的是谁? 有样东西真美丽,四片翅膀像花衣,春天飞到花园里,停在花上吸花蜜。(蝴蝶) 师:谜语里为什么说的是蝴蝶呢? 你是怎么猜出来? (2) 引导幼儿观察蝴蝶的主要特征 师:你见过的蝴蝶是什么样子的呢? (幼儿凭借已有经验,自由讲述对蝴蝶的了解和认识。) 师:(出示蝴蝶图片和蝴蝶标本)这是什么? 蝴蝶到底是什么样子的,我们来仔细地看一看。 (引导幼儿观察蝴蝶的主要特征:对称的翅膀、细小的身体、一对触须等。) 师:蝴蝶什么地方最美丽?(引导幼儿观察翅膀上对称的花纹,欣赏蝴蝶身上花纹的色彩美、形状美和对称美。) (3) 在交流中引导幼儿了解蝴蝶的生活习性

续　表

师：蝴蝶最喜欢在什么地方飞来飞去？为什么？ （4）播放课件 播放蝴蝶生长过程的多媒体课件（含蝴蝶生长变化的图片以及视频影像）帮助幼儿动态的了解蝴蝶从"卵—小毛毛虫—大毛毛虫—蛹—蝴蝶"的蜕变过程。 （5）引导幼儿用身体动作表现蝴蝶 师：蝴蝶是怎么样飞的？它停在花上时是什么样子的？ 我们一起来学做蝴蝶飞吧！（幼儿随着音乐"蝴蝶找花"用动作模仿蝴蝶飞。） （6）活动小结

1. 思考

思考下列问题：

（1）中班活动"美丽的蝴蝶"的重难点；

（2）活动中通过哪些方式让幼儿园了解蝴蝶的形状颜色特征和生长过程；

（3）幼儿园多媒体课件应用于幼儿园活动的优势。

2. 案例分析

（1）本案例从活动实际出发，根据活动目的和内容分析了活动重难点。

（2）针对重难点的突破，思考具有表现力和突破力的媒体表现形式（蝴蝶标本、多媒体课件），使抽象的概念形象化，不易观察的现象清晰化。

（3）为了让幼儿了解蝴蝶的生长变化过程，以往的活动过程大多数仅利用图片进行展示，无法生动展现变化过程；现在的活动过程，利用多媒体课件（含蝴蝶生长变化的图片以及视频影像）进行辅助，动态演示蝴蝶从卵→小毛毛虫→大毛毛虫→蛹→蝴蝶的蜕变过程，突破活动的重难点。

（4）案例中，多媒体课件（含蝴蝶生长变化的图片以及视频影像）生动的视听体验不仅能激发幼儿的学习兴趣，扩展幼儿的视野，更重要的是能帮助突破活动重难点，起到增进活动效果，优化教育过程的作用。

三、多媒体课件的特点

1. 丰富表现力

多媒体课件不仅可以更加自然、逼真地表现多姿多彩的视听世界，还可以对宏观和微观事物进行模拟，对抽象、无形事物进行生动、直观的表现，对复杂过程进行简化再现，等等。这样，就使原本艰难的教学活动充满了魅力。

2. 良好交互性

多媒体课件不仅可以在内容的学习上提供良好的交互控制，而且可以运用适当的教学策略，指导学生学习、更好地体现出"因材施教的个别化教学"。

3. 极大共享性

网络技术的发展，多媒体信息的自由传输，使得教育在全世界交换、共享成为可能。以网络为载体的多媒体课件，提供了教学资源的共享。多媒体课件在教学中的使用，改善了教学媒体的表现力和交互性、促进了课堂教学内容、教学方法、教学过程的全面优化，提高了教学效果。

四、多媒体课件的类型

多媒体课件按照不同的分类标准，会有不同的分类方法。

1. 根据内容与作用

可以分为助教型、助学型、训练与练习型、实验型及资料、积件型。

（1）助教型的多媒体课件是为了解决某一课程的教学重点与教学难点而开发的,知识点可以不连续,主要用于课堂演示教学,所以,也称为课堂演示型多媒体课件。助教型多媒体课件注重对学习者的启发、提示,或帮助学习者理解,或促进学习者记忆,或引发学习者兴趣,有利于学习者变被动学习为主动学习。

助教型多媒体课件一般是由教师自行编制,在直线式演示的基础上,根据需要能够实现跳转和链接功能,在合成图、文、声、像等多种媒体元素的同时,体现了多媒体课件的交互性。助教型多媒体课件适于各学科演示重点内容、难点内容、数据图表、动态现象、模拟示意等,可用来配合课堂的讲授、讨论、练习和示范。

（2）助学型多媒体课件是通过体现在界面上的交互式设计,让学习者进行人机交互操作,可以让学习者自主地学习,所以,也称为自主学习型多媒体课件。助学型多媒体课件具有完整的知识结构,反映一定的教学过程和教学策略,提供相应的形成性练习,供学习者学习评价。

助学型课件的结构与助教型课件有所不同,课件结构不是线性顺序,而是以非线性网状结构为基础,学习者通过链接来选择信息。在设计功能较全、需要组织和利用大量信息,或对学习者实现有效监控的助学型多媒体课件时,要用数据库来支持课件的运行。在小型课件中,也应该按照数据库的规范组织信息。由于超媒体结构容易使学习者在信息浏览中迷失方向,偏离学习目标,还需要用多种导航方法相互配合,构成课件的导航系统。

2. 根据使用方式

可以分为课堂演示型、学生自主学习型、教学游戏型、模拟实验型、操作演练型、资料工具型、协作交流型。

（1）课堂演示型多媒体课件应用于课堂教学中,其主要目的是揭示教学内容的内在规律,将抽象的教学内容用形象具体的动画等方式表现出来。此类课件继承了多媒体组合教学的优秀成果,具有直观形象、生动有趣等特点。在新技术条件下又有了新的发展,突出表现在超媒体特性在此类课件中的应用,促使教学由单线性的教学设计向板块状的设计转化,使教师在教学过程中能根据学生的思路迅速调整教学流程,选择最佳的知识关联,利用知识间的联系加强理解,达到课堂教学的优化。

（2）学生自主学习型多媒体课件应用于多媒体CAI网络教室环境下,学生利用学生工作站进行个别化自主学习。如目前流行网络课件多数就是这种类型。

（3）教学游戏型多媒体课件是将学科的知识内容,通过游戏的形式呈现出来,为学生提供一种富有趣味性和竞争性的学习环境,激发学生的学习动机,使学生在富有教学意义而且教学目标明确的游戏过程中,训练或掌握知识、提高能力,寓教于乐。此类型多媒体课件能极大激发学生的学习兴趣,可用于教学过程的多个阶段,适合以学生为主体的发现式学习。

（4）模拟实验型多媒体课件是利用计算机产生各种与现实世界相类似的现象,学生可以在接近真实的情景中,扮演角色,模拟操作做出决策,观察事物演变的过程与结果,从而认识和理解这些现象的本质。模拟实验型多媒体课件在教学活动中应用的方法多种多样,常见的有演示模拟、操作模拟、实验模拟和管理模拟等几种方式。此类型多媒体课件能解决师资力量不足、教师教学任务繁重、实验场地和设备严重不足等问题,同时还能展示肉眼无法观察到的宏观世界和微观世界,可以避免真实实验或操作所带来的各种危险,具有生动、形象、直观、经济、安全和缩短实验周期等特点。

（5）操作演练型多媒体课件通常利用计算机所具有的智能判断对学生的练习成果即兴判断,统计出学生的知识缺陷,并让学生重新练习。教学过程是按照一定的规则向学生提出问题。当学生回答完毕后,计算机判断其答案是否正确,并根据学生回答的情况给予响应反馈,以促进学生掌握某种知识与技能技巧。接着,计算机提出下一个问题,这个过程一直重复下去,达到预期要求或者预先设定的时间或次数用完后结束,可以使学习者形成刺激反应之间的联系。具有反馈及时、激发学生的学习动机、提供学生操练与练习的成绩记录和强化学习内容的特点。

（6）资料工具型多媒体课件不提供具体的教学内容和教学过程，而注重知识信息的检索和学习资料的提供，主要供学习者检索与查询，以获取信息，扩大知识面，如百科全书、电子字典、各类工具书及各类图形库、动画库、声音库等。

（7）协作交流型多媒体课件是一种信息呈现和传递的工具，运用网络传递教学和学习信息，学生可以在特定的环境中自由发表自己的观点，也可以和老师、同学就某个问题交流讨论。师生、生生之间的交流和协作，不仅有利于知识的熟练掌握、能力的迅速形成和理解的深化，而且还能培养学生的合作精神。

3. 根据在教学中的应用范围和属性

可以分为自学型、理论型、实验型、网络型。

4. 按照操作流程

可以分为顺序型、分支型、交互型、网络型。

5. 按照教学中的作用

可以分为贯穿全课程型、突破重难点型、教学自学兼用型。

6. 按照教学中的目的

可以分为测验型、教学型、模拟型、开放型。

7. 根据使用对象

可以分为供教师使用的演示型、供学习者使用的指导教学型。

微课型多媒体课件是目前教育技术领域关注的一种新型资源形式。它是以视频为主要表现形式的目标明确、内容聚焦、时间短且包含完整教学过程的视频课程。

虽然我们把多媒体课件分成了这么多类型，但有时对于某一种多媒体课件，很难把它单纯地归结为哪一种类型，分类的目的只是便于大家更好地理解多媒体课件。

五、多媒体课件设计的理论基础

多媒体课件是现代教育技术的重要内容，随着现代教育技术理念的发展，幼儿园多媒体课件已经渗透到幼儿园的各项活动。多媒体课件的制作离不开特定的工具和设备，但它不只是重视视听效果，更是一种教育理念和教育方式的革新。多媒体课件的目的是优化教与学过程和资源，促进学习，实现一定的教育目标。而教学思想是多媒体课件的灵魂，高质量的多媒体课件设计必须遵循一定的学习理论，以学习理论为指导思想。

学习理论是心理学的一门分支学科，是对学习规律和学习条件的系统阐述，它主要研究人类和动物的学习行为特征和认知心理过程。由于心理学家们各自的观点、视野和研究方法各不相同，因而形成了各种学习理论的流派，比较流行的有行为主义学习理论、认知主义学习理论、建构主义学习理论与人本主义学习理论等。

在制作多媒体课件时，我们应该了解这些学习理论的主要思想，树立科学的学习观，以此为依据，制作出优质高效并能达到教学目标的多媒体课件。值得注意的是，每种学习理论都有其适用的情景和合理性，我们应该博采众长，更加全面深刻的认识学习，服务于学习。

1. 行为主义学习理论

行为主义学习理论对学习的解释强调可观察的行为，认为行为的多次愉快或痛苦的后果改变了个体的行为，学习就是形成刺激和反应的联结。可见，有效的刺激和适时的强化，是影响学习的两个关键因素。

（1）巴甫洛夫的经典条件反射理论的学习观

俄国生理学家伊万·巴甫洛夫（Ivan Pavlov）在研究消化现象时，观察了狗的唾液分泌，提出了经典条件反射理论。学习情景中相当一部分行为都可以用经典条件反射的观点来解释，如幼儿教师播放一首儿童喜欢的歌曲，幼儿就会认为课堂是个安全、好玩的地方，感受到教师亲切的态度和关爱。如果教室让幼儿联想到批评,他们就会对教室产生恐惧,因为批评已经成为恐惧的条件刺激。

(2)桑代克的联结主义的学习观

桑代克(E. L. Thorndike)是动物心理学研究的先驱,他以动物为实验研究的对象,系统地研究动物的学习行为,从而建构了学习心理学中最早也是最系统的学习理论。他认为动物会在每次尝试中,构建一种刺激-反应联系,当它们成功时,就会记下这些刺激-反应,那些不正确的会慢慢被排除掉,学习的实质就是不断地形成刺激-反应的过程,并总结了三条学习定律:准备律、练习律和效果律。

① 准备律:如果学习者提前做好了关于学习的准备,并按照他的想法做了,就会产生满足感。但是如果像猫第一次被扔进笼子里一样,被强制学习,没有任何心理准备,就会对学习产生厌恶。

② 练习律:当不断重复一个学会的反应,就能增加刺激-反应的联结,所以练习的多寡,直接导致了刺激-反应的稳固效果。也就是练习的次数越多,学会的概率越高。

③ 效果律:桑代克认为哪一种行为会被记住,取决于这种行为的效果,比如猫会记住开机关的行为,是因为它能通过这个行为开门获得美味的鱼;而挣扎等错误行为并不能让它获得什么,所以它会抛弃这些行为。

桑代克的学习理论对教学实践具有一定的指导意义。例如,准备律指导学习者要有某种需要,体现为兴趣和欲望。良好的心理准备还应包括对该情景起反应所必不可少的素养和能力准备;练习律指导学习者对所有学习要进行大量的、重复的练习和操练;效果律指导学习过程要使用一些具体的奖励。

(3)斯金纳的操作条件反射学习观

斯金纳(B. F. Skinner)是行为主义学派后期对学习心理学影响最大的心理学家。斯金纳行为主义学习理论在教育技术领域有巨大影响。斯金纳1954年发表了"学习的科学和教学的艺术"一文,推动了程序教学运动的发展,斯金纳也被誉为程序教学运动之父。斯金纳程序教学的基本方法是:向学习者呈现一个小单位的信息(称为框面)作为刺激,然后,学习者通过填空或回答的方式做出反应,反馈系统对反应做出评价。如反应错误,告诉学习者错误的原因;如学习者正确回答,则反应得到强化,进入第二个框面的学习。如此刺激—反应—强化的过程不断反复,直至学习者完成一个程序的学习。程序教学的原理是:

① 积极反应原理:学习者对学习内容做出积极的反应。

② 及时确认原理:对学习者的正确反应给予及时的确认。

③ 小步子原理:小步子前进。

④ 自定步速原理:根据自身的条件自定学习的速度。

⑤ 测验原理:学习的结果需通过测验来检验。

斯金纳的学习理论推动了程序教学运动的发展并使其达到高潮。在程序教学运动中出现的一些观点,如重视教学机器的作用、重视学习理论的基础与指导作用等,同时也在个别化教学、计算机辅助教学等教学形式中发挥了重要作用。

多媒体计算机辅助教学是一种程序教学,多媒体课件本质上就是包含教学信息的程序,教学内容的展开由程序来控制,学习者可按程序提供的交互方式来选择学习形式、时间、速度等。在幼儿园多媒体课件制作中,可以以小步递进的形式设计安排由易到难的幼儿交互材料。如中班寻宝游戏(即找出菱形),第一层次是从几个零星的图形中寻找菱形;第二层次是从简单的图形组合中寻找菱形;第三层次是从复杂的图形组合中寻找菱形。随着层次的逐级提高,幼儿的观察能力、空间思维能力也在不断发展。

行为主义学习理论指导下所设计的多媒体课件是基于框面的、小步骤的分支式程序设计,将复杂学科知识(行为)分解成学生容易学习和掌握的小步骤,然后再分步不断反馈强化。也就是说,教学内容被"程序化"地分割成许多小单元,并按照合乎教学的顺序,由教师在课堂上一一展示出来。但这样的多媒体课件设计是线性的,使用者(教师)和学习者(学生)无法实现特定要求的跳转,学习内容被人为地小步骤分割,根本谈不上学习的个别化。学生参与教学活动的机会少,大部分时间处于被动接受状态,学生的主动性、积极性很难发挥,更不利于创造型人才的成长。

2. 认知主义学习理论

行为主义理论在斯金纳时期达到鼎盛,就在这一时期,认知主义学习理论与行为主义学习理论了展开了激烈的论争,最终以认知理论占上风而告终。认知学习理论与行为主义学习理论的最大区别在于,认知理论学家们只关心人类的学习,认知学习理论强调学习者的内部心理过程,这与行为主义者只关注外显行为、无视心理过程的观念有显著区别。认知学习理论的代表人物有苛勒、布鲁纳、奥苏贝尔、加涅等。

（1）格式塔学习观——完形说（顿悟说）

德国的格式塔学派诞生于 1912 年,是认知学习理论的先驱。所谓格式塔,在德语中的意思是完形。该学派的代表人物有魏特海默(M. Wetheimer)、苛勒(W. kohler)和考夫卡(K. Koffka)等人。他们认为,学习不是行为的联结,而是组织一种完形。学习过程中问题的解决,都是由于对情景中的事物关系的理解而构成一种完形所实现的。同时,他们认为学习是由顿悟实现的,即学习过程不是渐进的尝试错误的过程,而是突然领悟的,所以格式塔的学习理论又称"顿悟说"。其著名的实验便是苛勒做的猩猩吃香蕉的实验。格式塔学派重视知觉组织和解决问题的过程以及创造性思维。

格式塔心理学这种标举整体,弘扬接受主体性的思想,对阅读儿童文学图画书具有较大的启示。图画书的阅读既可以是一种整体性阅读,又可以是一种闭合性阅读,同时是一种同构性阅读。这样的阅读诠释了图画书带给我们乐趣的真谛。

（2）布鲁纳的认知发现学习理论

布鲁纳(J. S. Bruner)是一位在西方心理学界和教育界都享有盛誉的学者。他认为学习的实质是学生主动地通过感知、领会和推理,促进类目及其编码系统的形成。类目指一组相关的对象或事件。他强调学习是指掌握知识结构,亦即学习事物间是怎样相互关联的。他强调学习一般原理的重要性,同时,他还认为,应该培养学生具有探索新情境,提出假设,推测关系,应用自己的能力解决新问题、发现新事物的态度。由此,他提倡发现学习,主张教学应创造条件,让学生通过参与探究活动而发现基本原理或规则。他提出的发现学习的一般步骤有：

① 从儿童的好奇心出发,提出和明确使学生感兴趣的问题。学生在面临新问题、新情景时,在思维中产生了某种不确定性,于是就会出现试图探究的动机。

② 围绕问题,向学生提供有助于问题解决的材料或事实。

③ 协助学生对有关材料与事实进行分析,让学生通过积极思维,提出各种解决问题的可能途径和假设。

④ 协助和引导学生审查假设,用分析思维去证实结论,使问题得以解决。

布鲁纳认为,发现式教学不仅有利于学生所学知识的保持,有利于培养学生发现的方法与技巧,而且有利于培养和激发学生内在的学习动机,有效提高学生的认知能力。布鲁纳的这些思想对于指导和改进教学具有重要意义。发现学习的确具有接受学习不可比拟的优点,但是发现法的运用也受许多因素,如学生已有的知识经验等的限制,因此过于强调发现是有失偏颇的。

（3）奥苏贝尔的认知同化论

戴维·保罗·奥苏贝尔(David Pawl Ausubel)学习理论中的一个很重要的观点是有意义学习,这也是奥苏贝尔对教育心理学的重大贡献。

奥苏贝尔指出,有意义的学习是符号所代表的新知识与学习者认知结构中已有的适当观念,建立非人为的、实质性的联系。有意义学习是通过新信息与学生认知结构中已有的观念的相互作用才得以发生的,这种相互作用的结果导致了新旧知识的意义的同化。

有意义学习的外部条件是,材料本身必须具有逻辑意义,即材料本身能与个体认知机构中有关概念建立起非人为的、实质性的联系。所谓非人为的联系,是指新知识与认知结构中有关概念在某种合理或逻辑基础上的联系。如在教幼儿认识等边三角形时,能与已有认知结构中的一般三角形概念建立起联系。所谓实质性联系,是指新的符号或符号代表的观念与学习者认知结构中已有的表象、有意义的符号、概念的联系。如教幼儿认识"apple"时,能与现实中的"苹果"联系起来。

　　有意义学习的内部条件是学习者必须具有有意义学习的倾向;学习者认知结构中必须具有适当的知识,以便与新知识进行联系;学习者必须使这种具有潜在意义的新知识与他们认知结构中有关的旧知识发生相互作用。

　　奥苏贝尔在其有意义学习理论的基础上,提出了"渐进分化、综合贯通"的同化教学理论,即主张教学要遵循从一般到个别,再呈现具体材料以重组学生认知结构要素的教学顺序,并提出先行组织者教学策略。奥苏贝尔主张在正式学习新知识前,向学生介绍一些他们比较熟悉,同时又高度概括性包含了正式学习材料中的关键内容,以此来充当新旧知识联系的桥梁,成为"组织者"。由于是在学习新知识之前引进这些内容,所以称为先行组织者。先行组织者在三个方面有助于促进知识的学习和保持。第一,如果设计得当,可以使学生注意到自己认知结构中已有的那些可起固定作用的概念,并把新知识建立其上;第二,通过把有关方面的知识包括进来,并说明统括各种知识的基本原理,为新知识的接受提供了一种脚手架;第三,这种稳定的和清晰的组织,使学生不必采用机械学习的方式。

　　概念图就是基于认知主义,尤其是奥苏贝尔的先行组织者理论关于学习的主张,是一种用节点代表概念,连线表示概念间关系的图示法。认为学习就是建立一个概念网络,不断地向网络添加新内容。为了使学习有意义,学习者个体必须把新知识和学过的概念联系起来。奥苏贝尔的先行组织者主张用一幅大的图画,首先呈现最笼统的概念,然后逐渐展现细节和具体的东西。制作概念图的常用工具软件有XMind、MindMapper、Inspiration、MindManager、Kidspiration等。如图1就是用 XMind 软件绘制的"中

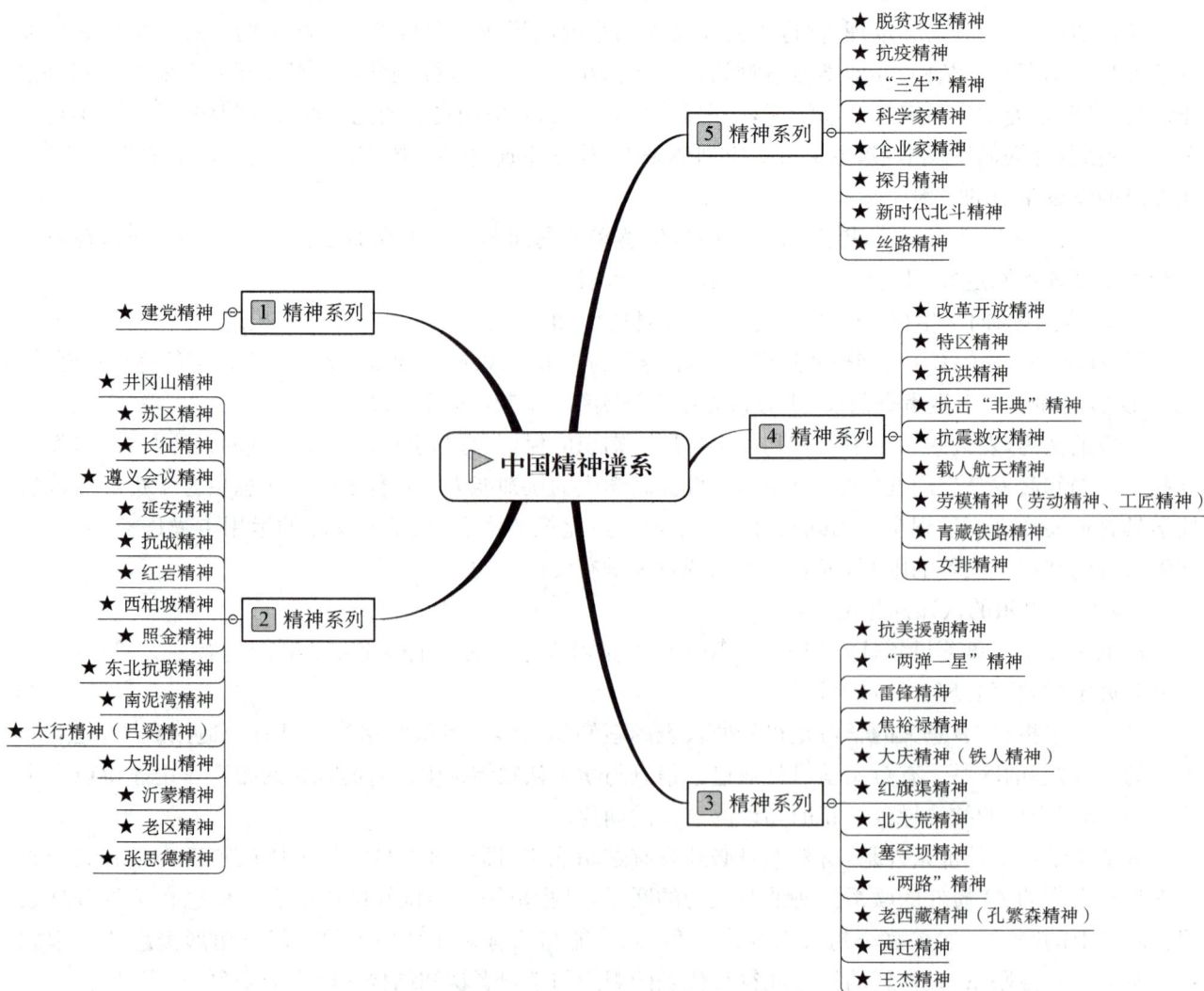

图 1　中国精神谱系

国精神谱系"概念图。

（4）加涅的信息加工理论

加涅是 20 世纪最有影响的著名教育心理学家之一。他认为，学习是一个有始有终的过程，这一过程可分成若干阶段，每一阶段需进行不同的信息加工。在各个信息加工阶段发生的事情，称为学习事件。学习事件是学生内部加工的过程，它形成了学习的信息加工理论的基本结构。与此相应，教学过程既要根据学生的内部加工过程，又要影响这一过程。因而，教学阶段与学习阶段是完全对应的。在每一教学阶段发生的事情，即教学事件，这是学习的外部条件。教学就是由教师安排和控制这些外部条件构成的，而教学的艺术就在于学习阶段与教学阶段的完全吻合。

加涅认为，学习的模式是用来说明学习的结构与过程的，它对于理解教学和教学过程，以及如何安排教学事件具有极大的应用意义。他提出了影响深远的信息加工的学习模式，如图 2 所示。

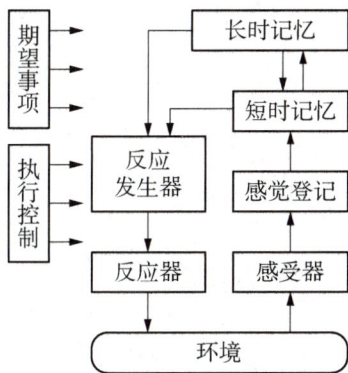

图 2　加涅信息加工学习模式

从该模式中可以看出，学生从自己所处的环境中接受刺激，刺激推动感受器，并转变为神经信息。这个信息进入感觉登记，这是非常短暂的记忆储存，一般在百分之几秒内就可把来自各感受器的信息登记完毕。有些部分登记了，其余部分很快就消逝了，这涉及注意或选择性知觉的问题。

被视觉登记的信息很快进入短时记忆，信息在这里可以持续二三十秒。短时记忆的容量很有限，一般只能储存七个左右的信息项目。一旦超过了这个数目，新的信息进来，就会把部分原有信息赶走。想要保持信息，就得采取复述的策略。但复述只有利于保持信息以便进行编码，并不能增加短时记忆的容量。

当信息从短时记忆进入长时记忆，信息发生了关键性转变，即要经过编码过程。所谓编码，不是把有关信息收集在一起，而是用各种方式把信息组织起来。信息是经编码形式储存在长时记忆中的。一般认为，长时记忆是个永久性的信息储存库。

当需要使用信息时，需经过检索提取信息。被提取出来的信息可以直接通向反应发生器，从而产生反应，也可以再回到短时记忆，对该信息的合适性作进一步的考虑，结果可能是进一步寻找信息，也可能是通过反应发生器作出反应。

在这个模式中，"执行控制"和"期望事项"是两个重要的结构，它们可以激发或改变信息流的加工。期望事项是指学生期望达到的目标，即学习的动机。正是因为学生对学习有某种期望，教师给予的反馈才会具有强化作用。换言之，反馈之所以有效，是因为反馈能肯定学生的期望。执行控制即加涅学习分类中的认知策略，执行控制过程决定哪些信息从感觉登记进入短时记忆，如何进行编码、采用何种提取策略等。由此可见，期望事项与执行控制在信息加工过程中起着极为重要的作用。

从学习的信息加工模式中可以看到，学习是学生与环境之间相互作用的结果。学习过程是由一系列事件构成的。加涅认为，每个学习动作可以分解成八个阶段，如图 3 所示，左边是学习阶段，方框上面是该阶段的名称，里面是该阶段内部的主要学习过程；右边则是教学事件。这样，学生内部的学习过程一环接一环，与此相应的学习阶段把这些内部过程与构成教学的外部事件联系起来了。

第一阶段：动机阶段。有效的学习必须要有学习动机，这是整个学习的开始阶段。动机的形式多种多样。在教育教学情境中，首先要考虑的是激发学生进行学习活动的动机，即学生力图达到某种目的。它是借助于学生内部产生的心理期望过程而建立起来的。期望就是指学生对完成学习任务后将会得到满意结果的一种预期，它可以为随后的学习指明方向。在幼儿园中，教师要重视幼儿自身学习的需要，保护他们的好奇心和求知欲，尊重他们的学习兴趣。多媒体课件中要为幼儿的主动学习创造宽松、自由、民主的环境，幼儿园活动的组织多考虑幼儿的兴趣和需要，逐步培养他们的学习动机。

但是，在有些场合下，学生最初并没有被达到某种目的的诱因所推动，这时就要帮助学生确立学习动

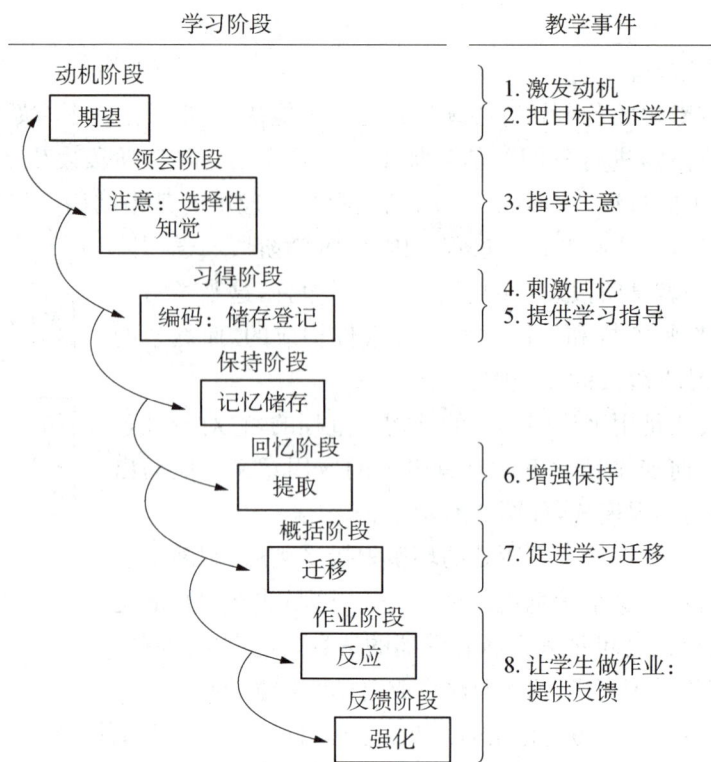

图 3　学习阶段与教学事件

机,形成学习期望。理想的期望只有通过学生自己的体会才能形成,而不能仅仅通过教师告诉学生学习的结果来形成。因此,为了使学生形成理想的期望,在学生实际获得某种知识和技能之前,应先作出安排使学生达到某种目标,以便向学生表明他们能够达到预期的目标。

第二阶段:领会阶段。有了学习动机的学生,首先必须接受刺激,即必须注意与学习有关的刺激,而无视其他刺激。当学生把所注意的刺激特征从其他刺激中分化出来时,这些刺激特征就被进行知觉编码,储存在短时记忆中。这个过程就是选择性知觉。

为了使学生能够有效地选择性知觉,教师应采用各种手段来引起学生的注意,如改变讲话的声调、手势动作等;同时,外部刺激的各种特征本身必须是可以被分化和辨别的。学生只有对外部刺激的特征作出选择性知觉后,才能进入其他学习阶段。比如,幼儿教师应该注重多媒体课件场景中的颜色、声音、玩具的摆放的位置等,这些都是与幼儿学习有关的刺激,都会对幼儿的学习产生影响。

第三阶段:习得阶段。当学生注意或知觉外部情景之后,学生就可获得知识。而习得阶段涉及的是对新获得的刺激进行知觉编码后储存在短时记忆中,然后再把它们进一步编码加工后转入长时记忆中。

在短时记忆中暂时保存的信息,与被直接知觉的信息是不同的。在这里,知觉信息已被转化成一种最容易储存的形式,这种转化过程称为编码过程。当信息进入长时记忆时,信息又要经历一次转换,这一编码的目的是为了保持信息。如用某种方式把刺激组织起来,或根据已经习得的概念对刺激进行分类,或把刺激简化成一些基本原理,这些都会有助于信息的保持。在此过程中,教师可以给学生提供各种编码程序,鼓励学生选择最佳的编码方式。

第四阶段:保持阶段。学生习得的信息经过复述、强化后,以语义编码的形式进入长时记忆储存阶段。对于长时记忆,人类至今了解不深,但有几点目前是清楚的:第一,储存在长时记忆中的信息,其强度并不随时间进程而减弱,如七八十岁的老人回忆孩提时的事情往往比当天的事情更清楚;第二,有些信息因长期不用会逐渐消退,如一个人已习得的外语单词会因经常不用而遗忘;第三,记忆储存可能会受干扰,新旧信息的混淆往往会使信息难以提取。因此,如果教师能对学习条件作适当安排,避免同时呈现十分相似的刺激,可以减少干扰的可能性,从而提高信息保持的程度。

第五阶段:回忆阶段。学生习得的信息要通过作业表现出来,信息的提取是其中必需的一环。相对其他阶段而言,回忆或信息提取阶段最容易受外部刺激的影响。教师可以利用各种方式使学生得到提取线索,这些线索可以增强学生的信息回忆量。教师最重要的是指导学生,使他们为自己提供线索,从而成为独立的学习者。所以,对于教学设计来说,通过外部线索激活提取过程固然重要,但更重要的是使学生掌握为自己提供线索的策略。

第六阶段:概括阶段。学生提取信息的过程并不始终是在与最初学习信息时相同的情境中进行的。同时,教师也总是希望学生能把学到的知识运用于各种类似的情境中去,以达到举一反三的目的。因此,学习过程必然有一个概括的阶段,也就是学习迁移的问题。为了促进学习的迁移,教师必须让学生在不同情境中学习,并给学生提供在不同情境中提取信息的机会;更为重要的是,要引导学生概括和掌握其中的原理和原则。

第七阶段:作业阶段。一个完整的学习过程需要有作业阶段,因为只有通过作业才能反映学生是否已习得了所学的内容。作业的一个重要功能是获得反馈;同时,学生通过作业看到自己学习的结果,可以获得一种满足。

当然,作业主要是给教师看的。一般来说,仅凭一次作业是很难对学生的学习情况作出判断的,有些学生可能碰巧做得很好,有些学生则可能碰巧做得不理想,因此教师需要几次作业才能对学生的学习状况做出判断。

第八阶段:反馈阶段。当学生完成作业后,马上意识到自己已经达到了预期的目标。这时,教师应给予反馈,让学生及时知道自己的作业是否正确,从而强化其学习动机。当然,强化在学习过程中之所以起作用,是因为学生在动机阶段形成的期望在反馈阶段得到了肯定。

教师在提供反馈时,不仅可以通过"对""错""正确"或"不正确"等词汇来表达,而且可以使用点头、微笑等许多微妙的方式反馈信息。反馈并不总是需要外部提供的,它也可以从学生内部获得,即进行自我强化。例如,学生可以根据已经学过的概念、规则,知道自己的答案是否正确。

总之,加涅认为教师是教学活动的设计者和管理者,也是学生学习效果的评定者。一个完整的学习过程是由上述八个阶段组成的。在每个学习阶段,学习者的头脑内部都进行着信息加工活动,使信息由一种形态转变为另一种形态,直到学习者用作业的方式作出反应为止。教学程序必须根据学习的基本原理来进行。在学习结果(即言语信息、认知策略、智慧技能、动作技能、态度)确定之后,必须按照教学工作目标的适当顺序安排。有效的教学要求教师根据学生的内部学习条件,创设或安排适当的外部条件,促进学生有效地学习,以实现预期的教学目标。

从认知主义学习理论来看,多媒体课件设计重视对学生内部心理过程的研究,并注意到了"学习情境设计""学习策略设计""个性化设计"等特点。教学不是知识的传递,而是学生积极主动地获取知识的过程,教师要为学生创造良好的学习条件和环境,激发学生的学习动机,提供合理的学习策略,促进学生的学习。教师不再是知识的传递者,而是学习的促进者。在各种学习理论的指导下,充分运用多媒体课件在表现形式上的优势及对学习内容的设计,激发学生的学习兴趣和学习动机,使学生的学习成为有意义的学习。但大多数教学设计理论都是围绕如何"教"而展开的,很少涉及学生"如何学"的问题。所以缺点也较明显,那就是在多媒体课件的设计中,思考更多的是"如何教",只强调教师的"教"而忽视学生的"学"。

3. 建构主义学习理论

建构主义学习理论是行为主义发展到认知主义以后的进一步发展,自20世纪90年代应用于教育领域以来,一直备受推崇。其最早提出者可追溯至瑞士的著名心理学家皮亚杰(J. Piaget)。皮亚杰的理论充满唯物辩证法,他坚持从内因和外因相互作用的观点来研究儿童的认知发展。他认为,儿童是在与周围环境相互作用的过程中,逐步建构起关于外部世界的知识,从而使自身认知结构得到发展。关于建构

图4　鱼牛的故事

主义,有一个有趣的童话故事可以帮助我们抓住其核心思想,如图4所示。

德国的一则关于"鱼牛"的童话故事,可以帮助我们很好地理解建构主义理论的主要观点。该故事说的是在一个小池塘里住着鱼和青蛙,它们是一对好朋友。它们听说外面的世界好精彩,都想出去看看。鱼由于不能离开水,只好让青蛙一个人走了。这天,青蛙回来了,鱼迫不及待地向它询问外面的情况。青蛙告诉鱼,外面有许多新奇有趣的东西。"比如说牛吧,"青蛙说:"这真是一种奇怪的动物,它的身体很大,头上长着两个犄角,吃青草为生,身上有着黑白相间的斑点,长着四只粗壮的腿,还有大大的乳房"。鱼惊叫道:"哇! 好怪哟!",同时脑海里即刻勾画出它心目中的"牛"的形象:一个大大的鱼身子,头上长着两个犄角,嘴里吃着青草……

鱼脑中牛的形象显然是错误的,但对于鱼来说却是合理的,因为它根据从青蛙那里得到的关于牛的部分信息,从本体论出发,将新信息与自己头脑中已有的知识相结合,构建出了"鱼牛"形象。这体现了建构主义理论的重要结论:

(1) 学习是一种意义建构的过程

人们对事物的理解与其自身的认知结构有关。知识不是通过教师传授得到,而是学生在与情境的交互作用过程中自行建构的。

(2) 学习是一种协商的过程

理解依赖于个人经验,即由于人们对世界的经验各不相同,人们对于世界的看法也必然会各不相同。此时,只有通过社会"协商"和磨合才可能达成共识。

(3) 学习是一种真实情境的体验

只有在真实世界的情境中才能使学习变得更为有效。学生在真实情境中如何运用自身的知识结构解决实际问题,是衡量学习是否成功的关键。

综上所述,建构主义的学习理论强调"知识建构"。认为理解依赖于个人经验,即由于人们对于世界的经验各不相同,人们对于世界的看法也必然会各不相同。知识是个体与外部环境交互作用的结果,人们对事物的理解与个体的先前经验有关,因而对知识正误的判断只能是相对的;知识不是通过教师传授得到,而是学习者在与情境的交互作用过程中自行建构的,因而学生应该处于中心地位,教师是学习的帮助者。因此,"情境""协作""会话"和"意义建构"是学习环境中的四大要素。如:在幼儿园活动中,利用多媒体课件创设情境,提供丰富的学习资源和各种便捷的学习工具,来支持幼儿对内容的自主建构等;在幼儿园多媒体课件制作中,建构主义学习理论强调以幼儿为中心,不仅要求幼儿将外部刺激的被动接受者和知识的灌输对象转变为信息加工的主体、知识意义的主动建构者,而且要求教师及其设计制作的多媒体课件由知识的传授者、灌输者转变为幼儿主动建构意义的帮助者、促进者。

建构主义学习理论指导下的多媒体课件设计模式,符合教育部《基础教育课程改革纲要(试行)》提出的"教学过程中,要大力推进信息技术在教学过程中的普遍应用,促进信息技术与学科课程的整合,逐步实现教学内容的呈现方式、学生的学习方式、教师的教学方式和师生互动的变革,充分发挥信息技术的优势,为学生的学习和发展提供丰富多彩的教育环境和有利的学习工具"的要求,"学习情境设计""协作学习设计""自主学习设计""个性化学习设计"等因素被广泛应用,真正体现了教学的因材施教原则。

但是,对建构主义理论的自主化学习也有许多异议,比较集中的是教学中缺乏师生间的情感交流。首先,当一个学生遇到困难时,教师能够给他(她)以精神上的鼓励,以调整其心理状态。无论是学生在学习新题目时遇到困难,或者在其他方面遇到了困难,教师都会耐心地加以劝解,中肯地用个人经历消除学生的疑虑。其次,在回答学生的问题时,经常会看到教师们对问题的回答仅仅是启发性的,不把答案的全部内容一下子说出来,这对学生的成长无疑是很有价值的。最后,在学生的一生中,教师是对他有最重要影响的因素之一。教师被看成权威和专家,学生很容易接受教师的思想和态度,并有意无意地加以模仿。

4. 人本主义学习理论指导下的多媒体课件设计

人本主义学习理论是建立在人本主义心理学的基础之上的。对人本主义学习理论产生深远影响的有两个著名的心理学家,分别是美国心理学家马斯洛(A. H. Maslow)和罗杰斯(Carl R. Rogers,1902—1987)。人本主义的学习与教学观深刻地影响了世界范围内的教育改革,是与程序教学运动、学科结构运动齐名的 20 世纪三大教学运动之一。

人本主义学习理论主张应该关注人的高级心理活动,如热情、信念、生命、尊严等内容,从全人教育的视角阐释学习者整个成长历程以发展人性,注重启发学习者的经验和创造潜能,引导其结合认知和经验,肯定自我,进而自我实现。人本主义学习理论重点研究如何为学习者创造良好的环境,让其从自己的角度感知世界,发展出对世界的理解,达到自我实现的最高境界;认为人的自我实现和为了实现目标而进行的创造,是人的行为的决定因素。

人本主义心理学代表人物罗杰斯认为,人类具有天生的学习愿望和潜能,这是一种值得信赖的心理倾向,它们可以在合适的条件下释放出来。当学生了解到学习内容与自身需要相关时,学习的积极性最容易激发,在一种具有心理安全感的环境下可以更好地学习。罗杰斯认为,教师的任务不是教学生知识,也不是教学生如何学习知识,而是要为学生提供学习的手段,至于应当如何学习则应当由学生自己决定。教师的角色应当是学生学习的促进者。

在人本主义学习理论指导下,多媒体课件设计要注重人的需求,注重人与课件的关系,注重人在课件中的地位。课件不是用来规范和约束人的工具,而是使人充分发展或自我实现的一种条件。倡导以多样的形式为学生提供与学习内容相关的现象、观点、数据和资料,不直接或轻易地呈现结论,并在课件中留出空间让学生参与进来,给学生留下自我修改、自我思考、自我认识和自我发展的空间。

罗杰斯认为,人们对学习内容的处理一般都是从提出理论和普遍原则入手,然后提供在实践中贯彻这些原理的具体途径和方法。他则提倡与之相反的策略,首先呈现大量的实际经验并描述具体的方法,然后再概括出一般原理。罗杰斯的这种策略不失为多媒体课件结构设计的一种思路。

从上面的分析比较中可以看出,四大学习理论指导下的多媒体课件设计各有优缺点。事实上,行为主义学习理论比较适合操作演练型多媒体课件的设计,认知主义学习理论比较适合模拟实验型多媒体课件的设计,建构主义学习理论则给资料工具型课件和协作交流型的课件注入了新的活力,而人本主义学习理论则更适合学生自主学习型课件的设计。总之,在多媒体课件设计中,学习理论的指导和恰当运用是成功的关键。

六、多媒体课件的设计原则

1. 教育性原则

多媒体课件的教育性原则要对学生获取知识、发展能力、培养品德起到良好的教育作用,有益于学生的个性发展,是多媒体课件首要遵循的原则。多媒体课件必须以教学大纲为依据,体现的教学目标务必清晰、明确,要突出教学重点,突破教学难点;根据教学目的与要求,发挥计算机多媒体图文并茂、形声并举的优势来表达教学内容,利用其交互性来实施教学;要求定位准确、针对性强,多媒体课件是专门针对学习者设计、开发的学习资源,是为学习者服务的;为了与教学活动有机融合,课件设计形式要灵活多样,既能教学演示,也能讨论探究,既能练习强化,也能延伸第二课堂,这样才能使课件与教学合二为一。

任课教师不仅要借助课件传递教学知识,还要借助课件引导学习者思考问题、分析问题、解决问题。设计课件时,可设置多个难易不同的问题逐级引发学生思考;可依据学习者的兴趣、爱好引导启发,调动其学习积极性;可通过创设情境的方式,让学习者在虚拟情境中体验、观察,引导其分析现象背后的本质;

也可采用比喻、类比、比较等方式启发学习者积极思维,让学习者不再被动、机械式地学习。

幼儿园多媒体课件要特别注意能激发幼儿的学习兴趣,能调动其积极性和创作性,突出启发性教学,有助于幼儿自主学习;还要因材施教,对教学效果进行及时有效的反馈,帮助幼儿及时调整学习内容和进度,符合幼儿的认知规律,促进幼儿智力的发展和能力的提高。

2. 科学性原则

科学性原则指的是多媒体课件呈现的教学内容、素材等要能正确表达学科的知识内容,符合客观规律,准确无误。对概念的阐述、观点的论证、事实的说明、材料的组织都符合科学逻辑,运用正确的、可靠的和教材一致的学科术语;要求各种演示、示范以及绘制的图表和书写的公式、字幕都应规范化、标准化;选择的资料、史料和文献等要真实、具体;各种媒体表达的信息要统一;选取的图片、视听素材要反映客观事实,符合教育科学规律;解说词精炼、准确无误;音响效果逼真、音乐合理。

幼儿园多媒体课件必须准确反映客观规律,符合科学原理,名词、术语和符号的使用都要符合相应的规范,符合幼儿园的教学规律。

3. 技术性原则

技术性原则指的是课件要尽量做到程序结构简单,操作简便,导航清晰,交互、控制可靠,易学易用,操作方式前后统一,容错能力强,文档资料完备,操作说明完整。主要使用程序中的数据结构、操作技巧以及运行的可靠性来衡定。如课件中使用的图片就要力求转换成占用空间最小、显示形式又清楚。要有良好的通用性、兼容性和可移植性,便于跨操作系统或浏览器使用。不要秉承"技术至上"的理念,认为技术越高级的课件展示效果越好,这种观点太偏激,因为课件技术的难易取决于教学过程设计、教学内容的性质以及教师操作技能等多种因素。

幼儿园多媒体课件要充分利用多媒体技术的优势和特点,具有较强的交互性、集成性和灵活性,课件的运行具有稳定性,界面能够实现友好的人机交互操作,符合幼儿的学习规律。同时根据幼儿教师制作课件的实际能力水平,选择应用比较广的课件制作软件,注重实用性和可操作性。

4. 艺术性原则

艺术性原则体现的是多媒体课件的美观性,利用声音、图像以及人机交互的形式来传递信息,从而实现刺激学生的学习兴趣,使之乐于接受学习的内容,并且用很短的时间来学会、学懂。多媒体课件的艺术性原则主要体现在界面设计要简洁大方;色彩搭配要对比和谐,整体给人赏心悦目之感;课件不是电子书、演讲稿,设计者事先要将教学内容提炼加工,将原理、概念、公示等思想要点、关键词等,经过美工设计突出显示;图片、图示、图表要清晰、逼真,图文排版整齐且不拘一格;解说、背景音乐要悦耳动听。

幼儿园多媒体课件的教学信息要层次分明、布局合理、重点突出、动静结合,教学信息和操作信息的安排衔接合理,色彩、音效等元素都要与教学内容统一,程序运行的节奏要符合教学过程的需要,有利于幼儿对知识的理解和接受;同时要考虑到幼儿好奇心强,喜欢鲜艳、艳丽的色彩,有意识地培养幼儿的色彩感知能力,帮助幼儿树立正确的审美观,提高欣赏水平,引起幼儿愉快的体验,获得美的享受,从而提高他们的综合审美素质;爱音乐是幼儿的天性,音乐中强烈的情绪对比、鲜艳的感情描写能够抒发幼儿内心的感受,恰当的音响能缓和幼儿紧张的心情,吸引幼儿的注意力,调动幼儿的探知欲。

七、多媒体课件的制作流程

做任何事情之前都要有计划。好的、完整的计划可以事半功倍,所以在设计多媒体课件之前就应该设计比较详细周全的制作计划。有很多教师在制作多媒体课件时,根本没有一个整体的计划,想到哪儿就做到哪儿,所以常常在多媒体课件制作过程中甚至在制作完成时才发现,其中的某一部分或几个部分根本不合适,这时不得不修改,有时甚至出现整个多媒体课件重新制作的情形。在制作多媒体课件之前就应该有一个整体的构思,同时要制订详细的计划书,制作过程中完全按照计划来执行。多媒体课件开发制作的具体步骤有如下几个方面:

1. 确定选题

选题即选择课件开发的课题,是整个课件开发的第一步,是至关重要的一步。在制作之前,教师要充分做好选题论证工作,尽量避免不必要的投入。原则上应注意避免重复开发,但如果开发者有信心、有能力超越现有作品,也可以充分展现自己的实力。

多媒体课件的选题应明确多媒体课件要达到的目的,教学中想要解决的问题,学生对多媒体课件的要求。根据教学需求选择要制作成多媒体课件的教学内容。在选择内容时,应当考虑课件所要表现的教学内容的重点和难点是什么?用传统教学方法或传统教学媒体能否达到同样的效果?用多媒体的什么特点突出教学中的重点和难点?

多媒体课件的选题一定要根据现有的技术情况、设备情况、资金情况、编制人员素质情况来决定。比如媒体课件开发需要什么软件和硬件?开发的难易程度如何?是否已有足够的现有素材供使用?若没有现成的素材,制作与收集所要的素材是否可能?开发多媒体课件所需的资金是否允许?投入的资金应该根据开发多媒体课件的工作量和预期收益来决定。

多媒体课件的选题应围绕教学的重点和难点。对于那些传统教学难以奏效的教学内容,可以通过计算机动画模拟或局部放大、过程演示等方法予以解决,能得到极好的效果;其次,多媒体课件运行速度快、信息存储量大,在需要大量练习时也可采用多媒体课件来学习;再次,在需要创设情景的教学(学习)中,也可采用多媒体课件来教学(学习)。

2. 学习者分析

学习者分析是多媒体课件设计的关键,课件的内容设计应当围绕学习者进行,这也是一种用户至上的设计思想。分析学习者的目的是了解学习者的学习准备(学习准备是指学习者从事新的学习时,原有的知识水平或原有的心理发展水平对新的学习的适应性)情况及其学习风格,这样,教育者可以做到因材施教,使学生成为有准备的学习者。

学习者分析主要包括三方面的内容:起始能力分析、一般特征分析和认知风格分析。可以根据课件开发描述说明中定义的课件服务对象,对学习者的需求要有总体范围的估计。可以调查和预测学习者的学习动机、操作风格、注意度等,只有认真分析学习者特征,才能设计出符合学习者需求的多媒体课件。以幼儿园中班活动"分类"为例,填写课件基本情况表,如表2所示。

表2 课件基本情况表

课件名称	例:分类
课件适用对象 (年龄、认知水平)	例:中班(4—5岁,认知从实物到点卡,循序渐进)
课件制作者及单位	例:小李 某某幼儿园
课件类型	例:课堂演示型多媒体课件,适合在上课的过程中使用
运行环境	例:win7/10操作系统,显示模式为1024×768及以上
课件内容	
课件主要从实物到点卡,通过形象、生动的画面,让幼儿循序渐进认知按事物不同特征进行分类,培养幼儿多维分类计数的能力并初步学习记录分类结果,从而训练幼儿观察能力及归类能力分类。 变抽象为形象生动是本课件的最大的特点	

3. 活动方案设计

进行活动方案设计是制作多媒体课件的前提,也是多媒体课件制作中的重要环节。课件效果的好坏、课件是否符合教学需求,关键在于活动方案设计。设计者应根据活动目标和学习对象的特点,应用系统观点和方法,合理地选择和组织教学媒体和教学方法,选择相应的教学策略和教学资源,形成优化的活动方案设计。它包括如下基本工作：活动目标的确定、活动重难点、活动准备、活动过程等。以幼儿园中班活动"分类"为例，完成活动方案设计，如表3所示。

表3　幼儿园中班活动"分类"

活动目标	（1）学习按事物不同特征进行分类，培养幼儿多维分类计数的能力和分类标准的描述； （2）训练幼儿观察能力及归类能力
活动重、难点	培养幼儿按事物不同特征进行分类，即多维分类计数的能力和分类标准的描述
活动准备	（1）信封每人两个，圆点卡片、实物卡片、图形卡片各若干； （2）"分类"活动的多媒体课件
活动过程	幼儿分小组坐好，每组有信封、圆点卡片、实物卡片、图形卡片若干。 （1）分蝴蝶 打开信封，取出蝴蝶，观察这些蝴蝶有什么不同？ 讨论：有什么办法可以把蝴蝶分一分？（如按大小分，按颜色分等。） 多媒体课件动态演示将蝴蝶按照大小和颜色进行分类。 （2）分点卡 打开信封，取出点卡，观察这些点卡有什么不同？ 讨论：有什么办法可以把点卡分一分？（如按点数分，按数字分等。） 多媒体课件动态演示将点卡按照点数和数字进行分类。 （3）游戏"跳圈" 观看动画，可按帽子颜色的不同和帽子上点数的不同向中间跳

4. 系统设计

系统设计实际就是对多媒体课件的总体设计，多媒体课件的系统设计包括软件结构与功能的设计、屏幕界面的设计、导航策略的设计、交互界面的设计以及教学策略的设计等内容。

在进行系统设计时，要注意以下几点：

（1）要最大限度地满足学习者在获取学习资源上的要求。课件的目的不是为了迎合设计者自己的口味，而是为了满足学习者对学科知识的需求。要利用充分为学习者提供丰富的学习资源，这才是多媒体课件的首要目标。

（2）要保证多媒体课件结构清晰、界面连贯、运行高效。多媒体课件应当结构良好，给用户文档结构统一、显示风格一致的使用界面。页面设计应该美观大方，不但让学习者能够方便快速地得到需要的信息，还能得到一种美的享受。

5. 稿本编写

多媒体课件设计工作完成后，应在此基础上编写出相应的稿本。作为制作多媒体课件的依据，规范的多媒体课件稿本，对保证多媒体课件质量水平，提高多媒体课件开发效率，将具有积极的作用。因此，多媒体课件的稿本编写，是多媒体课件制作中的一项重要内容。

稿本设计是根据教学内容特点与系统设计的要求，在一定的学习理论的指导下，对每个教学单元的内容和安排以及各单元之间的逻辑关系进行设计。设计出具体的表现形式，写出讲解的文稿，要显示的文体，所使用的图形表格、图片、动画视频等，还要写出页与页之间相连接的交互方式等具体内容。稿本描述了学习者将要在计算机上看到的细节，它是设计阶段的总结，也是多媒体课件制作的依据。

多媒体课件的稿本分为文字稿本和制作稿本。文字稿本是按照教学过程的先后顺序、描述每一个环节的教学内容及其呈现方式的一种形式。多媒体课件的最终依据是多媒体课件的制作稿本，但由于制作稿本中的内容较复杂，要一次性编写出来难度较大。往往是在文字稿本的基本上改写而成的，所以编写多媒体课件的文字稿本，可以为制作稿本的编写打下基础。制作稿本包含着学习者将要在计算机的屏幕看到的细节，例如，用各种媒体展示的教学信息，计算机提出的问题；计算机对学习者各种回答（正确的或错误的)的反馈等。

稿本编写类似影视剧的"编剧",包括课件内容如何安排、声音如何表现和搭配、是否需要加入动画或视频、加在什么地方、课件如何与学生交互(包括按钮设计、热区响应、下拉菜单响应、条件响应、文本输入响应、时间限制响应、事件响应)等。可以说,稿本制作是整个课件制作的核心。以幼儿园中班活动"分类"为例,使用 PowerPoint 2010 制作,幻灯片逐张展示:封面—活动目标—重点—分蝴蝶(大小、颜色)—分点卡(点数、数字)—游戏(帽子颜色、帽子点数)。填写稿本制作表,如表 4 所示。

表 4　稿本制作表

幻灯片内容	说　　明
幻灯片 01:封面	文字"中班活动　分类",摆放与活动相关的素材
幻灯片 02:活动目标	(1) 学习按事物不同特征进行分类,培养幼儿多维分类计数的能力并初步学习记录分类结果。 (2) 训练幼儿观察能力及归类能力
幻灯片 03:重点	素材图片,本节重点
幻灯片 04:蝴蝶的分类	提出问题:这些蝴蝶有什么不一样?
幻灯片 05:蝴蝶的分类	按照大小进行分类
幻灯片 06:蝴蝶的分类	按照颜色进行分类
幻灯片 07:点卡的分类 幻灯片 08: ……	…… …… ……

幻灯片屏幕设计,如表 5 所示。

表 5　屏幕画面设计

中班活动 **分　类** 图片素材	**屏幕设计说明** (1) 文字素材:中班活动　分类 (2) 图片素材:小孩、推车、苹果(红色和绿色)、蝴蝶(黄色和蓝色)、各种图形(圆形、三角形和长方形)、点卡(1—6)。 (3) 背景颜色:蓝白渐进色。 (4) 动画效果:题目直接进入,小孩推车移入,苹果、蝴蝶、各种图形以及点卡依次从各个方向飞入。 (5) 背景音乐

6. 多媒体信息编辑加工

(1) 素材的准备

开发人员根据稿本的安排,收集、创作完成教学内容的多媒体呈现所需要的各种媒体素材,如编辑文本、录音、创作乐曲、扫描图像、制作动画、采集影像等,并以一定的格式存储文件。

(2) 多媒体素材编辑合成

按照稿本要求,根据多媒体课件表现的内容和形式,选择适当的多媒体创作工具或运用编程的方法,进行多媒体素材编辑,对各种媒体素材进行剪辑、加工、合成。

素材的准备是课件制作中工作量最大、最繁琐的环节,课件制作人员在时间安排上要充分考虑到这一点。以幼儿园中班活动"分类"为例,经过整理,需要收集并编辑合成各类素材如下:

① 图片素材:小孩推车、苹果、蝴蝶、背景图、点卡。

② 声音素材:背景音乐。

③ 动画素材:制作小朋友分类游戏"跳圈"动画。

7. 系统集成

素材采集、处理完毕后，即可利用多媒体课件创作工具（平台）进行系统集成了。如果把多媒体素材比作各种各样"零件"的话，最后成型的多媒体课件就是一架可以运作的"机器"。从零件到机器，需要一种装配工具，而这种工具就是我们所说的多媒体课件创作工具（平台）。如果发现稿本的某些设计不太理想，还可以相应地修改稿本，反复地修改、调试，以使课件符合教学的要求。

8. 评价、修改、发布和应用

在课件制作过程中，要根据评价结果不断地对课件进行评价和修改，以进一步提高课件质量和效果。评价和修改是课件制作过程中的重要组成部分，也是课件质量的保证。

评价包括形成性评价和总结性评价，并且是面向学习资源的评价。形成性评价是在课件开发的过程中实施的评价，为提高课件质量提供依据，目的在于改进课件的设计，使之更加符合教学的需要，便于提高质量和性能；总结性评价是在课件开发结束以后进行的评价，其目的是对课件的性能、效果等做出定性、定量的描述，确认课件的有效性和价值，为课件更新提供改进意见，并总结课件制作经验。多媒体课件评价指标体系如表 6 所示。

表 6　多媒体课件评价指标体系

一级指标	二级指标	得分
教育性（25）	直观性——课件的制作直观、形象，利于学习者理解知识 趣味性——有利于调动学习者学习的积极性和主动性 新颖性——课件的设计新颖，可进一步调动学习者的学习热情 启发性——课件在课堂教学中具有较大的启发性	
	针对性——课件的针对性强、内容完整 创新性——支持合作学习、自主学习或者探究式学习等新型学习模式	
科学性（25）	描述概念的科学性——课件取材适宜，内容科学、正确、规范 问题表述的准确性——课件中所有表述的内容准确无误 应用资料的正确性——课件中引用的资料正确 认知逻辑的合理性——课件的演示符合现代教育理念	
技术性（35）	多媒体性——充分而合理地利用各种媒体元素 交互性——具有较好的交互性 稳定性——课件在调试、运行的过程中不出现故障 可移植性——移植方便，能在不同配置的机器上正常运行 易维护性——课件可以方便的更新，利于交流、提高 合理性——课件的制作采用了恰当的软件 可操作性——操作简便、快捷，操作方式前后统一 容错性——容错能力强 完整性——文档资料完备，操作说明完整	
艺术性（15）	画面艺术——画面具有艺术性，标准统一，风格一致 语言文字——课件所展示的语言文字规范、简洁、明了 声音效果——声音清晰、无杂音，对课件有充实作用	
总分		

课件制作完成后，用户可以用以下几种方式来发布自己的作品：磁盘、光盘和网络。

多媒体课件经过多次修改完善后，就可以投入使用，除在教学中使用外，还可以交流、推广或发行。教师在实际教学中使用课件后，可能会发现这样或那样的不足，因此，课件投入使用后并不是万事大吉了，还需要不断地收集课件在教学应用中的反馈信息，不断地对课件进行修改、完善与升级，使之更加适合教学的要求，达到实用好用之目的。

八、幼儿园多媒体课件的作用

随着现代教育技术理念的发展,幼儿园多媒体课件已经渗透到幼儿园的各项活动。幼儿园多媒体课件制作是现代教育技术的重要内容,是教育信息化的重要方面。掌握幼儿园多媒体课件的基本理论,设计、制作和应用多媒体课件于幼儿园活动之中,是现代幼儿教师教学技术水平和能力的重要体现。依托幼儿园多媒体课件,能够激发幼儿学习兴趣、拓展幼儿的想象力、有利于幼儿信息素养的形成、促进幼儿教师专业的成长、提高教学效率、提升幼儿园的教育质量。

1. 激发幼儿学习兴趣

爱因斯坦说过:"兴趣是最好的老师"。幼儿心理发展的一大特点就是好奇,做事、学习往往凭兴趣而很少去理性思考,并能自觉地记忆、想象和思考所观察的实物。幼儿园多媒体课件能将文字、图形、图像、声音、视频、动画等多种元素整合在一起,在幼儿园活动中,不仅仅可以提高幼儿学习兴趣,提高幼儿学习过程的视听觉效果,而且还可以充分发挥幼儿学习知识的积极性和主动性。如在幼儿学习三原色的过程中,老师可以制作关于学习三原色动画的多媒体课件,将各种颜色设计成各种会动的泡泡,然后让它们相互碰撞,在碰撞后相互结合进而改变颜色。老师在利用多媒体课件进行活动过程中,可以适当的进行提问,问幼儿两者相撞后会产生何种颜色变化。这样组织的幼儿园活动,不仅可以激发幼儿学习知识的积极性,还可以在一定程度上增强幼儿学习的动力。

2. 拓展幼儿的想象力

幼儿知识经验少,思维具有形象性、具体性等特点,但是想象力非常丰富。因此学习时以某种事物为牵引,就会产生事半功倍的效果。幼儿园多媒体课件正是起到把知识形象化的作用,架起了孩子思维与客观事物相结合的桥梁。如在欣赏诗《风和云彩》活动中,对于"天上的云彩真有趣,天上的风儿有本事",画面上对应出现:蓝天草地的背景中,蓝蓝的天空上徐徐漂着几朵白云,人物化的风和云儿,在追来追去的嬉闹玩耍,很有情趣;对于"吹呀吹,云彩变成小白船,竖起桅杆,扬起风帆,小白船呀飘呀飘,飘到远处看不见",画面上对应出现:风吹云彩,然后风儿慢慢后退,云彩变成了一只小白船,一朵云彩变成了桅杆竖在小白船上,一朵变成了风帆,挂在了桅杆上,然后飘荡着的小白船,渐渐消失在天空中,使孩子完全融入其中。那云彩的有趣、风儿的本事和吹呀吹、飘呀飘等一系列的抽象动作通过多媒体课件的展示,伴随老师那带有感情的讲解,合着老师抑扬顿挫的朗诵声,使幼儿陶醉在这首优美的诗歌中,在轻松、愉快、和谐的气氛中插上了想象翅膀。

3. 有利于幼儿信息素养的形成

目前,人类正进入一个以高科技为导向的知识经济时代,世界发展的必然趋势就是信息化的相互较量,信息成为了经济社会发展的战略资源。信息素养正在逐步成为当代人所必须具备的素质,随着幼儿教育的不断改革和发展,我们不能只看到眼前的需要和可能,更重要的是着眼于未来,使我们的教育面向现代化。通过幼儿园多媒体课件,使孩子在教师潜移默化的熏陶中信息素养得已潜滋暗长,这对正处于学龄前的幼儿有着深远的意义。

在中班活动《小动物找家》中,将小动物和各种障碍物图片进行编辑、组合,配以音响效果制作完成多媒体课件,让幼儿用不同的方式寻找回家的路线。在活动过程中运用老师引导提问、幼儿思考回答、结合游戏等多种方式,从而启发幼儿的想象。整个活动过程是在灵活自如中轻松进行,全体幼儿都能主动、积极地参与到活动中去。多媒体课件中出现的各种小动物和障碍物,幼儿通过自己的分析判断,采用游戏方式帮小动物指出回家的路。最终将小动物送回家时,从他们的脸上可以看到兴奋的神情所带来的喜悦,而且在无意中培养了幼儿的信息素养。

4. 促进幼儿教师专业的成长

为了促进教师专业能力发展,《国家中长期教育改革和发展规划纲要(2010—2020 年)》指出,"要严格执行幼儿教师资格标准,切实加强幼儿教师培养培训,提高幼儿教师队伍整体素质。"在 2011 年教育部公布的《幼儿园教师专业标准》(试行)中,要求幼儿园教师"具有一定的信息技术知识。"在 2011 年,教育部师范教育司和教育部考试中心公布的《中小学和幼儿园教师资格考试标准(试行)》中提出:"教师应具有信息处理的基本能力"。因此,越来越多的幼儿教师认识到,多媒体课件设计与制作技能是学前教育专业学生和幼儿教师达到职业标准必须学习和掌握的知识技能之一。

依托幼儿园多媒体课件,能够有效促进幼儿园教师专业的成长。多媒体课件设计与制作能力的核心不仅仅在于学会信息技术操作和教学演示,而且更应当强调教学活动内容、过程和多媒体课件的深度融合。

5. 提高教学效率

幼儿园多媒体课件在幼儿园活动中表现手法多样,既能演示静态图像,又能模拟一些动态过程,特别是它的仿真模拟功能,可以使教学中一些难做或无法做的演示变得轻而易举,提高了信息传递效果,实现了教学过程的最优化。如在大班活动《白天和黑夜》中,为了让幼儿了解白天和黑夜形成的过程,教师制作出地球公转、地球自转仿真情景的多媒体课件,使幼儿直观地理解白天和黑夜的形成过程。

6. 提升幼儿园的教育质量

在幼儿园教育活动中,引入多媒体课件,营造良好的教学环境,充分调动幼儿的学习兴趣,集中幼儿的注意力,突破活动中的重难点,提升幼儿的综合水平,促进幼儿的健康成长,从而提升幼儿园的教学质量。如在《好喝的汤》活动中,教师通过多媒体课件,播放小猪煮汤的情景,让幼儿通过动画形式,理解简单、易懂的道理,以培养幼儿的思想观念。在《香喷喷的大米饭》活动中,教师通过多媒体课件,演示大米饭的制作过程,让幼儿充分了解制作大米饭的基本步骤,以丰富幼儿的生活知识,提高幼儿的认知水平。

项目一 多媒体素材的获取与处理

幼儿园多媒体课件制作中用到的各种视听材料统称为多媒体素材，包括文本、图片、音频、视频、动画等，是传递教学信息的重要元素，具有容易存储、便于共享、表现形式多样、表现力强等特点。不同类型的素材，获取的方法不尽相同。对于不符合使用情景的素材，需要进一步加工处理，从而满足幼儿园活动需要。

任务 1.1 文本素材的获取与处理

任务描述

幼儿园李老师为大班的幼儿设计了一节教学活动"一分钟有多长",为了活动能够顺利完成,他通过查阅文献,设计了活动方案用于指导活动的具体实施。

借助网络或者翻阅书籍获取原始的文字素材,使用 Word 文字处理软件进行格式设置,完成活动方案设计"一分钟有多长"。

任务实施

一、获取文字素材

原始的文字可以借助百度文库、豆丁网、道客巴巴、莲山文库等在线分享平台,或知网、万方、维普、龙源等数据库下载。

如果想把纸质的参考资料转成电子文档,可以参考知识链接中输入法的语音识别部分的内容,借助搜狗输入法来实现。

(为了便于任务的实施,本书提供原始的文字素材。)

二、处理文字素材

视频 1.1-1
制作活动
设计封面

1. 制作活动设计封面

(1)启动 Word 2010,执行"插入"→"文本框"→"绘制文本框"命令,在页面的左上角绘制一个横排文本框,并输入文字"幼儿园活动设计",设置字体格式为:楷体,小四;

(2)输入文字"大班活动:一分钟有多长",设置字体格式为:黑体,三号,加粗,居中,然后按[Enter]键换行;

(3)执行"插入"→"图片"命令,在弹出的对话框中选择图片,单击【插入】按钮将图片插入到页面中。调整图片大小并设置图片的对齐方式为:居中,然后按[Enter]键换行;

(4)执行"插入"→"表格"命令,插入一个 2×3 的表格,设置表格的对齐方式为:居中;在表格第一列的三个单元格中分别输入:学校、教师、日期,设置字体格式为:黑体,四号;

(5)选择表格的第一列,切换至"设计"选项卡,单击"表格样式"选项组中【边框】按钮后的倒三角,在其下拉列表中选择"无边框",将第一列的边框去掉;

(6)参考步骤(5),分别去掉第二列的右边框和第二列第一行单元格的上边框;

(7)选择整个表格,切换至"布局"选项卡,设置表格中文字的对齐方式为:靠下居中对齐;封面的最终效果如图 1-1-1 所示。

2. 处理活动设计正文

(1)执行"插入"→"空白页"命令,另起一页;

(2)执行"插入"→"对象"→"文件中的文字"命令,在弹出的对话框中选择"大班科学活动-文字素材"文件,单击【插入】按钮,将待处理的原始素材插入到当前文档中;

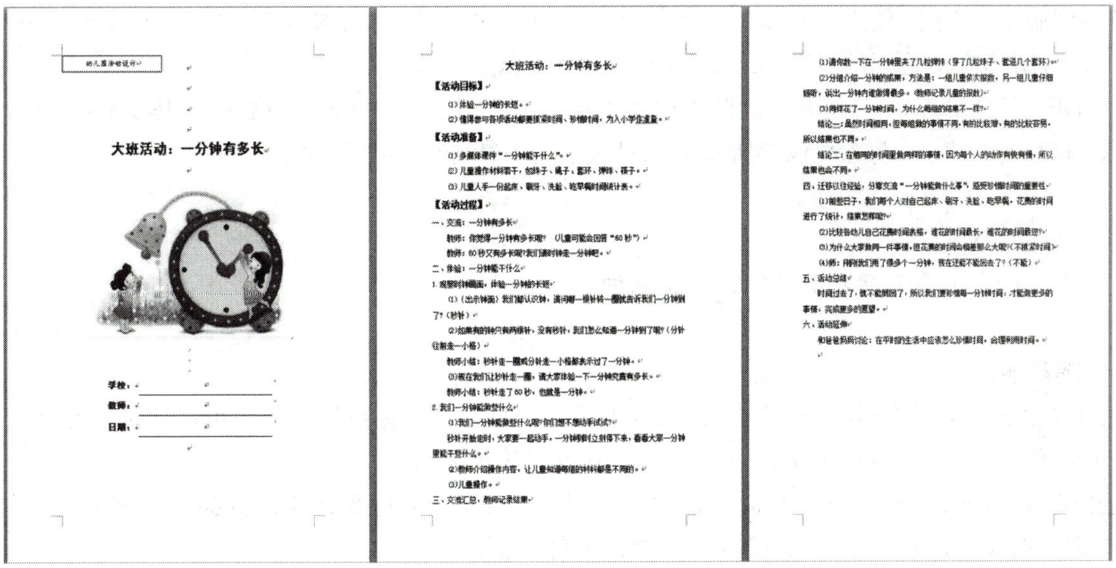

幼儿园活动设计

大班活动：一分钟有多长

学校：

教师：

日期：

大班活动：一分钟有多长

【活动目标】

(1) 体验一分钟的长短。

(2) 懂得参与各项活动都要抓紧时间、珍惜时间，为入小学作准备。

【活动准备】

(1) 多媒体课件“一分钟能干什么”。

(2) 儿童操作材料若干，如珠子、绳子、套环、弹珠、筷子。

(3) 儿童人手一份起床、刷牙、洗脸、吃早餐时间统计表。

【活动过程】

一、交流：一分钟有多长

教师：你觉得一分钟有多长呢？（儿童可能会回答“60 秒”）

教师：60 秒又有多长呢？我们请时钟走一分钟吧。

二、体验：一分钟能干什么

1. 观察时钟画面，体验一分钟的长短

(1)（出示钟面）我们都认识钟，请问哪一根针转一圈就告诉我们一分钟到了？（秒针）

(2) 如果有的钟只有两根针，没有秒针，我们怎么知道一分钟到了呢？（分针往前走一小格）

教师小结：秒针走一圈或分针走一小格都表示过了一分钟。

(3) 现在我们让秒针走一圈，请大家体验一下一分钟究竟有多长。

教师小结：秒针走了 60 秒，也就是一分钟。

2. 我们一分钟能做些什么

(1) 我们一分钟能做些什么呢？你们想不想动手试试？

秒针开始走时，大家要一起动手，一分钟到立刻停下来，看看大家一分钟里能干些什么。

(2) 教师介绍操作内容，让儿童知道每组的材料都是不同的。

(3) 儿童操作。

三、交流汇总，教师记录结果

(1) 请你数一下在一分钟里夹了几粒弹珠（穿了几粒珠子、套进几个套环）。

(2) 分组介绍一分钟的成果，方法是：一组儿童依次报数，另一组儿童仔细倾听，说出一分钟内谁做得最多。（教师记录儿童的报数）

(3) 同样花了一分钟时间，为什么每组的结果不一样？

结论一：虽然时间相同，但每组做的事情不同，有的比较难，有的比较容易，所以结果也不同。

结论二：在相同的时间里做同样的事情，因为每个人的动作有快有慢，所以结果也会不同。

四、迁移以往经验，分享交流“一分钟能做什么事”，感受珍惜时间的重要性

(1) 前些日子，我们每个人对自己起床、刷牙、洗脸、吃早餐，花费的时间进行了统计，结果怎样呢？

(2) 比较各幼儿自己花费时间表格，谁花的时间最长，谁花的时间最短？

(3) 为什么大家做同一件事情，但花费的时间会相差那么大呢？（不抓紧时间）

(4) 师：刚刚我们用了很多个一分钟，现在还能不能回去了？（不能）

五、活动总结

时间过去了，就不能再回了，所以我们要珍惜每一分钟时间，才能做更多的事情，完成更多的愿望。

六、活动延伸

和爸爸妈妈讨论：在平时的生活中应该怎么珍惜时间，合理利用时间。

图 1－1－1 “一分钟有多长”活动设计

(3) 选中标题文字“大班活动：一分钟有多长”，设置字体格式为：黑体，三号，加粗，居中；

(4) 设置正文文字的字体格式为：宋体，小四；给文字“活动目标”和“活动准备”添加符号“【】”，并设置字体格式为：四号，加粗；为活动目标和活动准备的剩余文字添加项目符号“(1)(2)……”，并设置段落格式为：首行缩进 2 字符；

(5) 给文字“活动过程”添加符号“【】”，并设置字体格式为：四号，加粗；为活动过程的具体内容依次添加项目符号“一、二、……”、“1. 2. ……”和“(1)(2)……”；设置段落格式为：首行缩进 2 字符。

最终效果如图 1－1－1 所示。

三、保存文档

执行“文件”→“保存”命令，在弹出的“另存为”对话框中设置文件名和保存的位置，单击【保存】按钮。

视频 1.1－2 处理活动设计正文

知识链接

一、认识文本素材

文本即文字，多媒体课件中用到的文字、字母、数字和符号都属于文本。文本是多媒体课件中最基本的素材，在多媒体课件中，文本承担着对教学内容进行表意、说明、概括等作用。在制作多媒体课件时，一般都是通过文字将教学内容传递给学生的。常见的文本格式有：

- TXT：纯文本文件，除了换行外，不包括任何格式化的信息，即文件里没有任何有关文字字体、大小、颜色、位置等格式信息。Windows 系统的“记事本”就是支持 TXT 文本编辑和存储的文字工具程序。

由于纯文本不包含任何格式化信息的特点，可以比较方便地实现一些图形、表格文字的转换。例如，从网上下载的文字资料一般都包含格式信息，如果直接下载到 Word 等字处理软件中，会带有一些不需要的格式符号，而通过“记事本”工具将下载的文本资料转换为纯文本后再导入 Word 中，会使排版变得更加方便快捷。

- DOCX：由办公软件 Word 2007 之后版本生成的，可以包含不同的字符格式和段落格式，还能在其中插入图形、图像、图表等素材。

需要说明的是，Word 2007 之前的版本生成的文件格式为 DOC。Word 软件是向下兼容的，即高版

本的兼容低版本,如果需要用低版本的软件打开 DOCX 格式的文件,需要从微软官方下载兼容包补丁程序并安装。此外,金山公司的 WPS office 也兼容这些格式。

● PDF:是由 Adobe 公司开发的跨平台文件格式,可以把文档的文本、格式、字体、颜色、分辨率、链接,以及图形图像、声音、动态影像等所有信息封装在一个特殊的整合文件中。

二、获取文本素材

文本素材的获取有直接获取和网络下载两种。

1. 直接获取

（1）键盘输入

使用键盘输入文字素材时,安装输入法后,中英文文字符、数字,标点符号等都可以直接从键盘输入。

（2）光学字符识别(optical character recognition,OCR)技术

是指通过扫描仪等光学输入设备将各种票据、报刊、书籍、文稿及其他印刷品的文字转化为图像信息,将图像中的文字识别出来,并转换为文本格式文件的技术。

（3）语音识别(speech recognition,SR)技术

又称为自动语音识别技术,是借助软件把语音信号转变为相应的文本或命令。简单来说,就是让机器能够"听懂"人说的话,实现从声音到文字的转换。

（4）手写识别(hand-writing recognition)

属于文字识别和模式识别范畴,是指将在手写设备上有序轨迹信息转化为汉字内码的过程。

2. 网络下载

（1）使用搜索引擎下载

可以通过百度、谷歌等搜索引擎来搜索需要的文本素材,将其保存下来。使用搜索引擎进行检索的常用技巧有:

① 提炼搜索关键字:在搜索引擎上搜索信息时需要输入关键字。关键字要能够表达查找资源的主题,一般选择主语和宾语中的主要名词和谓语中的主要动词作为关键字,避免选用没有实质意义的词(介词、连词、虚词)和功能性词汇(的、得、地)作为关键词。

② 精确搜索:使用双引号用("")。给关键词加上双引号(半角,以下要加的其他符号均为半角),可以实现精确匹配,这种方法要求查询结果要精确匹配,不包括演变形式。例如,在搜索引擎的搜索框中输入"电传",它就会返回网页中有"电传"这个关键字的网址,而不会返回诸如"电话传真"之类网页。

③ 约束搜索条件:搜索引擎支持附加逻辑命令查询,常用的是"＋"号和"－"号,或与之对应的 AND、OR 或 NOT。

● "＋"号或 AND:表示搜索结果要同时包含提交的两个以上的关键字,例如,在搜索引擎中输入"嫦娥＋五号＋2020"就表示要查找的内容必须要同时包含"嫦娥、五号、2020"这三个关键词。

● "－"号或 NOT:A－B 表示搜索包含 A 但没有包含 B 的网页。

● OR:表示或,A OR B 表示搜索的内容要么含有 A,要么含有 B。

● 辅助搜索:是指借助通配符搜索,通配符包括星号(＊)和问号(?),前者表示匹配的数量不受限制,后者匹配的字符数要受到限制,主要用在英文搜索引擎中。例如输入"computer＊",就可以找到 computer、computers、computerised、computerized 等单词,而输入"comp? ter",则只能找到 computer、compater、competer 等单词。

（2）使用专业平台下载

① 在线分享平台:用户可以上传资源,上传的资源经过平台审核后发布;用户也可以在线阅读和下载平台上的文档。常用的在线分享平台有百度文库、豆丁网、道客巴巴、莲山文库等。

② 论文数据库:收录期刊论文、博硕士论文、会议论文、报纸等学术与专业资料,常用的有知网、万

方、维普、龙源等。

3. 输入法的语音识别

目前已有多种输入法支持语音识别，如讯飞输入法、搜狗输入法等；以搜狗输入法为例，其语音识别的方法如下：

（1）将麦克风连接至电脑，把输入法切换至搜狗输入法；

（2）单击语音按钮🎤，启动如图1-1-2所示的对话框，通过麦克风朗读需要录入的内容。朗读时应吐字清晰，语速适中，系统将识别语音并转化为文字同步显示在输入界面上；

（3）朗读完成后单击【完成】按钮即可。

图1-1-2 "语音输入"对话框（1）

如果电脑上没有连接麦克风，单击【语音】按钮后会弹出图1-1-3所示的对话框，此时需要借助手机来完成语音输入，步骤如下：

（1）单击【使用跨屏输入】按钮，弹出"跨屏输入"的对话框，对话框中会显示一个二维码，如图1-1-4所示；

图1-1-3 "语音输入"对话框（2）　　图1-1-4 "跨屏输入"对话框

（2）打开手机上的搜狗输入法，参照图1-1-5所示步骤，扫描二维码，连接手机上和电脑上的搜狗输入法，连接成功后会弹出图1-1-6所示的对话框；

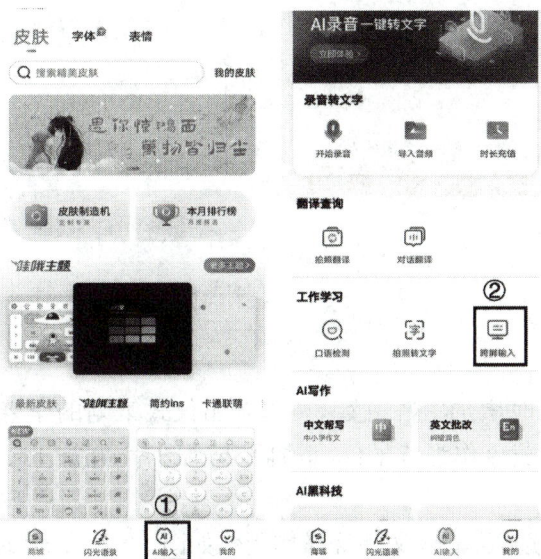

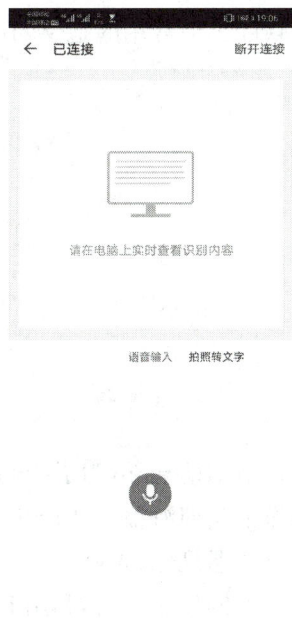

图1-1-5 连接设备　　　　　　图1-1-6 "连接成功"界面

（3）按住中间的麦克风图标，当屏幕上显示"说话中"文字时，朗读要录入的内容，系统将识别语音并转化为文字同步显示在输入界面上，朗读完成后松开图标即可。

此外，借助手机上的搜狗输入法还可以将纸质的材料拍照并将其转换成电子文档。在图 1 - 1 - 6 所示的界面中单击【拍照转文字】按钮，然后参照图 1 - 1 - 7 所示的步骤即可。

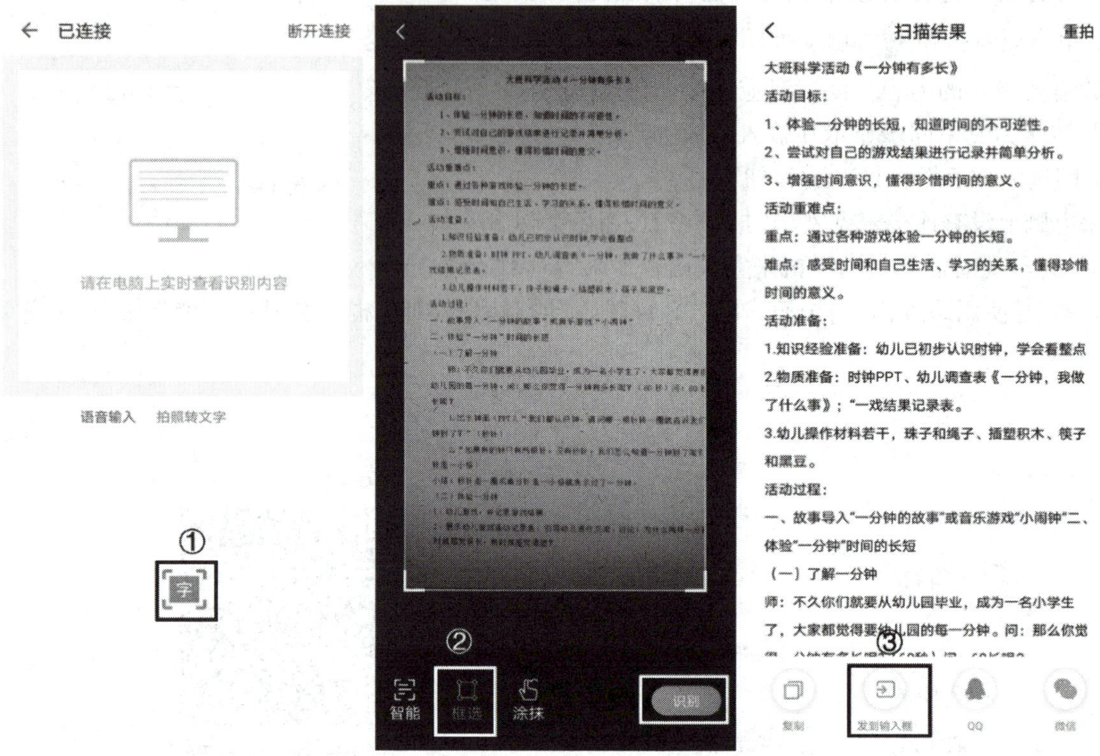

图 1 - 1 - 7　拍照转文字

三、处理文本素材

常见的文字素材处理工具主要有 Windows 的记事本和写字板、Microsoft Word 和金山公司的 WPS 等软件。最常用的是 Word 文字处理软件。

任务 1.2　图片素材的获取与处理

任务描述

新学期开学，为了让幼儿在尽快融入幼儿园环境的同时增加"仪式感"，负责开园仪式策划的李老师制作了欢迎海报。结合幼儿活泼的特性，他选择了明亮的黄色作为背景色，添加了卡通图片，并加上了欢迎语："遇见你，真好"。

上网搜集素材，利用 PhotoShop，通过绘制图形，移动选区，输入文字等操作制作如图 1 - 2 - 1 所示的欢迎海报，制作完成后导出为 JPG 格式。

图 1-2-1　欢迎海报

任务实施

一、获取图片素材

借助网络下载图片素材，包括色彩亮丽的卡通热气球、卡通长颈鹿、卡通人物、白云以及背景图片。（为了便于任务的实施，本书提供原始的图片素材。）

二、新建文件

（1）启动 PhotoShop CS6，设置背景色为黄色（R：243，G：207，B：31）。

（2）执行"文件"→"新建"命令，打开"新建"对话框，分别设置名称为：欢迎海报，预设为：自定，宽度为：25.4 厘米，高度为：15.87 厘米（幻灯片大小为全屏显示（16∶10）的尺寸为 25.4×15.87），颜色模式为：RGB，背景内容为：背景色，其他选项默认，设置完成后单击【确定】按钮。

三、导入图片素材

执行"文件"→"打开"命令，依次打开所需的图片素材："背景.jpg""热气球 1.jpg""热气球 2.jpg""长颈鹿.jpg""人物.jpg"。

视频 1.2-1
新建文件

四、抠图合成

1. 抠取"背景"图片

（1）切换至"背景.jpg"操作界面，单击工具箱中的快速选择工具 　，选中底部的山脉，如图 1-2-2 所示。然后，使用工具箱中的移动工具 　，将选区拖曳至"欢迎海报"操作界面中，得到图层 1。在图层名称上双击，将其重命名为"底部小山"。按快捷键［Ctrl］+［T］，进入自由变换形态，将图像调整至合适大小和位置后按下［Enter］键确认变换。

（2）切换至"背景.jpg"操作界面，单击魔棒工具　，选中"背景"图片中右上角的"白云"（如图 1-2-2 圈中所示），使用"移动工具"，将选区拖曳至"欢迎海报"操作界面中，得到图

图 1-2-2　"选区"参考（1）

层2,重命名为"白云1",调整图像的大小并放置在左上角。

（3）在图层名称"白云1"上单击鼠标右键,在弹出的快捷菜单中选择"复制图层",在弹出"复制图层"对话框中修改图层名称为"白云2",调整图层中白云的大小并放置到右侧。

（4）重复步骤（3）,分别添加图层"白云3"和"白云4",白云的大小和位置效果如图1-2-3所示。

视频1.2-2
扣取"背景"

（5）单击"图层"面板右下角的【新建图层】按钮,新建图层"直线",选择"直线工具",并在选项栏中设置绘图模式为"像素",粗细为"1像素",如图1-2-4所示,按住[Shift]键在图像右上角绘制两条直线,如图1-2-3所示。

图1-2-3　效果图

图1-2-4　"直线"选项栏

2. 抠取"人物"图片

视频1.2-3
扣取"人物"
图片

（1）切换至"人物.jpg"操作界面,使用磁性套索工具 ,选中底部的"卡通人物",执行"选择"→"修改"→"羽化"命令,在弹出的"羽化选区"对话框中设置"羽化半径"为3像素。

（2）使用"移动工具",将"卡通人物"拖曳至"幻灯片背景"操作界面,调整大小,参考图1-2-1放置到合适的位置。

3. 抠取"长颈鹿"图片

视频1.2-4
扣取"长颈鹿"
图片

（1）切换至"长颈鹿.jpg"操作界面,使用"魔棒工具"选中白色背景（如果白色背景没有全部选中,可以借助[Shift]键叠加选取）,然后按下快捷键[Ctrl]+[Shift]+[I]反选选区;使用"移动工具",将选区拖曳至"欢迎海报"操作界面。得到新图层并重命名为"长颈鹿1",调整大小,参考图1-2-1将其放置到右下角。

（2）选中图层"长颈鹿1",按下快捷键[Ctrl]+[J],复制新图层并重命名为"长颈鹿2"。选中该图层,按下组合键[Ctrl]+[T]进入自由变换状态,然后在变换框内单击鼠标右键,在弹出的下拉菜单中选择"水平翻转"命令。按下[Enter]确认修改,将其移动至左下角。

4. 抠取"热气球"图片

视频1.2-5
扣取"热气球"
图片

（1）切换至"热气球1.jpg"操作界面,使用"快速选择工具"选中白色背景,然后按下组合键[Ctrl]+[Shift]+[I]反选选区;使用"移动工具",将选区拖曳至"欢迎海报"操作界面。得到新图层并重命名为"热气球1",调整大小并放置到合适的位置。

（2）参考步骤（1）利用"热气球 2. jpg"，新建图层"热气球 2"。

五、绘制图形

1. 绘制图形

（1）新建图层，重命名为"图形 1"，选择"圆角矩形工具" ，设置半径为 30 像素，绘制一个圆角矩形，按住［Ctrl］键，单击图层"图形 1"的缩略图，将其转换为选区。

（2）执行"编辑"→"填充"命令，弹出的"填充"对话框，在"内容"→"使用"后的选择框中选择"颜色"，然后在新弹出的"拾色器（填充颜色）"对话框中设置颜色为蓝色（R：47，G：111，B：183）。单击【确定】按钮，将其填充为蓝色，设置完成后按下组合键［Ctrl］+［D］取消选区。

（3）选择矩形选框工具 ，修改选区方式为"添加到选区"，分别在圆角矩形的左侧和上侧绘制选区，如图 1-2-5 所示。然后执行"编辑"→"清除"命令，修改圆角矩形的形状，然后按下组合键［Ctrl］+［D］取消选区。

视频 1.2-6
绘制图形

图 1-2-5　"选区"参考（2）

2. 复制图形

（1）复制图层"图形 1"，命名为"图形 2"，按住［Ctrl］键后单击图层缩略图，将其转换为选区，并填充颜色为橙色（R：236，G：121，B：28），取消选区。

（2）参考步骤（1），再新建四个图层，分别命名为"图形 3""图形 4""图形 5""图形 6"；分别将各图层中的图形颜色填充为红色（R：232，G：30，B：46）、黄色（R：244，G：174，B：24）、绿色（R：98，G：181，B：63）、橙色（R：240，G：121，B：29）。

（3）选中图层"图形 1"，按下［Shift］键后单击图层"图形 6"，选中这六个图层，执行"图层"→"对齐"→"垂直居中"命令和"图层"→"分布"→"水平居中"命令，调整图形之间的对齐方式和相对位置。

六、添加文字

选择横排文字工具 ，在选项栏中分别设置其属性为：楷体，48 点和白色，如图 1-2-6 所示。分别输入文字"遇""见""你"，，"真""好"。移动文字的位置，将其分别放置在各个图形上面。效果如图 1-2-1 所示。

视频 1.2-7
添加文字

T	IT	楷体	▼	▼	↕T	48 点	aa	平滑										✓

图 1-2-6　"文字"选项卡

七、保存文件

执行"文件"→"存储"命令,在弹出的"存储为"对话框中修改存储类型为"JPEG",名称为"欢迎海报",选择存储位置,然后单击【保存】按钮。

知识链接

一、理论基础

1. 位图与矢量图

（1）位图

位图,又称点阵图像或栅格图像,由一个个像素组成,所有像素的矩阵排列组成了整幅图像。位图能够表现颜色丰富的图像,逼真地再现自然景观,但文件比较大,并且图像在缩放时清晰度会降低并出现锯齿。PhotoShop 软件处理的图像多为位图。

（2）矢量图

矢量图,又称向量图,是由矢量定义的基本图形组成,通常将图形称为对象,每个对象均包括颜色、形状、大小、位置等信息。在矢量图中编辑单个对象,不会影响其他对象,矢量图无论缩放多少倍,它的边缘都是平滑的,常用于图标、线性的图画、美术字、统计图和工程制图等。

2. 像素与分辨率

（1）像素

一张数码照片必然包含有连续的色调和明暗过渡,如果将照片放大数倍,则会发现这些连续的色调是由许多色彩相近的小方块组成的,这些小方块就是构成图像的最小单位——像素(px,pixel)。

在位图中,像素的大小是指沿着图像的宽度和高度测量出的像素数目,构成一幅图像的像素点越多,色彩信息越丰富,效果就越好,当然文件所占的空间就越大。

（2）分辨率

分辨率是指位图图像单位长度内像素的个数,分辨率的单位为像素/英尺(PPI, Pixels Per Inch)。一般来说,图像的分辨率越高,图像越清晰,图像所占用的存储空间也越大。由于矢量图不是由像素组成的,所以不存在分辨率的概念。

（3）图像格式

PhotoShop 软件支持多种图像格式,这为图像的后期处理提供了广阔的空间,不同文件具有不同的特点和使用方式。

① PSD 格式：PhotoShop 软件专用的格式,可以保存文件的完整信息,包括图层、蒙版、通道、路径等,便于文件存储后再次编辑。

② JPEG 格式：常用的图像格式,是一种有损压缩的图像格式,被绝大多数图像处理软件所支持。

③ BMP 格式：微软开发的固有格式,是一种无损压缩的图像格式,相比 JPEG 格式,其色彩的表现力更丰富,适合单机使用。

④ GIF 格式：原义为图像交换格式,支持连续色调和无损压缩,支持动画和透明背景图像,是网页中动画的常用保存形式。

⑤ PNG 格式：专门为 Web 开发的,是一种将图像压缩到 Web 上的文件格式,支持背景透明。

（4）图像颜色模式

图像颜色模式是指将某种颜色表现为数字形式的模型,或者说是一种记录图像颜色的方式。常见的有 RGB 颜色模式、CMYK 颜色模式和 Lab 颜色模式。

① RGB 颜色模式：一种发光模式，也叫加光模式。RGB 分别代表 Red(红色)、Green(绿色)、Blue(蓝色)。在"通道"面板中可以查看这 3 种颜色通道的状态信息，RGB 颜色模式只有在发光体上才可以显示出来，如显示器、电视等。

② CMYK 模式：一种印刷模式，也叫减光模式。该模式下的图像只有在印刷体上才可以观察到，如纸张。CMYK 是 4 种印刷油墨名称的首字母，分别为 Cyan(青色)、Magenta(洋红)、Yellow(黄色)、Black(黑色)。

③ Lab 颜色模式：由 Luminosity(照度)和有关色彩的 a(从红色到绿色的范围)、b(从黄色到蓝色的范围)这三个要素组成。

二、图片的获取

图片的获取有两种方式：第一种是直接利用现有的图片，最常见的方式就是从网络上下载图片。第二种是创建图片，如通过截图、扫描、绘制或者拍摄等方式获取图片。

1. 网络下载

网络是图片的主要来源之一，要想在网络上获得图片，首先要在网页中搜索到所需要的图片资源，最常用的方法就是利用百度等搜索引擎搜索。下载网页中图片的方法主要有两种：一种是在图片上右击，在弹出的快捷菜单中选择"复制"命令，然后在指定位置粘贴该图片即可。另一种是右击该图片，在弹出的快捷菜单中选择"将图片另存为"命令，然后设置文件名和保存位置即可。

2. 截图

从计算机屏幕上截取图片，也是获取图片资源较为便捷的方式。截图的方法有很多，最常用的方式有两种：一种是通过计算机的[PrintScreen]键(如果只要截取屏幕当前的活动窗口，需要按下组合键[Alt] + [PrintScreen]键)将当前屏幕上的内容复制至剪贴板，然后粘贴到图像处理软件中并保存。另一种方法是通过专门的截图软件(如 HyperSnap、Snagit 等)截图。

此外，网页浏览器和 QQ 等即时通信软件也提供有局部截图功能。很多视频播放软件也提供了截图功能，通过该功能可将单帧画面存储为图片。

如果需要在 PowerPoint 等办公自动化软件中插入截图，也可以借助"插入"选项卡下的【屏幕截图】按钮来实现。

3. 扫描

利用扫描仪可以将纸质的照片、平面图片、幻灯片等转换为数字图像。扫描仪一般都配有相应的扫描应用软件，将扫描仪和计算机连接后，通过扫描仪扫描生成的数字图像可以保存为各种文件格式。

4. 绘制

图片的绘制是指用户借助 PhotoShop、CAD、Painter 等绘图软件根据需求的不同进行图片的绘制。

5. 拍摄

利用数码相机拍摄可以直接获取数字图像，这种方法方便快捷、简单易行，是多媒体课件中获取图片的重要途径。

三、认识 PhotoShop CS6

Photoshop CS6 的工作界面如图 1 - 2 - 7 所示。

① 菜单栏：位于界面的顶端，其中包含可以执行的各种命令，单击菜单名称即可弹出相应的

图 1 - 2 - 7 PhotoShop CS6 工作界面

下拉菜单。

② 选项栏：用于设置工具的属性参数，会随所选工具的不同而改变内容。

③ 标题栏：用于显示文档的名称、格式、窗口缩放比例和颜色模式等信息，如果文档中包含多个图层，则标题栏中还会显示当前工作的图层名称。

④ 工具箱：集合了图像绘制和编辑的各个工具。工具箱提供了多种工具，并用灰色分割线分成了不同的组，每组工具的功能具有相似性。用鼠标单击一个工具，即可选择该工具，如果工具的右下角带有三角形图标，则表示这是一个工具组，存在与其功能类似的隐藏工具。在工具上按住鼠标左键不放或单击鼠标右键可以显示隐藏的工具列表。各工具名称如图1-2-8所示。

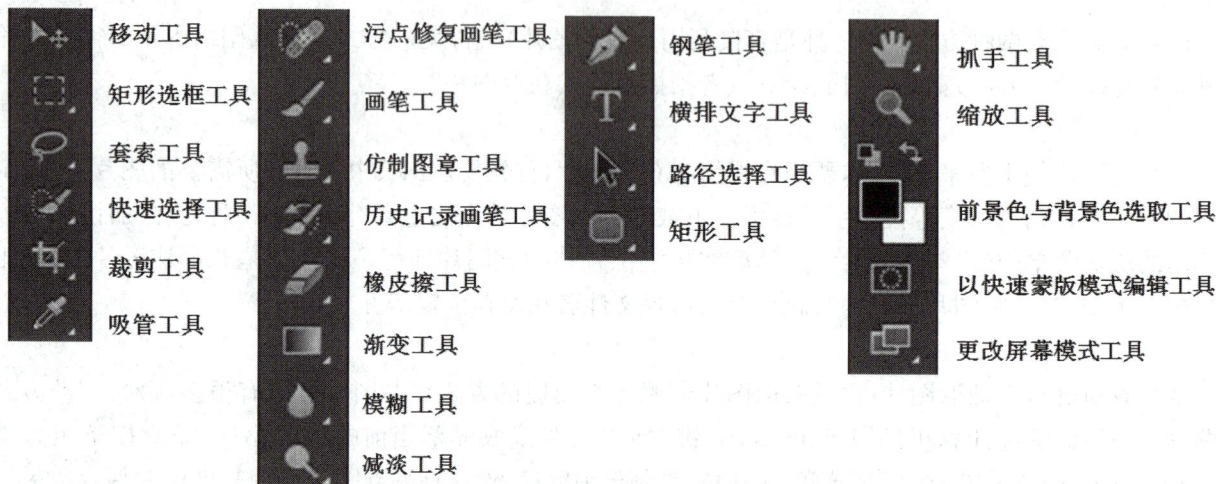

移动工具	污点修复画笔工具	钢笔工具	抓手工具
矩形选框工具	画笔工具	横排文字工具	缩放工具
套索工具	仿制图章工具	路径选择工具	
快速选择工具	历史记录画笔工具	矩形工具	前景色与背景色选取工具
裁剪工具	橡皮擦工具		以快速蒙版模式编辑工具
吸管工具	渐变工具		更改屏幕模式工具
	模糊工具		
	减淡工具		

图 1-2-8 工具箱

⑤ 舞台窗口：显示编辑图形的区域。如果打开多张图像，则会以选项卡的方式进行显示。

⑥ 控制面板：用于帮助、配合图像的编辑、对操作进行控制以及设置参数等。执行"窗口"菜单下的命令可以显示对应的面板。

⑦ 状态栏：位于工作界面的底部，用于显示文档的大小、尺寸，当前工具和窗口缩放比例等信息。

四、PhotoShop CS6 基本操作

1. 新建文件

在使用PhotoShop进行图像处理时，通常会新建文件，然后在该文件中进行图像处理。执行"文件"→"新建"命令，或者使用组合键[Ctrl]+[N]，便可以打开"新建"对话框，如图1-2-9所示，在该对话框中可以设置新建文件的名称、宽度、高度和分辨率、颜色模式、背景内容等属性。

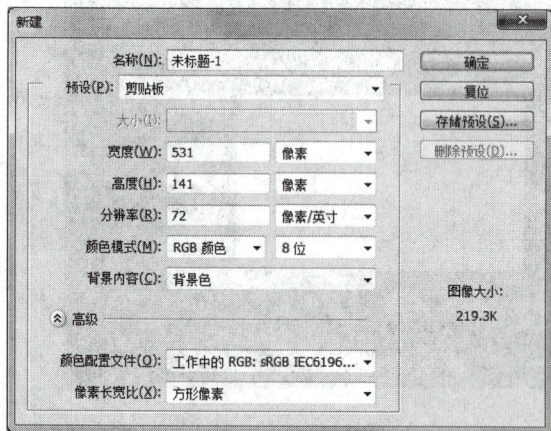

图1-2-9 "新建"对话框

① 名称：用于设置文件的名称，默认情况下的文件名为：未标题-1。

② 预设：用于选择一些内置的常用尺寸，单击预设下拉列表即可进行选择。

③ 大小：用于设置预设类型的大小，在设置预设为美国标准纸张、国际标准纸张、照片、Web、移动设备、胶片和视频时，大小选项才可以用。

④ 宽度/高度：用于设置文件的宽度和高度单位，

有像素、英寸、厘米、毫米、点、派卡和列。

⑤ 分辨率：用于设置文件的分辨率，单位为像素/英寸或像素/厘米。

⑥ 颜色模式：用于设置文件的颜色模式以及相应的颜色深度。

⑦ 背景内容：用于设置文件的背景内容，由白色、背景色和透明 3 个选项。

2. 打开和存储文件

（1）打开文件

执行"文件"→"打开"命令，或者使用组合键[Ctrl]+[O]，便可以打开一个或多个文件。

（2）存储文件

执行"文件"→"存储"命令，或者使用组合键[Ctrl]+[S]，便可以保存一份文件。执行"文件"→"存储为"命令，或者使用组合键[Ctrl]+[Shift]+[S]，便可以另存一份文件。

五、图像的基本操作

1. 图像的移动与复制

利用工具箱中的"移动工具"，可以实现图像的移动，需要注意的是需要先解锁图像所处图层。选择"移动工具"之后，按住[Alt]键不放，可以实现图像的复制。

2. 图像大小与画布大小的修改

图像用途不同，图像的分辨率也不同。例如，当我们将图像设为计算机桌面背景时，需要将图像的分辨率设置为与计算机一致。执行"图像"→"图像大小"命令，在弹出的"图像大小"对话框中修改图像的分辨率即可修改图像大小，如图 1-2-10 所示。

画布指当前图像工作界面的大小，执行"图像"→"画布大小"命令，利用弹出的"画布大小"对话框即可修改画布大小，如图 1-2-11 所示。

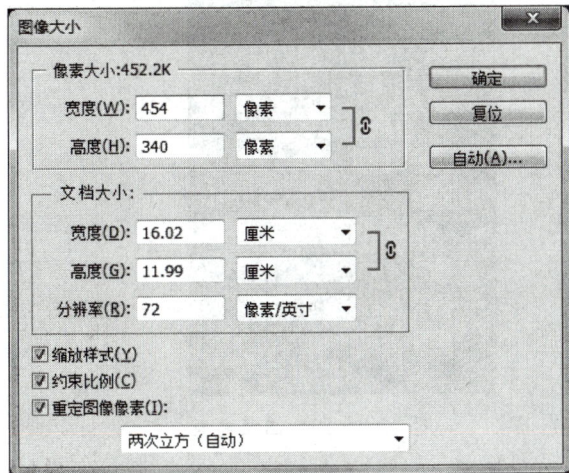

图 1-2-10　"图像大小"对话框

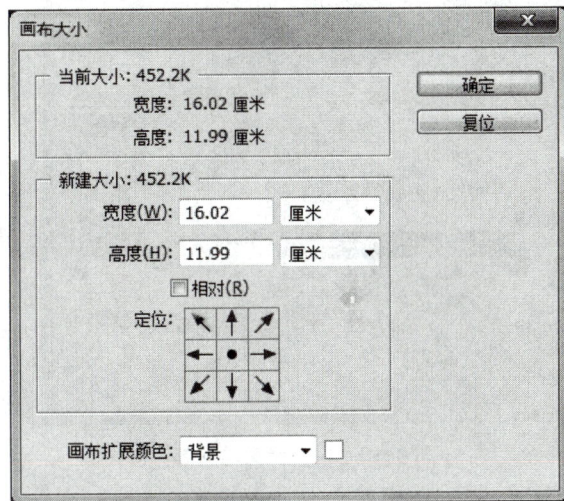

图 1-2-11　"画布大小"对话框

3. 图像的旋转与变换

执行"图像"→"图像旋转"命令，在弹出的下拉菜单中有"180 度""顺时针 90 度""逆时针 90 度""任意角度""水平翻转画布"和"垂直翻转画布"共 6 种图像旋转效果。

图像变换的命令有"编辑"→"变换"和"编辑"→"自由变换"两个，在实际操作中，通常利用自由变换的[Ctrl]+[T]组合键实现简单的变换。如果需要复杂变换，按下[Ctrl]+[T]组合键之后，在图像上单击鼠标右键，在弹出的快捷菜单中进行具体选择即可。

4. 图像的填充

（1）油漆桶填充

油漆桶工具是用前景色填充图像,默认状态下,前景色是黑色,背景色是白色。设置颜色的方法包括拾色器、颜色面板和色板面板。[Alt]+[Delete]组合键用前景色填充对象,[Ctrl]+[Delete]组合键用背景色填充对象。

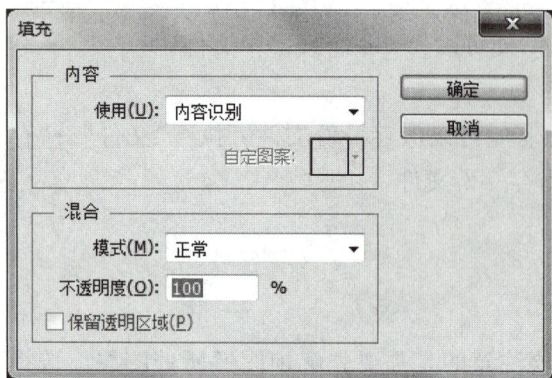

（2）填充命令

执行"编辑"→"填充"命令,弹出的"填充"对话框如图1-2-12所示,可以设置填充内容为前景色、背景色、图案和内容识别等。

（3）渐变填充

渐变颜色可以填充图像、选区、蒙版和通道等,单击工具箱中的"渐变工具"后,选项栏如1-2-13图所示,其中依次代表线性渐变、径向渐变、角度渐变、对称渐变和菱形渐变。单击"渐变预览条"即可弹出渐变编辑器,如图1-2-14所示。

图1-2-12 "填充"对话框

图1-2-13 "渐变工具"选项栏

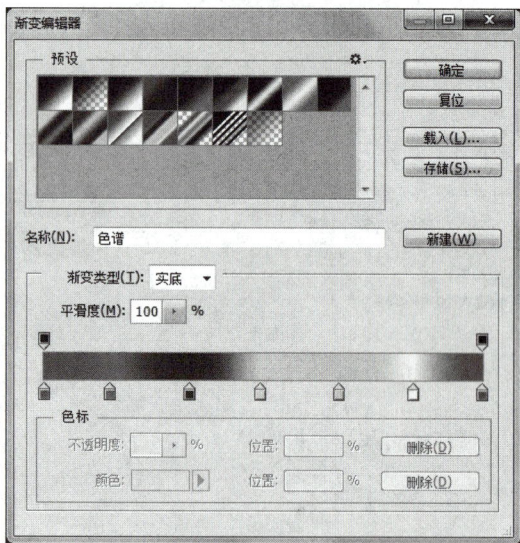

图1-2-14 渐变编辑器

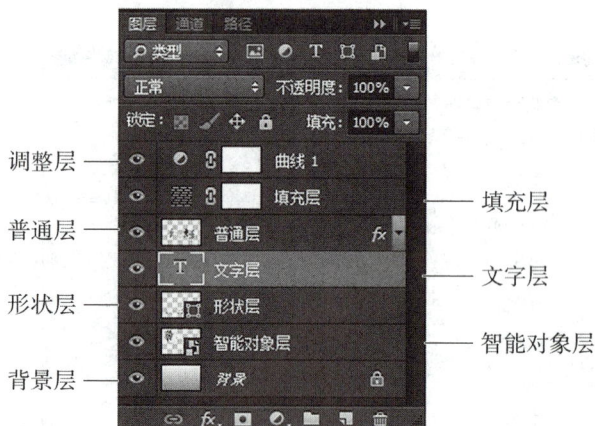

图1-2-15 图层类型

六、图层

图层是PhotoShop最为核心的功能之一,它如同堆叠在一起的一张张透明胶卷,一张图像由多个不同类型的图层,通过一定的组合方式自上而下叠放在一起组成的。各个图层中的对象都可以单独处理,而不会影响其他图层中的内容,图层可以移动,也可以调整顺序。

1. 图层的类型

图像的最终效果是通过多个图层的叠加获得的。图层分为普通层、背景层、文字图层、形状层、智能对象层、填充层、调整层等,各类图层在面板中的显示如图1-2-15所示。

① 普通层：一般方法创建的透明图层，普通层可以任意编辑，包括透明度、修改大小、删除、调整顺序等一系列的操作。

② 背景层：打开图片素材或新建文档是自动创建的，总是在底部，不能对其进行编辑和调整顺序。

③ 文字层：使用"文字工具"在图像中输入文字时，自动产生的图层。文字图层不能使用其他的工具进行编辑，不能进行绘画、滤镜处理。若要对文字图层进行填充、滤镜等处理，需要将文字图层"栅格化"转化为普通图层。

④ 调整层：主要用来控制色调和色彩的调整。

⑤ 形状层：使用形状工具等在图像中绘制图形时，自动产生的图层。

⑥ 填充层：在当前图层中填入一种颜色或图案，并结合图层蒙版的功能，产生一种遮盖效果。在不破坏原始图像的情况下，图像可以通过色调、色调顺序、曲线等进行操作。

⑦ 智能对象层：在有一个图层的基础上再打开一张图片时所打开的形式，智能对象的调整包含移动、缩放、旋转、斜切、翻转。

2. 图层面板

利用"图层"面板可以方便地创建、编辑、管理图层，设置图层样式和图层混合等。默认状态下，"图层"面板在 PS 操作界面的右侧。如果没有显示，可以执行"窗口"→"图层"命令将其打开，如图 1－2－16 所示。"图层"面板最下面一排按钮从左到右依次是：链接图层、添加图层样式、添加图层蒙版、创建新的填充或调整图层、创建新组、创建新图层和删除图层。

3. 图层的操作

（1）创建图层

创建图层的方法主要有以下两种：

● 单击"图层"面板中的"创建新图层"按钮 ⬜，即可在当前活动图层上面新建一个图层，新建的图层会自动成为当前图层。

● 执行"图层"→"新建"→"图层"命令，在弹出的"新建图层"对话框中设置图层属性（包括名称、颜色、混合模式和不透明度）后，单击【确定】按钮。

（2）选择图层

要想对图层进行编辑，首先要选择图层，方法如下：

① 选择一个图层：在"图层"面板上单击任意一个图层的名称即可选中该图层，并且所选图层会成为当前活动图层。

② 选择多个图层：如果要选择多个连续的图层，可以单击第一个图层，按住［Shift］键后单击最后一个图层即可。如果要选择多个不连续的图层，可以按住［Ctrl］键依次单击这些图层。

（3）复制图层

选中图层后，可以通过以下方法来复制图层：

● 执行"图层"→"复制图层"命令。

● 单击"图层"面板右上角的三角形按钮，在弹出的下拉菜单中选择"复制图层"命令，如图 1－2－17 所示。

● 按［Ctrl］＋［J］组合键，可复制当前图层。

● 将要复制的图层拖至"图层"面板中的"创建新图层"按钮上即可。

（4）删除图层

选中图层后，可以通过以下方法来删除图层：

● 在图层名称上单击鼠标右键，在弹出的快捷菜单中选择"删除图层"。

● 单击"图层"面板中的"删除图层" 🗑。

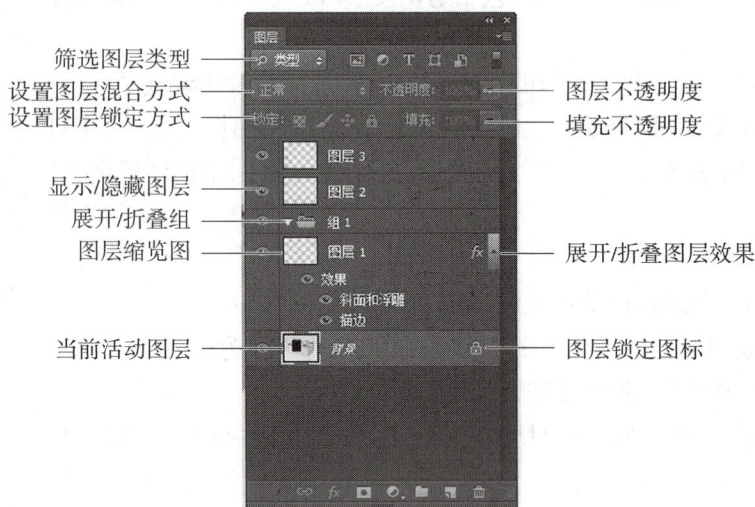

筛选图层类型
设置图层混合方式
设置图层锁定方式

图层不透明度
填充不透明度

显示/隐藏图层
展开/折叠组
图层缩览图

展开/折叠图层效果

当前活动图层

图层锁定图标

图 1-2-16 图层面板

图 1-2-17 复制图层

● 拖曳要删除的图层至"删除图层"按钮。

（5）移动图层

选中要移动的图层，按住鼠标左键不放，拖曳至目标位置即可。

（6）重命名图层

双击图层名称，当名称呈现蓝色突出显示状态时便可以修改图层的名称。

（7）锁定图层

在"图层"面板中可以将图层的某些编辑功能锁住，从而避免对图像的误操作。单击对应的锁定图标，即可开启该功能：

① 锁定透明像素 ▦ ：单击该按钮，图层上的透明区域不能被编辑。

② 锁定图像像素 ⫽ ：单击该按钮，可以将当前图层保护起来，不受填充、描边及其他绘图操作的影响，只能对图层进行移动和变换操作。

③ 锁定位置 ✛ ：单击该按钮，将不能对锁定的图层进行移动、旋转和自由变换等编辑操作，但可以进行填充、描边和其他绘图的操作。

④ 锁定全部 🔒 ：单击该按钮，锁定的图层将显示一个变暗的锁定图标，此时该图层不能进行任何操作。

（8）链接图层

将多个图层链接到一起后，可以同时对多个图层中的内容进行移动或变换操作。选中图层后单击"链接图层"按钮 🔗 便可以将多个图层链接在一起。

（9）栅格化图层

对于一些包含矢量数据的图层，如文字图层、形状图层和矢量图层等，不能使用绘画工具或滤镜。如果要使用，需要将这些图层栅格化，转换为普通图层。如果要栅格化图层，可以执行"图层"→"栅格化"→"图层"命令，或在图层上单击鼠标右键，在弹出的快捷菜单中选择"栅格化图层"。

（10）设置图层的对齐方式

为了让画面看起来更整齐，需要将不同图层中的相似内容（文字和图形等）以一定的对齐方式显示。选中要对齐的图层，执行"图层"→"对齐"命令，根据具体的情况，在下拉菜单中选择所需的对齐方式即可。

七、选区

1. 选区的概念

选区就是选择区域。创建选区后,可对选区内的图像进行移动、复制、羽化等操作。而选区外的区域不受任何影响。关于选区,需要注意的有两点:

① 选区可以是任何形状,但一定是封闭的区域,不存在开放的选区。

② 选区一旦建立,大部分操作就只在选区范围内有效,如果要针对全图操作,必须要先取消选区(快捷键为[Ctrl]+[D])。

2. 规则形状选区工具

规则形状指的是矩形和椭圆这两种图形,以及这两种图形派生出来的正方形和正圆形。选框工具主要包括"矩形选框工具""椭圆选框工具""单行选框工具"和"单列选框工具",如图 1-2-18 所示。

图 1-2-18 规则形状选区工具

(1) 矩形选框工具

使用"矩形选框工具"在画布上单击并拖动鼠标即可创建矩形选区,"矩形选框工具"选项栏如图 1-2-19 所示。

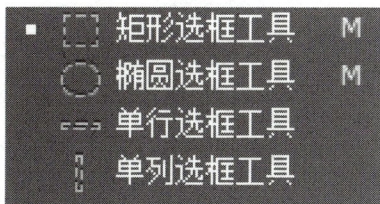

图 1-2-19 "矩形选框工具"选项栏

① 新选区 ▣:可以创建一个新选区,如果已经存在选区,新创建的选区将替换原来的选区。

② 添加到选区 ▣:可以将当前创建的选区添加到原来的选区中(借助[Shift]键也可以实现该操作)。

③ 从选区减去 ▣:可以将当前创建的选区从原来的选区中减去(借助[Alt]键也可以实现该操作)。

④ 与选区交叉 ▣:新建选区时只保留原有选区与新建选区相交的部分(借助组合键[Alt]+[Shift]也可以实现该操作)。

⑤ 羽化:其原理是令选区内外衔接部分虚化,起到渐变的作用从而达到自然衔接的效果。

⑥ 调整边缘:无论使用哪种选区工具,都可能无法精确地创建选区,抠出来的图像会残留背景中的杂色(统称白边),对于这类白边,可以通过"调整边缘"命令处理。

(2) 椭圆选框工具

"椭圆选框工具"的选项栏如图 1-2-20 所示,它比"矩形选框工具"多一个"消除锯齿"的复选框,在创建圆形、多边形等形状的选区时容易产生锯齿,勾选该选项后,会在选区边缘 1 像素范围内添加与图像相近的颜色,使图像看上去更加光滑。

图 1-2-20 "椭圆选框工具"选项栏

(3) 单行/单列选框工具

"单行选框工具"和"单列选框工具"分别用于创建 1 像素高或 1 像素宽的选区,选中相应的工具后在画布中单击即可创建选区。

3. 不规则形状选区工具

创建不规则形状选区的工具主要有"套索工具""多边形套索工具""磁性套索工具""快速选择工具"和"魔棒工具"五种，如图1-2-21所示。

图1-2-21 不规则形状选区工具

（1）套索工具

"套索工具"的自由度很高，它可以创建任何形状的选区。单击工具箱中的"套索工具"按钮，在画布中单击并拖曳鼠标，当鼠标移动至起点位置时释放鼠标便可以完成选区的创建，如图1-2-22所示。

（2）多边形套索工具

"多边形套索工具"适合创建一些由直线构成的多边形选区。单击工具箱中的"多边形套索工具"，在画布中的不同位置单击鼠标创建出折线，在画布中其他位置继续单击，当鼠标移至起点位置时单击，便可以完成选区的创建，如图1-2-23所示。

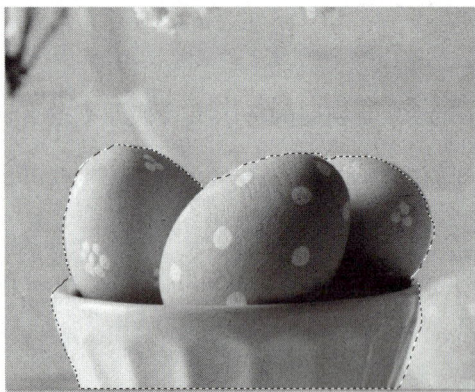

图1-2-22 使用"套索工具"

图1-2-23 使用"多边形套索工具"

（3）磁性套索工具

"磁性套索工具"可以自动识别对象的边界，类似于前两种工具的结合，当想要选择的区域边缘较为清晰，并且与周围环境存在着明显的对比度时，可以使用该工具选择。如图1-2-24所示，选中图像中的花朵时，可以使用磁性套索工具。

（4）快速选择工具

快速选择工具能够利用可调整的圆形画笔快速创建选区。在移动鼠标时，选区会向外扩展并自动查找和跟随图像中定义的边缘。当图像的背景为纯色或者背景比较简单时，快速选择工具处理效果比较好。如图1-2-25所示，使用"快速选择工具"选中白色背景，然后按下组合键[Ctrl]+[Shift]+[I]反选选区即可。

（5）魔棒工具

魔棒工具可以用来选取图像中色彩相近的区域。使用"魔棒工具"创建选区时，常常会有部分边缘像素不能被完全选择，此时可以借助"套索工具"或其他工具再次添加选区。

图1-2-24　使用"磁性套索工具"

图1-2-25　使用"快速选择工具"

4. 调整选区

（1）选区的基本操作

① 全选：通常在复制图像时使用，执行"选择"→"全部"命令，或按组合键[Ctrl]＋[A]，即可选择当前图层画布内的全部图像。

② 取消选择：创建选区后，执行"选择"→"取消选择"命令，或按组合键[Ctrl]＋[D]，可以取消选择。

③ 重新选择：如果要恢复被取消的选区，可执行"选择"→"重新选择"命令，或按组合键[Ctrl]＋[Shift]＋[D]，重新选择选区。

④ 反向选择：创建选区以后，执行"选择"→"反向"命令，或按快捷键[Ctrl]＋[Shift]＋[I]，便可以将选择的区域与未选择区域交换。

（2）选区的填充

使用"油漆桶工具"可以用纯色填充选区，或者执行"编辑"→"填充"命令，在弹出"填充"对话框中设置填充内容为前景色、背景色、图案、内容识别等。

（3）选区的修改

执行"选择"→"修改"命令，在弹出的下拉菜单中有"边界""平滑""扩展"和"收缩""羽化"五种操作。

① 边界：可以在选区的边界向内和向外进行扩展，扩展后的选区边界与原来的选区边界形成新的选区，替换原有选区。

② 平滑：清除选区边缘的杂散像素，消除尖角和锯齿，使选区的边缘平滑。

③ 扩展与收缩：扩展选区可以将选区向外扩展一定宽度，收缩选区则可以将选区向内收缩一定的宽度。

④ 羽化：使选区的边缘产生过渡的效果，使选区的边缘更加柔和平滑。

（4）选区的变换

选区的变换操作包括缩放和旋转，可以通过"变换选区"命令实现。创建选区后，执行"选择"→"变换选区"命令，或者借助快捷键[Ctrl]＋[T]，选区外侧便会出现变换框，移动鼠标至变换框的控制柄处，当光标变为双向箭头时，拖动鼠标便可以对选区进行缩放操作。移动鼠标至变换框外侧区域，当光标变为 ⌐ 形状时，拖曳鼠标便可以对选区进行旋转操作。

如果操作有误，可以按[Esc]键回到选区为执行变换操作前的效果。如果操作无误，可以按[Enter]键或在选区内双击鼠标来确认当前操作。

（5）移动、复制选区内图像

建立选区后，通常会对选区内图像进行移动、复制、粘贴等相关操作：

① 移动选区内图像：同时移动选区和选区内的图像。创建选区后，在工具箱中选择移动工具，将光标置于选区中，拖曳鼠标便可以实现选区的移动，图像处理时的"抠图"操作就是基于移动选区内图像来实现的。

② 复制选区内的图像：利用快捷键[Ctrl]+[C]，便可以将图层中的内容复制到剪贴板中。

③ 粘贴选区内的图像：利用快捷键[Ctrl]+[V]，在粘贴过程中，如果已经建立选区，执行"编辑"→"选择性粘贴"→"贴入"/"外部粘贴"命令，即可将图像放置到选区内和选区外。

八、形状工具

形状工具包括"矩形工具""圆角矩形工具""椭圆工具""多边形工具"和"自定形状工具"，如图1-2-26所示。形状工具的选项栏相似，图1-2-28所示为"多边形工具"的选项栏，将类型设置为形状，后面可设置形状的填充色、边框颜色、边框粗细等。单击"设置"按钮，在弹出的下拉列表中有绘制形状的多种方法供大家选择，如图1-2-27所示。

（1）不受约束：绘制任意大小的矩形。

（2）方形：绘制任意大小的正方形。

（3）固定大小：选择此选项之后，在右侧设置高度和宽度，即可绘制固定尺寸的矩形。

（4）比例：选择此选项之后，可以在后侧输入高度和宽度的比值，从而绘制固定比例的矩形。

（5）从中心：选择此选项，以鼠标单击点为中心绘制矩形。

图1-2-26　形状工具　　　　图1-2-27　设置选项

图1-2-28　"多边形工具"选项栏

九、文字设计

PhotoShop中的文字不仅可以传达信息，还能起到美化版面、强化主题的作用。

1. 认识文字工具

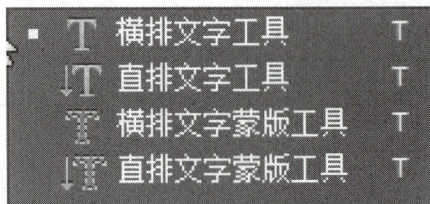

图1-2-29　文字工具列表

在工具箱中的"横排文字工具"按钮上单击鼠标右键，便会弹出文字工具列表，如图1-2-29所示。其中，使用"横排文字工具"和"直排文字工具"创建文字时，"图层"面板会自动创建一个"文字图层"，并且会以输入的文字命名；使用"横排文字蒙版工具"和"直排文字蒙版工具"创建的文字是以蒙版的形式呈现的，输入文字后，文字会以文字选区出现在原图层上，并不会创建新的图层。

2. 创建文字

选择文字工具后,选项栏如图所 1-2-30 示,用户可以在输入文字前设置文字属性,也可以在输入文字后重新设置这些属性,以更改字符的外观。

图 1-2-30　文字工具选项栏

在文字的选项栏中只提供了很少的参数选项,如果要对文字进行更多的设置,可以执行"窗口"→"字符"命令打开"字符/段落"面板进行字符和段落的设置,如图 1-2-31 所示。

（1）创建点文字

创建点文字时,每一行的文字都是独立的,行的长度随着文字的多少而变换,但不会自动换行,需要通过［Enter］键手动换行,点文字常用于少量文字的输入。

如果要创建点文字,在工具箱中选择一个文字工具后,在工作区单击,在光标闪烁处输入文字,输入完成后按［Enter］键即可。

（2）创建段落文字

创建段落文字时,文字会根据创建的文本框大小而自动换行,也可以通过调整文本框的大小而改变文字的排列。

图 1-2-31　"字符/段落"面板

如果要创建段落文字,选择文字工具后,单击并拖曳鼠标,绘制文本框,然后输入文字,文字会按照文本框的边缘自动换行,文字输入完成后按［Ctrl］+［Enter］组合键确认完成。

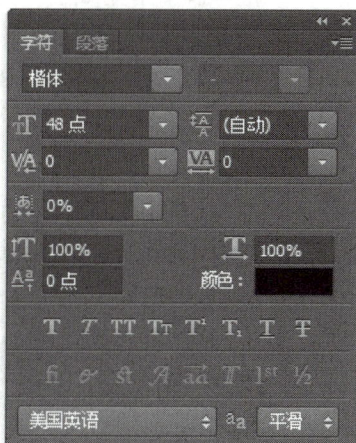

十、图像调整

PhotoShop 中提供了多种不同类别的颜色调整命令,用户可以根据图像中存在的不同色调和色彩问题,执行"图像"→"调整"命令,在弹出的图 1-2-32 所示的下拉菜单中选择合适调整命令,对图像的颜色和色调进行校正。

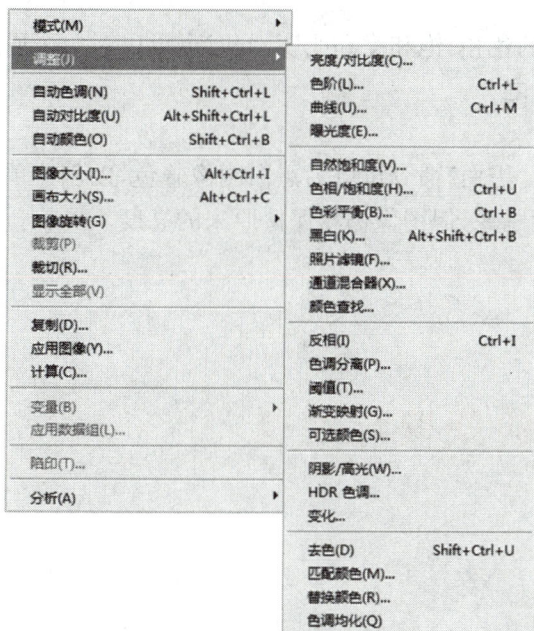

图 1-2-32　"调整"下拉菜单

图 1-2-33　直方图界面

图像调整通常包括影调调整和色调调整两部分。影调指的是影响图像生成的环境光线;色调指的是构成图像内容的颜色成分。在调整图片之前,可以借助直方图对图像进行分析,为后面的图片调整提供正确的思路和步骤。

1. 直方图

在直方图界面中,通过图像曲线分布的方式,显示当前图像不同颜色的像素分布情况,打开图像文件后,执行"窗口"→"直方图"命令,即可显示该图像的直方图信息,如图 1-2-33 所示。

2. 常见影调调整工具

（1）亮度/对比度

"亮度/对比度"命令用于调整太亮或太暗的图像。拍摄的图像会因为外界因素的影响,出现曝光不足或曝光过度的现象,这时可以利用"亮度/对比度"来调整图像的色调范围。

（2）色阶

"色阶"命令用于对图像的阴影、中间调和高光强度级别进行调整,从而校正图像的色调范围和色彩平衡,主要用于调整图像的明暗或偏色效果。

（3）曲线

"曲线"命令可以调整图像的整个色调范围,它具备了亮度/对比度、阈值和色阶等命令,通过调整曲线的形状,可以对图像的色调进行精确的调整。

（4）曝光度

"曝光度"命令专门用于调整 HDR 图像的曝光效果。可以对图像进行高光、中间调和阴影部分的调整。

（5）阴影/高光

"阴影/高光"命令可以对图像中的阴影部分和高光部分单独进行调节,适合调整逆光图像。

3. 常见色调调整工具

（1）色彩平衡

"色彩平衡"对当前图像中的色调、中间调或明暗进行图案颜色的偏色调节,调整效果明显,方便对影调修整后的色调进行调整。

（2）照片滤镜

"照片滤镜"命令用于纠正环境色或环境光造成的图像偏色。

（3）色相/饱和度

"色相/饱和度"命令可以调整整个图像或选区内图像的色相、饱和度和明度,同时也可以对单个通道进行调整。该命令是实际工作中使用频率最高的调整命令之一。

（4）黑白与去色

通过"黑白"与"去色"命令可以对图像进行去色处理。"黑白"命令可以为黑白图像着色,以创建单色图像;"去色"命令只是将图像中的色彩去掉,使其成为灰度图像,但图像仍然保持原来的亮度。

任务1.3 音频素材的获取与处理

任务描述

早操是常见的幼儿园晨间的户外体育活动,李老师在网络上下载了适合做早操的音乐,通过剪辑处理,合成为一段音乐。此外,她还录制了红色经典绘本故事,并添加了背景音乐,供幼儿做完早操后等待早餐时收听。

任务一:下载适合幼儿早操使用的音乐,通过单轨编辑,将多首音乐剪辑合成为一首歌曲串烧。

任务二:录制绘本故事音频,下载适合做背景的音乐,通过多轨缩混,将其剪辑合成为一个故事音频。

📋 任务实施 ✱

一、剪辑合成歌曲串烧

1. 下载音乐

借助网络下载一款音乐播放软件(如网易云音乐、百度音乐、酷狗音乐、QQ音乐等),安装完成后启动。在搜索框中输入关键字"世界真美好",在搜索列表中单击"播放歌曲"按钮试听歌曲的效果,选择合适的歌曲单击【下载】按钮,将音乐保存在个人文件夹中。

使用同样的方法,分别下载歌曲《新健康歌》和《你笑起来真好看》。

2. 导入音乐

启动 Audition CS6,执行"文件"→"导入"→"文件"命令,打开"导入文件"对话框,选择歌曲所在的文件夹,借助[Ctrl]键,将三首歌曲导入到"文件"面板中。

视频 1.3-1
导入音乐

3. 处理第一段音乐

在"文件"面板中双击"世界真美好",此时将在"编辑器"面板中显示其波形,此时处于单轨编辑状态,选择"时间选区工具",拖曳鼠标将 0:00.000~0:08.000 的波形选中,单击鼠标右键,在弹出的快捷菜单中选择"删除",将选中的波形删除。

4. 处理第二段音乐

在"文件"面板中双击"新健康歌",选中 0:34.000~2:01.789 的波形,执行"编辑"→"剪切"命令,然后切换至"世界真美好"编辑界面,将光标在时间轴末尾处单击,执行"编辑"→"粘贴"命令,将剪切的波形粘贴至此处。

5. 处理第三段音乐

在"文件"面板中双击"你笑起来真好看",选中 0:00.000~0:52.050 的波形,执行"编辑"→"裁剪"命令,将未选中的波形删除。在白色高亮选区上单击鼠标右键,选择"复制",然后切换至"世界真美好"编辑界面,将其粘贴在最后。

图 1-3-1 "存储为"对话框

6. 导出音频

执行"文件"→"另存为"命令,在弹出的"存储为"对话框中将文件名修改为"早操音乐",选择存储位置,其他选项默认,如图 1-3-1 所示,然后单击【确定】按钮,完成歌曲串烧的制作。

二、录制绘本故事音频

1. 录制音频

打开手机中的"录音机"工具,将手机麦克风对着自己的口部并保持约一个拳头的距离,轻触录音键开始录音,录制完成后命名为"小英雄雨来"后保存,绘本故事文字稿如图 1-3-2 所示。试听录制的音频,无误后通过 QQ 传送至电脑上。

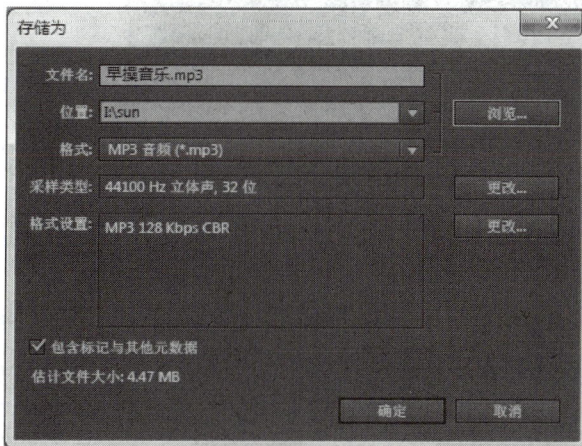

红色经典绘本故事《小英雄雨来》

在晋察冀边区一个叫芦苇村的小村庄里，每当芦花繁盛的时候，远远望去，黄绿色的芦苇上好像盖了一层厚厚的白雪，轻风一吹，鹅毛般的芦絮就飘飘悠悠地飞起来，把几千户小屋都罩在柔软的芦花里。村里有条返乡河，孩子们在入夏以后都喜欢游泳，12岁的雨来和其他小朋友比，水性最好，潜水能力最强，本领最大。

一天晌午，雨来吃了点剩饭，就趴在炕上念他那的红布包着的课本，老师教会他识字"我是中国人，我爱中国"忽然雨来，听见街上有人在跑。

雨来一骨碌下了炕，刚迈出门槛，门外闯进来一个人，雨来正撞在这个人的怀里，他抬头一看，是区上的交通员李大叔，李大叔常来雨来家落脚。

随后，外面传来日本鬼子叽里呱啦的叫声。李大叔忙把墙角那盛着大半缸糠皮的缸搬开。雨来愣住了："咦？这是什么时候挖开的洞呢？"李大叔跳进洞里，说："把缸搬回原地，你快到别的院里去，对谁也不要说"

雨来使劲浑身气力才把缸挪回原地。他知道爸爸是游击队员，一定是他在家里挖了这个洞。雨来之前不知道这件事，他要守住这个秘密。

雨来刚到堂屋，只见十几把雪亮的刺刀从前门探进来。他撒腿就往后院跑，听到背后咔哒一声枪栓响有人大声叫道："站住！"雨来没理他，一直朝后院跑去，只听见子弹在头上嗖嗖飞过的声音。

雨来摔倒了，被前来的鬼子绑了起来，屋子里也遭了劫难，一个扁鼻子鬼子军官，两眼红红的，用中国话问雨来："小孩！问你话，不许撒谎！"

" "

" "

交通员李大叔在地洞里呆了好长时间才出来，他听见街上有人吆喝："卖豆腐啦！"这是芦花村的暗号，知道敌人已经走远了，便跑到街上打听雨来的消息，才知道雨来被鬼子打死在河里了。他脑袋"裁"的一声，眼泪就流下来了。

还乡河的河水打着漩涡哗哗地向下流去。不知谁说："也许鬼子把雨来扔在河里，冲走了"大家就顺着河岸向下找。

突然铁头指着芦苇丛里露出来的一张脸叫起来："啊！雨来！雨来！"

原来，机智勇敢的雨来，因为熟悉潜水，跳河后就从水底下游到了远处一片芦苇丛里藏了起来，

图1-3-2 绘本故事文字稿

2. 编辑语音

视频1.3-2 编辑语音

将接收到的音频文件"小英雄雨来.mp3"导入到 Audition 中。可以对"小英雄雨来"音频文件编辑，优化音频的声音品质。参考步骤如下：

（1）文件标准化处理：执行"效果"→"振幅和压限"→"标准化"命令，在打开的图1-3-3所示的"标准化"对话框中设置对应的属性即可。

（2）降噪：对于音频间隙中的噪音，可以将其选中后执行"效果"→"降噪/恢复"→"降噪"命令进行处理。

图1-3-3 "标准化"对话框

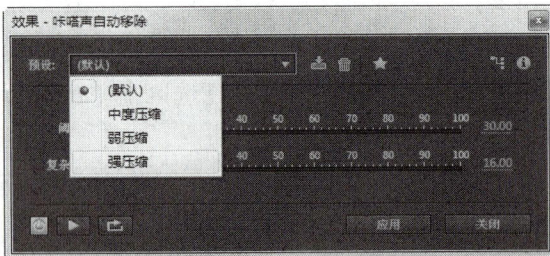

图1-3-4 "效果-咔哒声自动移除"对话框

对于录制时不小心产生的细微咔哒声，可以执行"效果"→"降噪/恢复"→"自动咔哒声移除"命令，打开"效果-咔哒声自动移除"对话框，如图1-3-4所示。在"预设"下拉列表中选择"强压缩"命令后单击【应用】按钮。

（3）如果觉得录制时的语气不够自然，如在读完绘本"猜猜我有多爱你"后想要停顿久一点，可以在此处添加2秒的停顿时间。执行"编辑"→"插入"→"静默"命令，在弹出"插入静默"对话框中设置"持续时间"为0:02.000，如图1-3-5所示。

3. 新建多轨项目

（1）在"文件"面板中"小英雄雨来"上单击鼠标右键，在弹出的快捷菜单中选择"插入到多轨混音中"→"新建多轨混音"命令，打开"新建多轨混音"对话框。

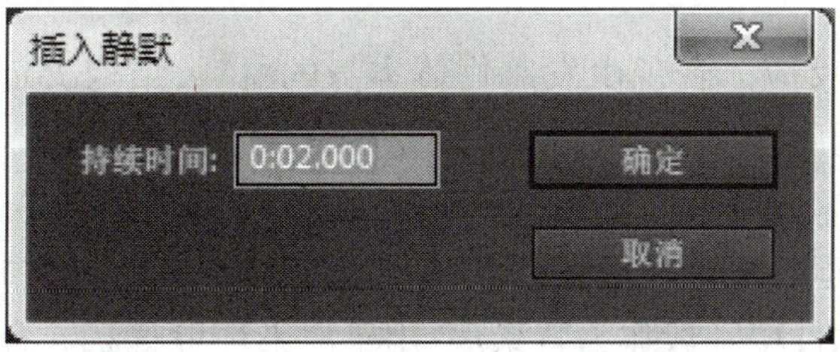

图 1-3-5　"插入静默"对话框

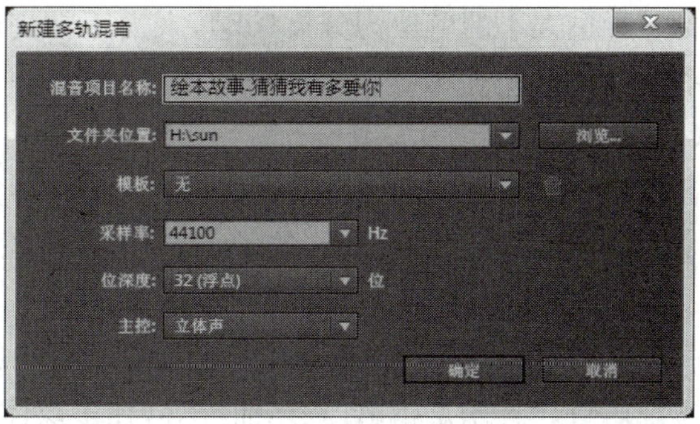

图 1-3-6　"新建多轨混音"对话框

（2）设置"混音项目名称"为"红色经典绘本故事-《小英雄雨来》"，选择文件存储位置，设置采样率为44 100 Hz，位深度为 32 位，单击【确定】按钮，如图 1-3-6 所示。

至此，单轨波形编辑区的音频文件已经被转入了多轨波形编辑界面，并在轨道 1 中显示出来。

4. 添加背景音乐

（1）利用音乐播放软件下载一首合适的轻音乐，保存在个人文件夹中。

（2）执行"文件"→"导入"→"文件"命令，将下载的音乐导入到"文件"面板中。

（3）在导入的音频上单击鼠标右键，在弹出的快捷菜单中选择"插入到多轨混音中"→"红色经典绘本故事-《小英雄雨来》"命令，此时将跳转到多轨波形编辑界面，背景音乐被添加到轨道 2 上。

需要注意的是：如果下载的音频采样率与多轨混音项目的采样率不匹配，会弹出与项目采样率不匹配的提示对话框。单击【确定】按钮后会自动转换采样率。

5. 调整背景音乐时长

移动轨道 1 的音频块，将其起始位置放置在 5～10 秒处，如果下载的背景音乐时长与故事时长不匹配，可以拖动音频块右下方小三角调节音频块的长短。

如果背景音乐时间过长，可以使用"选择素材剃刀工具"把过长的背景音乐一分为二，并删除多余的部分，保持背景音乐在故事播放完成后再播放 5～10 秒即可。

在轨道 2 的轨道头中分别调整音量大小和立体声平衡值，可以根据自己现场感觉去测试不同的数值，试听满意后便可以输出了。

6. 导出音频

执行"文件"→"导出"→"多轨缩混"→"完整混音"命令，弹出"导出多轨缩混"对话框，确认文件名及输出位置等信息无误后，单击【确定】按钮即可输出合成的音频。

知识链接

一、理论基础

1. 声音的三要素

声音是由物体振动产生的声波，是通过介质传播并能被人或动物听觉器官所感知的波动现象。声音的特性可由三个要素来描述，即音调（音高）、音量（音强）和音色（音品）。

（1）音调

人耳对声音高低的感觉称为音调，音调主要与声波的频率有关，频率越高，音调越高，人耳可听到的频率范围为 20～20 000 Hz，高于 20 000 Hz 的声波称作超声波，人耳是无法听到的。

（2）音量

人耳对声音强弱的主观感觉称为音量。音量和声波振动的幅度有关，一般来说，振幅越大，声音越大。衡量音量大小的单位为分贝(dB),人力正常交谈声音的分贝为 40～60 dB,90 dB 以上则会损害听力神经系统。

(3) 音色

音色是人耳对各种频率、各种强度的声波的综合反应。音色由发声物体本身的材料、结构决定。例如每个人讲话的声音以及钢琴、笛子、提琴等各种乐器所发出的不同声音,都是由音色不同造成的。

2. 声音的三种形式

声音通常有语音、音乐和音效三种形式。语音是指口头语言,即人说话的声音,在多媒体课件中一般称为解说声音。音乐是指歌声、乐曲声等,在多媒体课件中一般作为背景声,用于渲染环境气氛。音效是指声音的特殊效果,是人声和音乐之外所有声音的统称,包括自然界中存在的各种声音,如风吹、雨大、雷鸣、犬吠呼啸、鸟鸣声、机器声等。

3. 模拟音频和数字音频

只有把声音波形转换成其他的形式,如唱片上的纹路、磁带上的磁粉排列、调音台中的电压信号、计算机硬盘中的二进制码等,才能传播或储存在各种设备和媒介上。这种声波被转化后的新的形式,称为音频。音频按照存储形式的不同可以分为模拟音频和数字音频。

(1) 模拟音频

模拟音频是以模拟电压的振动幅度来表示声音的强弱大小,它在时间上连续的,如调频广播、音响系统中传输的电流、电压信号等。模拟音频技术反映了真实的声音波形,声音温馨悦耳,一直沿用至今,但在记录、编辑和传输时受到很多技术本身的限制。

(2) 数字音频

数字音频是将连续变化的声音信号以固定的时间间隔进行采样,再对每个采样进行二进制编码,并储存在硬盘、光盘等数字媒体介质中。数字音频文件可以分为波形文件和 MIDI 文件。

波形文件是将模拟音频直接转化为数字音频而得到的文件,它可以很好地重现原始声源的音响,常用于音乐、歌曲等自然声的录制。MIDI(Musical Instrument Digital Interface,音乐设备数字化接口)文件,是一种合成的声音,主要用于音乐合成、乐器和计算机之间交换音乐信息的一种标准协议。MIDI 技术常用于音乐制作领域。

4. 数字音频的技术指标

(1) 采样频率

采样频率是指数字音频采样系统在一秒钟内对声音信号的采样次数,采样频率越高,声音的还原就越真实越自然。

(2) 采样位数

采样位数可以理解为采集卡处理声音的解析度,采样位数越大,解析度越高,录制和回放的声音越真实。

(3) 比特率

比特率是数据传输时单位时间内传送的数据数,比特率越大,精度就越高,处理出来的文件就越接近原始文件。

5. 数字音频的常见格式

在数字音频技术产生之前,我们只能用磁带或胶木唱片来存储模拟音频,随着技术的发展,声音信号逐渐过渡到了数字化存储阶段,可以存储在计算机中。

模拟音频经过采样、量化和编码后所形成的二进制序列就是数字音频信号。我们可以将其以文件的形式保存在计算机的存储设备中,这样的文件称为数字音频文件。常见的数字音频格式如下:

(1) WAV

WAV 格式是微软和 IBM 公司共同开发的音频编码格式,主要用于保存没有压缩的音频。目前所有的音频播放软件均支持 WAV 格式，因此它被广泛应用在 Windows 平台中。WAV 文件的特点是音质特别好，占用存储空间大，支持 Windows 播放器播放，主要用于保存原始音频素材。

（2）MP3

MP3 文件是一种有损音质的格式文件，它的压缩原理是删除声音中人耳听不见或无法感知的信号，大幅减少数字化后所需的存储空间。MP3 文件的特点是：文件占用空间小，声音质量却无明显下降。

（3）WMA

WMA 是由微软公司推出的与 MP3 格式齐名的一种新的音频格式。因其减少了数据流量，在相同音质下，它的文件大小是 MP3 格式的一半，因此非常适合网络流媒体。

二、音频资源的获取

1. 网络下载

互联网上有大量的免费资源可供下载。可以在搜索引擎的搜索框中输入关键词，搜索并下载。也可以借助音乐播放器（如 QQ 音乐、酷狗音乐、网易云音乐等）下载。

2. 从专门的声音素材库中直接调取

对于一些难以通过免费途径获取的音频素材，可以直接购买现成的音频素材库，这些素材库能提供大量的音乐和效果声，是获取音频素材最直接、最方便的方法。

3. 从视频中获取

将音频从视频中分离出来并存储为独立音频文件的方法有两种：一是利用视频播放器中的截取功能。例如，在 QQ 影音中，选择仅保存音频选项，可以将截取部分的声音存储为独立的音频文件。二是利用专业的视频处理软件。例如，在"会声会影"中，通过影音分离将视频中原有的音频分离出来，生成单独的音频文件。

4. 直接录制

在制作音频素材时，有时需要录制一些原始的音频素材，这就需要播音人员利用麦克风录制。如果想获得较好的录音效果，需要专门的录制环境，避免外部声音的干扰。普通教学中使用的声音素材，可以直接利用电脑或手机录制。

三、认识 Audition CS6

Adobe Audition（AU）是由 Adobe 公司在 Cool Edit Pro 软件基础上改进得到的，主要用于对音频文件进行音频混合、编辑和特效处理。

根据项目任务的不同，可以将 Adobe Audition CS6 的工作界面分为波形编辑界面、多轨界面及 CD 布局界面。波形编辑界面可以对单个音频素材进行编辑；在多轨界面中，可以对单个素材进行裁剪、组合等操作，同时也可以对两个或两个以上的素材进行缩混操作。CD 布局界面主要用于将多个声音文件按照需要进行排列，并按照排列的顺序进行刻盘。各种工作界面类似，波形编辑界面如图 1-3-7 所示。

① 菜单栏：包括 9 个菜单选项，提供对文件的编辑操作，单击菜单栏中的每个菜单都会出现一个下拉菜单。

② 工具栏：显示常用操作的快捷图标，包括工作界面模式切换按钮、显示模式、工具箱、工作区模式、搜索文本框等。

③ "文件"面板：用来显示导入的素材和创建的项目文件，同时可以清楚地看到每个素材的状态。

④ 面板组：包括 4 个面板，其中，媒体浏览器用于查看与调用其他媒体资源；效果夹用来添加环境混响和制作声音特效；标记用于管理操作的进程，便于批量分类进行文件管理；属性栏列出了所选择文件的大小、采样率、位深度等属性。

⑤ "编辑器"面板：可以显示单轨波形和多轨波形，图 1-3-7 中所示的单轨波形编辑区是最常用的

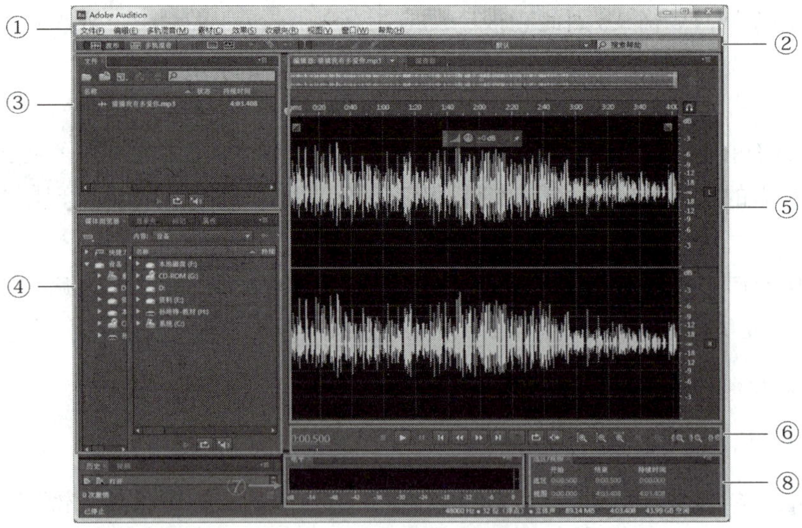

图 1-3-7 波形编辑界面

工作区,大部分的工作如降噪、变调、音频再编辑等操作都在这里进行。多轨波形编辑区的界面布局与单轨基本相同,也能添加各种音效并可以监听,将多轨音频文件合成输出为一个文件也叫缩混。

⑥ 波形控制区:用于监听波形以及对波形进行播放和滚动处理。其中左侧显示的时间为当前时间标签所处的位置。其他按钮将在下文中讲述。

⑦ "电平"面板:用来显示声音播放时或录音时的音量大小情况。

⑧ "选区/视图"面板:用于时间选择与查看的面板,它可以对音频的波形的开始点和结束点进行定位。

四、Audition CS6 的基本操作

1. 创建文件

(1)创建单轨音频文件

执行"文件"→"新建"→"音频文件"命令,或借助快捷键[Ctrl]+[Shift]+[N],弹出的"新建音频文件"对话框,设置新建音频的名称、采样率、声道和位深度等选项。设置完成后,单击【确定】按钮,即可新建音频文件。

(2)创建多轨合成项目

将两个或者两个以上的声音合成为一个声音文件,就需要新建一个多轨合成项目文件。操作方法为:

执行"文件"→"新建"→"多轨混音项目"命令,或借助快捷键[Ctrl]+[N],弹出"新建多轨项目"对话框,在该对话框设置新建多轨项目的名称、文件夹位置、模板、采样率、位深度和主控等选项。设置完成后,单击【确定】按钮,即可新建一个多轨合成项目文件。

此外,也可以在"文件"面板中单击新建文件按钮 ⬜ ,在弹出的下拉菜单中选择创建多轨混音或音频文件。

2. 打开文件

执行"文件"→"打开"命令,或借助快捷键[Ctrl]+[O],或在"文件"面板中单击打开文件按钮 📁 。然后在弹出的"打开文件"对话框中搜索路径和文件,确定文件类型和名称,单击【打开】按钮,便可以在Audition中打开音频文件。

在单轨界面中还可以执行"文件"→"追加打开"命令来打开文件。"到新文件"表示在一个新建立的

文件中打开;"到当前文件"表示在已打开的声音文件后面再追加一个声音文件,相当于把两个声音文件连接成一个文件。

3. 导入文件

在处理声音时,为了便于管理和访问音频文件,AU 提供了"文件"面板,对素材进行编辑处理前需要将其导入到"文件"面板中。在多轨界面中混音的时候,使用"文件"面板可以快速、便捷地将文件插入到轨道中。

（1）导入文件

执行"文件"→"导入"→"文件"命令(或组合键[Ctrl]+[I]),也可以在"文件"面板中单击导入文件按钮 ▨（或在"文件"面板的空白区域处双击鼠标左键）。然后在弹出的"导入文件"对话框中选择要导入的文件并单击【打开】按钮。

（2）从"文件"面板插入到多轨合成中

在"文件"面板中选择文件,单击【插入到多轨混音项目中】按钮(或在文件上单击鼠标右键),在弹出的菜单中选择"新建多轨混音"选项或一个已经打开的项目,便可以将文件插入轨道中。

4. 监听音频

可以使用波形控制区中间的一组按钮监听音频,如图 1-3-8 所示。

图 1-3-8　监听按钮

监听按钮从左到右的作用如下:
- 停止:停止正在播放或录音的操作。
- 播放:开始播放音频。
- 暂停:暂停录制或播放,再次单击可继续录制或播放。
- 移动播放指示器到前一点:将时间标签放置到开始处。
- 倒放:将时间标签倒退几秒。
- 快进:将时间标签前进几秒。
- 移动播放指示器到前一点:将时间标签放置到末尾处。
- 录制:控制录音的开始或停止。
- 循环播放:控制窗口中的音频循环播放。
- 跳过选区:在播放时跳过选中的区域进行播放。

5. 波形的缩放与滚动

图 1-3-8 右侧为一组对波形进行缩放和滚动处理的按钮:
- 放大（振幅）:垂直方向放大波形显示。
- 缩小（振幅）:垂直方向缩小波形显示。
- 放大（时间）:在水平方向放大波形显示。
- 缩小（时间）:在水平方向缩小波形显示。
- 全部缩小:将所有的缩放还原为原始显示。
- 放大入点:将选中区域的左边界放大显示。
- 放大出点:将选中区域的右边界放大显示。
- 缩小选区:将选择区域的波形完整显示。

在声音编辑的过程中,如果将波形水平放大后,可以通过波形界面上的滚动条左右移动波形的位置,也可以将鼠标光标放置到时间刻度线上并左右拖动鼠标来实现波形的滚动。

6. 保存文件

在单轨界面中,编辑好的声音在进行第一次存储时,执行"文件"→"保存"命令,便会弹出"另存为"对话框,如图1-3-9所示,在对话框设置文件名、位置、格式、采样类型等设置后,单击【确定】按钮便可以将文件保存在磁盘上。

7. 导出文件

在多轨合成界面中,编辑好声音之后,如果想要多个轨道的声音缩混成一个独立的声音文件,可以通过导出命令实现。

执行"文件"→"导出"→"多轨缩混"→"整个项目"命令,弹出"导出多轨缩混"对话框,如图1-3-10所示,在对话框中设置保存属性后单击【确定】按钮,即可输出为单个声音文件。

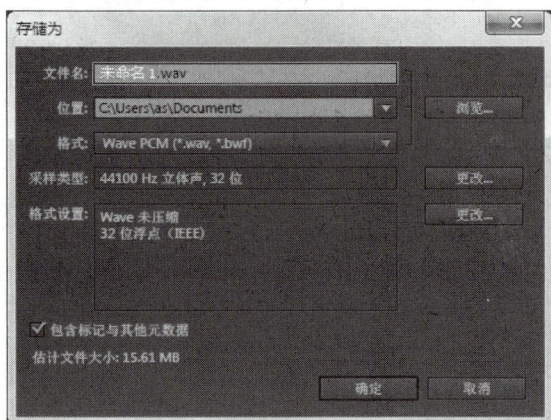

图1-3-9 "另存为"对话框   图1-3-10 "导出多轨缩混"对话框

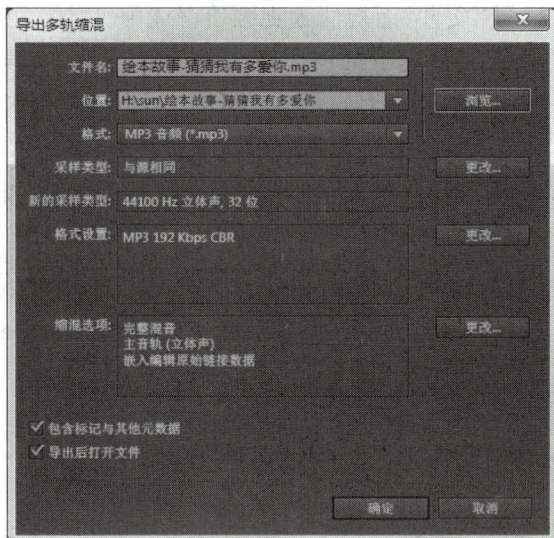

五、单轨编辑

在Audition中,波形编辑界面简称为单轨界面,在单轨界面对波形的基本编辑,称作单轨编辑。

1. 选取波形

若想对声音文件的一部分进行编辑,应该先选取要编辑的波形,然后再对其进行编辑。选中的波形以高亮效果显示,选取部分波形的方法如下:

(1)使用鼠标选取

在要选取区域的开始时间处单击并拖曳鼠标,拖至结束时间处松开鼠标即可。在波形上双击鼠标,可以选中全部波形。

(2)使用快捷键选取

在要选取区域的开始时间处单击鼠标,然后按下[Shift]键,在选取区域的结束时间处单击鼠标,便可以选中该时间段内的波形。

(3)使用时间精确定位

在"选区/视图"面板中输入要选中区域的开始时间和结束时间,设置完成后,按下[Enter]键即可。

2. 波形编辑

(1)复制波形

执行"编辑"→"复制"命令(或者快捷键[Ctrl]+[C]),也可以单击鼠标右键,在弹出的快捷菜单中选择"复制"命令,即可将选中的波形复制到剪贴板中。需要注意的是:将波形复制到剪贴板之后,需要执行粘贴操作才能看到效果。

（2）复制为新文件

复制为新文件是指将选取的波形复制并生成为新文件,将选取的波形复制为新文件的方法有:

- 执行"编辑"→"复制为新文件"命令。
- 借助快捷键[Ctrl]+[Alt]+[C]。
- 在选取的波形上单击鼠标右键,在弹出的快捷菜单中选择"复制为新文件"命令。

（3）剪切波形

剪切波形是指将选中的波形删除并复制到剪贴板中。选中一段波形,执行"编辑"→"剪切"命令(或者快捷键[Ctrl]+[X]),也可以单击鼠标右键,在弹出的快捷菜单中选择"剪切"命令,便可以剪切选中的波形。

（4）粘贴波形

粘贴是指将剪贴板中暂存的内容添加到新的区域,选中一段波形,将其复制到剪贴板中后,执行"编辑"→"粘贴"命令(或者按下快捷键[Ctrl]+[V]),也可以单击鼠标右键,在弹出的快捷菜单中选择"粘贴"命令即可。

（5）删除波形

删除波形是指将选取区域的波形删除,而未被选取区域的波形保留。选中一段波形,执行"编辑"→"删除"命令(或者按下快捷键[Delete]),也可以单击鼠标右键,在弹出的快捷菜单中选择"删除"命令即可。

需要注意的是:在编辑声音的过程中,如果要在一个波形中间删除或插入音频,选择部分的起点与终点最好是振幅为零的位置。

（6）裁剪波形

裁剪波形是指保留选取区域的波形,删除未被选取区域的波形。选中一段波形,执行"编辑"→"裁剪"命令(或者按下快捷键[Ctrl]+[T]),也可以单击鼠标右键,在弹出的快捷菜单中选择"裁剪"命令即可。

（7）静音

静音是指一段不包含任何波形的声音。

① 生成静音

选中要变成静音的波形,执行"效果"→"静默"命令,或者在波形上单击鼠标右键,在弹出的菜单中选择"静默"命令,即可将选取的波形变成静音。

② 插入静音

将播放头放置到要插入静音的位置,执行"编辑"→"插入"→"插入静默"命令,在弹出的"插入静默"对话框中设置好静默时间后单击【确定】按钮,即可精确地插入静音。

六、多轨编辑

Audition CS6 的多轨界面,可以分别处理多个音频块,并将其合为一个音频块并导出,这个过程称为缩混。多轨缩混主要是用于合成不同的音频,例如人声与伴奏。

Audition 的轨道可以分为音频轨道、视频轨道和总线轨道。一个工程文件中只支持一个视频文件,而且视频轨道总是排在其他轨道的最上方。

1. 插入轨道

执行"多轨混音"→"轨道"命令(或在任意轨道上单击鼠标右键,在弹出的下拉菜单中选择"轨道"命令),然后在下拉菜单中选择要插入的轨道类型即可在所选轨道下方插入一个新的轨道。

2. 删除轨道

选中要删除的轨道后,可以通过以下方法将其删除:

- 执行"多轨混音"→"轨道"→"删除所选择轨道"命令。
- 在轨道上单击鼠标右键,在弹出的菜单中选择"轨道"→"删除已选择的轨道"命令。

3. 重命名轨道

为了再编辑方便,可以为轨道重命名,以便更好地识别不同的轨道。

重命名轨道的方法为:在多轨编辑界面的"编辑器"面板中,单击轨道名称,进入名称的可编辑状态,输入轨道名称后按[Enter]键确认即可。

4. 移动轨道

通过移动轨道的位置,可以将相关联的轨道放置在一起。移动轨道的方法为:在多轨编辑界面的"编辑器"面板或"混音器"面板中,将光标定位到轨道名称处,当光标变为手形时,按住鼠标左键不放;此时会出现一条实线,拖曳鼠标,当实线移动至目标位置松开鼠标即可。

5. 设置轨道输出音量

设置轨道输出音量的方法有:

- 在"编辑器"面板中,将鼠标放置在轨道控制区的音量旋转按钮 处,当鼠标变为双向箭头时,上下或左右拖曳鼠标,即可调整轨道的输出音量。
- 切换至"混音器"面板,单击拖动轨道音量滑块或单击轨道滑块后按上下方向键调整轨道音量大小,也可以直接输入轨道音量的数值。

七、效果器

在 Audition CS6 中,可以通过效果器菜单、效果夹面板与主控机架将效果应用于单轨界面,对单个的音频文件进行处理,也可以应用于多轨界面,对轨道进行效果处理。

1. 振幅与压限

(1)振幅

振幅效果用于调整音频块的音量大小,可以分别调整左声道和右声道的音量大小。

(2)消除齿音

消除齿音效果可以去除语音或歌声中使高频扭曲的齿音"嘶嘶"声。

(3)强制限幅

强制限幅效果可以大幅减弱高于指定阈值的音频。通常,通过输入增强施加限制,这是一种可提高整体音量同时避免扭曲的方法。

(4)标准化

标准化效果可以设置文件或选择项的峰值电平。将音频标准化到 100% 时,可获得数字音频允许的最大振幅 0 dBFS。

(5)淡化包络

淡化包络效果可以控制声音在进入或退出时的音量大小。

2. 滤波器与均衡器

滤波器与均衡器的效果相当于音频滤镜,可以有效地对音频进行过滤或分频段进行增减调整,可以产生加重低音、突出高音等效果。

(1)FFT 滤波

FFT 滤波效果的图形性质使得绘制用于抑制或增强特定频率的曲线或陷波变得简单。

(2)陷波滤波器

陷波滤波器效果最多可以删除 6 个用户定义的频段。使用此效果可以删除非常窄的频段（如 60 Hz 的杂音），同时周围的频率保持原状。

（3）参数均衡器

参数均衡器效果可以提供对音调均衡的最大控制。它主要提供对频率、Q 增益设置的完全控制。

3. 降噪与恢复

（1）自适应降噪

自适应降噪效果可以快速去除变化的宽频噪声，如背景声音、隆隆声和风声。由于此效果实时起作用，可以将其与"效果组"中的其他效果合并，并在"多轨编辑器"中应用。

（2）自动咔哒声移除

自动咔哒声移除效果可以快速去除黑胶唱片中的噼啪声和静电噪声，可以校正一大片区域的音频或打个咔哒声或爆音。

（3）消除嗡嗡声

消除嗡嗡声效果可以去除窄频段及其谐波。最常见的应用是处理照明设备和电子设备的电线嗡嗡声。

（4）降低嘶声

降低嘶声效果可以减少录音带、黑胶唱片或麦克风前置放大器等音源中的嘶声。

4. 调制效果

（1）和声

和声效果可以一次模拟多个语音或乐器，可以使用和声来增强人声音轨或为单声道音频添加立体声空间感。

（2）和声/镶边

和声/镶边效果合并了两种流行的基于延迟的效果。使用此效果可以增强人声音轨或为单声道音频添加立体声空间感。

5. 立体声声像

（1）中置声道提取

中置声道提取效果可保持或删除左右声道共有的频率，即中置声场的声音。可以使用此效果来提高人声、低音或踢鼓的音量，或者去除其中任何一项以创建卡拉 OK 混音。

（2）图示相位变换

图示相位变换效果可以通过向图示中添加控制点来调整波形的相位。

任务 1.4　视频素材的获取与处理

任务描述

一学期结束了，幼儿园将在学期末举行家长会，为了让家长了解孩子在幼儿园的表现，李老师将幼儿在幼儿园的日常制作成视频集锦，在开长会时播放。

将幼儿在幼儿园的活动日常视频和照片素材导入到会声会影中，利用滤镜处理视频和照片，设置转场，添加片头、片尾和字幕，制作完成后导出为 WMV 格式的视频。

任务实施

一、获取素材

利用手机或数码相机,拍摄幼儿在幼儿园的日常活动,可以拍摄照片或视频。借助网络下载背景音乐。(为了便于任务的实施,本书提供有活动照片、视频及背景音乐。)

二、导入素材

执行"文件"→"将媒体文件插入到素材库"→"插入视频"/"插入照片"/"插入音频"命令,将本任务所需的视频、照片和音频添加到素材库中。

视频 1.4-1 导入素材

三、制作影片片头

1. 添加与编辑素材

(1)启动会声会影,在"媒体"素材库中找到"片头动画",单击鼠标右键,在弹出的快捷菜单中选择"插入到"→"视频轨"命令,将该视频添加到视频轨中。

(2)在视频轨的素材上单击鼠标右键,选择"复制",移动鼠标至原素材的后面,显示白色方框时单击鼠标,将复制的素材粘贴在原素材之后。

2. 添加片头字幕

(1)单击素材库中的标题按钮 ,在预览窗口中双击鼠标,在"选项"面板中设置字体为楷体,色彩为白色,输入字幕"快时光",调整字幕的大小和位置。

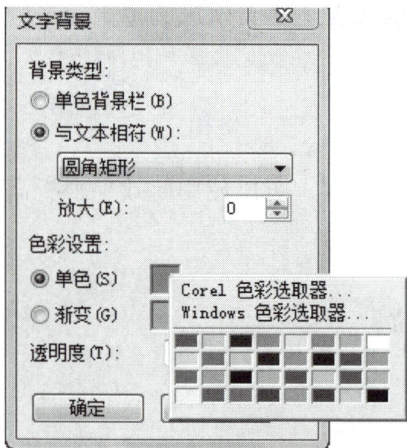

(2)在预览窗口其他位置双击鼠标,输入字幕"乐",在"编辑"选项面板中设置文字色彩为白色,选中"文字背景"复选框;然后单击自定义文字背景的属性按钮 ,打开"文字背景"对话框。

(3)在"文字背景"对话框中选中"与文本相符"单选按钮,在列表框中选择"圆角矩形"选项,设置放大参数为0,选择"单色"单选按钮。然后单击后面的色块,在弹出的列表中选择颜色,如图1-4-1所示,设置透明度为30,单击【确定】按钮完成设置。

(4)切换至"属性"选项面板,选中"动画"单选按钮和"应用"复选按钮,设置动画为"淡化",选择第一个动画,如图1-4-2所示。

图 1-4-1 "文字背景"对话框

图 1-4-2 动画设置

(5)在时间轴中选择标题轨中的字幕,将其移动到覆叠轨1中,选择字幕,将其复制到原素材的后面,并调整区间,使之与视频轨时长一致。

（6）选中新复制的素材，在"属性"选项面板中取消对"应用"复选框的选中。

四、制作影片

1. 添加与编辑素材

（1）将滑块拖至最后一帧，在"媒体"素材库中将幼儿活动视频"1-做操视频"拖动至视频轨中；在视频轨的素材上单击鼠标右键，在弹出的快捷菜单中选择"静音"，关闭视频的原声音。

（2）单击素材库中的"标题"按钮，在预览窗口中双击鼠标，输入字幕"一起来做运动吧！"。

（3）切换至"属性"选项面板，选中"动画"单选按钮和"应用"复选按钮，设置动画为"淡化"，选择一个动画效果，为字幕添加动画。

（4）在时间轴中选择标题轨中的字幕，将其移动到覆叠轨1中，调整字幕的区间，使之与视频轨时长一致。

（5）参照步骤（1）～（4），将其他的幼儿活动视频和照片添加到视频轨中，设置合适的动画，添加对应的说明文字。

视频 1.4-2 制作影片

2. 添加转场

单击素材库中的转场按钮 AB ，进入"转场"素材库。选择一种转场效果，将其拖动到视频轨的两个素材之间，即可为两个素材添加转场效果。参照此方法在所有的相邻素材之间添加转场效果。

因为本任务中素材数量较多，可以为素材自动添加转场效果，操作步骤如下：

（1）执行"设置"→"参数选择"命令，弹出"参数选择"对话框。

（2）切换至"编辑"选项卡，选中"自动添加转场效果"复选框，在"默认转场效果"下拉列表中选择"随机"（也可以选择某一个确定的转场效果），单击【确定】按钮，如图1-4-3所示。

3. 添加滤镜

单击素材库中的滤镜按钮 FX ，进入"滤镜"素材库。在画廊下选择"全部"选项，在"全部"素材库中选择合适的滤镜，将其拖动到视频轨的某个素材上即可为其添加滤镜。添加滤镜后的素材上显示 FX 标记。参照此方法为其他素材添加滤镜。

在添加了滤镜的素材上双击，展开选项面板，切换至"属性"面板，如图1-4-4所示。列表中显示了当前应用的滤镜效果，默认状态下，新添加的滤镜会替换原滤镜，如果要为素材添加多个滤镜，取消对"替换上一个滤镜"复选框的选择即可。

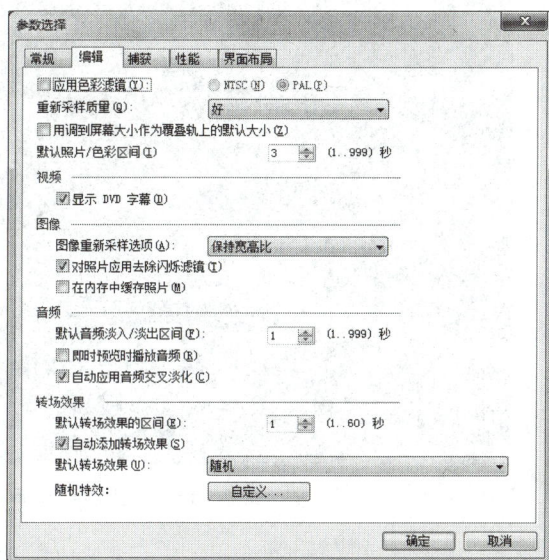

图1-4-3 "参数选择"对话框

图1-4-4 "属性"选项面板

五、制作影片片尾

参照影片片头的制作，使用素材库中的"片尾动画"制作影片片尾。

六、添加背景音乐

在"媒体"素材库中，单击素材"背景音乐"，将其拖动到声音轨中，音频时长不够时，可以在原素材后再复制一份并调整区间，使之与视频轨长度一致。

七、导出视频

影片制作完成后，为了便于后续的共享和观看，需要将其保存起来。本任务将其保存为 WMV 文件。导出为 WMV 格式视频的步骤如下：

（1）单击【共享】按钮，进入共享步骤面板，如图 1-4-5 所示。

（2）单击"自定义"选项按钮，在"格式"下拉列表中选择"Windows Media 视频"。

（3）在"文件名"中设置文件名称，然后单击"文件位置"后的【浏览】按钮，弹出"浏览"对话框。

（4）在"浏览"对话框中选择文件的存储路径，然后单击【保存】按钮。

（5）设置完成后，单击【开始】按钮，开始渲染。

（6）渲染完成后会弹出提示对话框，如图 1-4-6 所示，单击【确定】按钮。

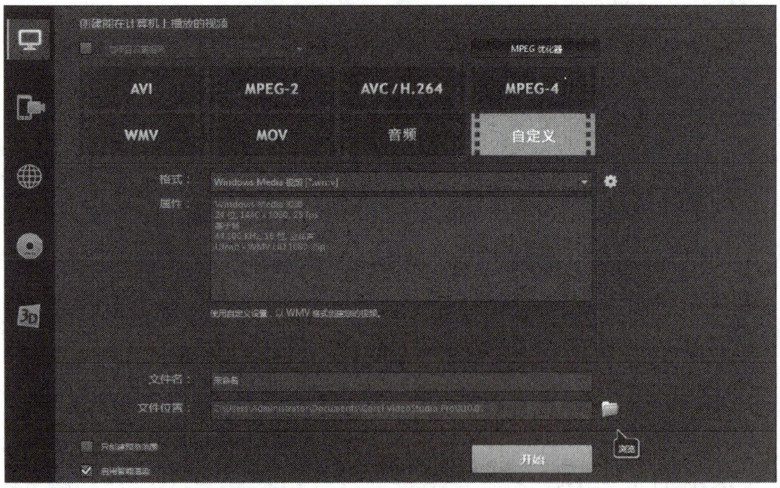

图 1-4-5　共享步骤面板

图 1-4-6　"渲染完成"提示框

知识链接

一、理论基础

视频又称为动态图像，是指拍摄、记录和再现真实人物、实物和景物的电视、电影画面，它能够真实地反映事物的运动状态与规律，为人们建立起许多间接的、难以用语言符号描述的直观经验。视频具有很强的表现力和感染力，合理地使用视频图像是增强多媒体课件教学效果的重要途径。

1. 帧与帧速率

视频是由一幅幅静态画面所组成的图像序列，而组成视频的每一幅静态图像称为帧。也就是说，帧是视频（包括动画）内的单幅画面，相当于电影胶片上的每一格影像。

在播放视频的过程中，播放效果的流畅程度取决于静态图像在单位时间内的播放数量，即帧速率，其单位为帧/s(fps)。

2. 场

场就是场景,是各种活动的场面,由人物活动和背景等构成。影视作品中需要很多场景,每个场景的对象可能都不同,要求在不同场景中跳转,从而将多个场景中的视频合成一系列有序的连贯的画面。

3. 镜头

后期制作中,将拍摄的视频进行剪辑或与其他视频片段组接,在这一过程中,通过剪辑后得到的每个视频片段,都被称作镜头。

二、常用的视频格式

1. MPEG 格式

MPEG 格式的视频用途非常广泛,可以用于多媒体、PPT 幻灯片演示中等。包括 MPEG - 1、MPEG - 2 和 MPEG - 4。

2. AVI 格式

AVI 格式是由微软公司发表的视频格式,它将音频信号和视频信号以交错的方式存储在一起,并独立于硬件设备。它的好处是兼容性好,图像质量高,调用方便,但数据量有点大。

3. WMV 格式

WMV 格式是一种独立于编码方式的、在 Internet 上实时传播多媒体的技术标准。WMV 的主要优点在于:可扩充的媒体类型、本地或网络回放。

4. MOV 格式

MOV 格式是由苹果公司开发的一种视频格式,默认的播放器是 QuickTime Player,现多用于工业领域。

三、视频的获取与转换

1. 网上获取

从网络上获取视频资源的方式主要有:

① 利用网页链接,借助迅雷等网络下载工具直接下载视频,此外,某些视频资源网站,如爱奇艺、优酷、腾讯等,可以安装由他们提供的客户端进行下载。

② 有些网络视频在播放时会默认缓存到计算机硬盘中的某个文件夹,视频播放完成后打开该文件夹即可。

2. 利用视频播放软件截取

现在很多视频播放软件都具有视频截取功能,通过这些播放软件可以方便地截取视频片段。

3. 捕获屏幕动态图像

使用专门的屏幕动态捕获软件,如 Camtasia Studio、Snagit、ScreenCam 等软件,可以对屏幕变化情况实时捕捉,并保存成视频格式。

4. 自主拍摄

大量原始的视频素材都来源于真实世界,利用摄像机进行视频拍摄,可以根据自身的需求进行构思、构图等的设计,这样能使作品最大限度地满足要求。

5. 视频格式转换

常见的视频格式转换的软件有格式工厂、狸窝全能视频转换器、万能视频格式转换器等。

四、认识"会声会影 X10"

会声会影 X10 编辑器提供了完善的编辑功能,可以全面控制影片的制作过程,还可以为采集的视频添加各种素材、字幕、转场、覆叠和滤镜效果等。其工作界面如图1-4-7所示。

图1-4-7 会声会影

① 菜单栏：包括文件、编辑、工具、设置和帮助5个菜单。

② 步骤面板：在会声会影编辑器中，将影片创建分为3个面板，分别为捕获、编辑和共享。

③ 预览窗口：显示当前的项目、素材、视频滤镜、效果或标题等；

④ 导览面板：由一排播放控制按钮和功能按钮组成，用于控制预览窗口中显示的内容，运用该面板可以浏览所选的素材，进行精确的编辑或修整操作。

⑤ 素材库：用于保存和管理各种素材文件，包括媒体、即时项目、转场、标题图形、字幕、滤镜、路径七个素材库；此外，单击右下角的"选项"可以打开选项面板，用于设置视频或素材的属性，该面板的内容根据素材类型及素材所在的轨道的不同而不同。

⑥ 工具栏：通过工具栏，用户可以方便、快捷地访问编辑按钮，还可以在"项目时间轴"上放大和缩小项目视图，以及启动不同工具。

⑦ 时间轴面板：添加、编辑素材的地方，包括视频轨、覆叠轨、标题轨、声音轨和音乐轨。

五、会声会影编辑流程

会声会影的主要特点是操作简单，只需要三步就可以快速做出DV影片，新手也可以在短时间内学会影片剪辑。

（1）捕获

在"捕获"面板中可以从摄像机或其他视频源中捕获媒体素材，将其导入到计算机中。该步骤允许捕获和导入视频、照片和音频素材。

（2）编辑

在"编辑"面板中可以对素材进行排列、编辑，修整视频素材，还可以添加覆叠素材、转场特效、视频滤镜、字幕和音频等效果，使影片精彩纷呈，丰富多彩。

（3）共享

在"共享"面板中可以选择将影片输出为视频或单独的音频文件保存到计算机中；也可以选择将视频共享到网络上，刻录成光盘等。

六、会声会影的基本操作

在会声会影中,项目是指进行视频编辑等加工操作的文件。项目文件的格式是 VSP,是会声会影特有的视频格式。

1. 新建项目文件

启动会声会影后,系统会自动创建一个项目文件,如需另外新建项目文件,执行"文件"→"新建项目"命令即可。

2. 保存项目文件

新建的项目文件是临时存储且未命名的,为了便于以后使用该项目,需要命名并保存项目,执行"文件"→"保存"命令,在弹出的"另存为"对话框中设置文件的名称和保存路径,单击【确定】按钮即可保存项目文件。

如果需要对当前文件进行备份,则需要另外存储一份项目文件。执行"文件"→"另存为"命令,在弹出的"另存为"对话框中重新设置文件的名称和保存路径后单击【确定】按钮即可。

3. 打开项目文件

用户可以打开已保存的项目文件重新编辑,方法和打开其他文件类似,主要方法有:
- 在项目文件图标上双击鼠标左键或单击鼠标右键,在弹出的快捷菜单中选择"打开"命令。
- 在会声会影中执行"文件"→"打开项目"命令,在弹出的对话框中选择要打开的文件后单击【打开】按钮。

七、素材的管理与编辑

1. 素材库的管理

在会声会影中,素材库提供七种素材库,如图 1-4-8 所示。

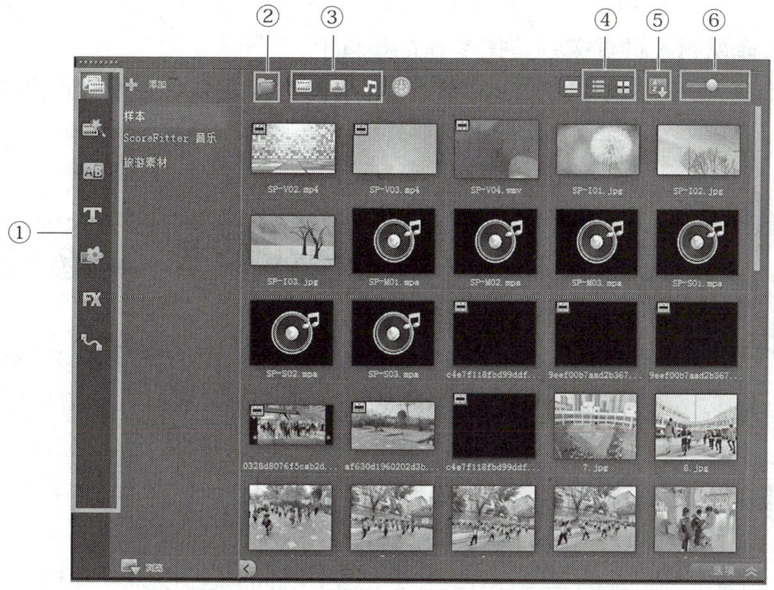

图 1-4-8 "素材库"面板

① 查看素材库:单击不同的按钮可以切换到对应的素材库中。

② 导入媒体文件:单击该按钮,用户可以在弹出的对话框中浏览电脑中的素材文件,并将需要的素材添加到素材库中。

③ 显示/隐藏媒体:选择"媒体"素材库时,素材库中同时显示了视频、照片和音频三种文件,单击对

应的按钮可以显示或隐藏某种格式的文件。

④ 素材显示方式：素材的显示方式有缩略图视图和列表视图两种，可以单击对应的按钮进行切换。

⑤ 对素材库中的素材排序：当素材库中素材数量过多时，为方便查找，可以通过排序来显示素材。素材库可以按名称、类型、日期进行排序，单击该按钮，在弹出的下拉列表中选择对应的选项即可。

⑥ 缩略图大小控制：移动滑块可以控制缩略图的显示大小，拖动到最左边时，缩略图为最小显示。

2. 在素材库中导入素材

素材库中提供了多种类型的素材，用户可以直接从中取用，当素材库中的素材不能满足用户需求时，用户还可以将常用的素材导入到素材库中。

● 执行"文件"→"将媒体文件插入到素材库"命令，在弹出的下拉菜单中选择需要插入的素材类型，然后在弹出的对话框中选择要导入的素材后单击【打开】按钮。

● 在"媒体"素材库的空白处单击鼠标右键，在弹出的快捷菜单中选择"插入媒体文件"，然后在弹出的对话框中选择要插入的素材后单击【打开】按钮。

● 单击素材库左上角的浏览按钮 ，可以浏览电脑中的素材文件，并将需要的素材添加到素材库中。

3. 在项目中插入和删除素材

新建项目文件后，可以在项目文件中制作视频，视频制作的第一步就是在项目时间轴中插入素材。例如，在时间轴视图中的视频轨中插入视频：

● 在素材库中选中视频，单击鼠标并拖曳至视频轨后释放鼠标。

● 执行"文件"→"将媒体文件插入到时间轴"→"插入视频"命令（或者在视频轨的空白处单击鼠标右键，在弹出的快捷菜单中选择"插入视频"），在弹出的"打开视频文件"对话框中选择要插入的视频，然后单击【打开】按钮。

● 在计算机中选择视频素材直接将其拖曳到视频轨上。

素材添加成功后，选中素材，按下［Delete］键，或者单击鼠标右键，在弹出的快捷菜单中选择"删除"命令即可将其删除。

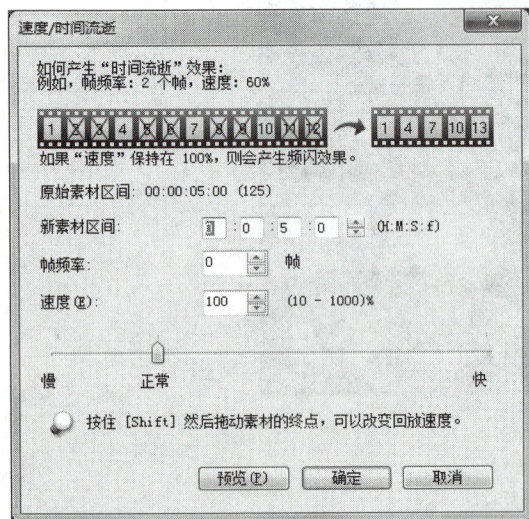

图 1-4-9　"速度/时间流逝"对话框

4. 编辑视频素材

（1）调整视频区间和播放速度

在会声会影中，用户可以调整视频素材的区间长短和播放速度：

● 选中时间轴上的视频素材，执行"编辑"→"速度/时间流逝"命令（或者在素材上单击鼠标右键，在弹出的快捷菜单中选择"速度/时间流逝"命令），弹出"速度/时间流逝"对话框，如图 1-4-9 所示，调整"新素材区间"和"速度"的值后单击【确定】按钮。

● 选中时间轴上的视频素材，在素材上双击或者单击【选项】按钮即可展开"选项"面板，如图 1-4-10 所示，在"视频"选项卡中的"视频区间"数值框上单击鼠标，当区间数值处于闪烁状态时输入新的数值。此时单击"速度/时间流逝"也可以弹出图 1-4-9 所示的对话框。

图 1-4-10 "选项"面板

（2）旋转视频

由于拍摄设备不同，在拍摄时可能会将设备旋转后拍摄，在进行视频剪辑时，可以将其旋转到正常的方向。在图 1-4-11 所示的"视频"选项卡中，根据需要单击向左旋转按钮 或向右旋转按钮 即可。

（3）视频色彩校正

在拍摄视频和照片时，会遇到天气不佳、光线过强等情况，拍摄出来的效果欠佳。在会声会影中，可以通过色彩校正更改素材的光线及色调，恢复其色彩效果。在图 1-4-10 所示的"视频"选项卡中，单击校正按钮 ，在展开的面板中进行设置即可，如图 1-4-11 所示。

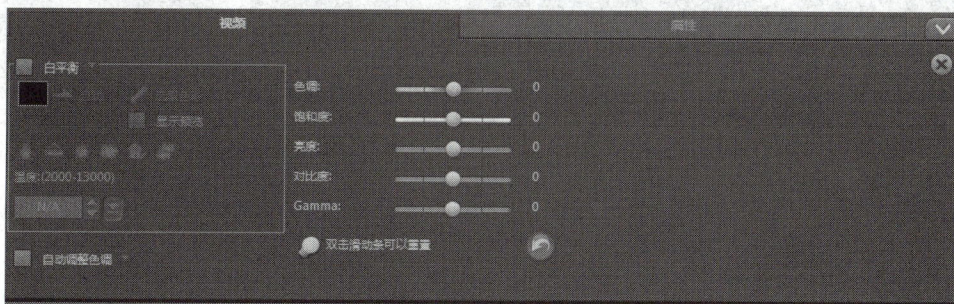

图 1-4-11 "校正"面板

5. 剪辑视频

如果不需要视频中的某一段，可以将其删减掉，剪辑视频是通过修改其起始点和结束点来实现的：

① 通过修整栏剪辑视频："导览"面板如图 1-4-12 所示，修整栏是指"导览"面板中白色的修整标记区域，拖动修整标记的起始修剪柄和结束修剪柄即可标记视频的起始点和结束点。

② 通过标记按钮剪辑视频：使用"导览"面板中的开始标记按钮 和结束标记按钮 来标记视频的起始点和结束点。

③ 在时间轴中剪辑视频：在轨道上选择视频素材后，素材周围会有一个黄色边框，移动鼠标至黄色边框的左右两侧，当鼠标呈箭头显示时，拖动鼠标即可标记视频的起始点和结束点。

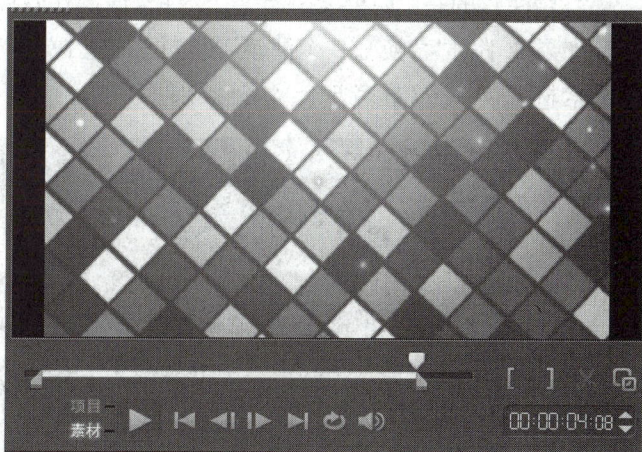

图 1-4-12 "导览"面板

八、滤镜的使用

滤镜可以改变素材的外观和样式,不仅可以掩饰素材的瑕疵,还可以令素材产生绚丽的视觉效果,使制作出来的视频更具表现力。

1. 添加滤镜

为素材添加滤镜的步骤如下:

(1) 单击素材库中的滤镜按钮 **FX** ,进入"滤镜"素材库,如图1-4-13所示。

(2) 在"滤镜"素材库中,单击窗口上方的"画廊"按钮,在弹出的列表框中选择"全部"。此时,所有的滤镜都显示在右侧。

(3) 选择一种滤镜,单击鼠标左键将其拖曳至时间轴中的素材上,此时鼠标右下角会显示一个加号,释放鼠标,即可为素材添加滤镜。

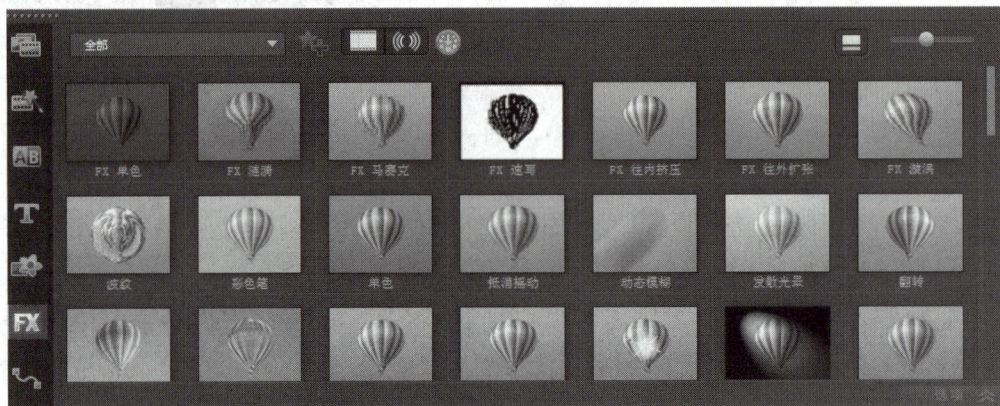

图1-4-13 "滤镜"素材库

2. 替换滤镜

用户如果对添加的滤镜效果不满意,可以用其他滤镜替换现有的滤镜,步骤如下:

(1) 选中时间轴上的素材,单击"选项"按钮,切换至"属性"选项卡,此时在选项面板列表中显示了当前应用的滤镜效果,如图1-4-14所示,选中"替换上一个滤镜"复选框。

(2) 单击"滤镜"按钮,在"滤镜"素材库中选择一种滤镜,将其拖曳至要替换滤镜的素材上。此时进入"选项"面板可以发现滤镜列表中的滤镜已经替换为新的。

需要注意的是:如果素材有多个滤镜,该操作只能替换列表中的最后一个滤镜。

如果取消对"替换上一个滤镜"复选框的选中,可以通过多次拖曳不同的滤镜至同一素材上,从而为一个素材添加多个(最多5个)滤镜效果。

图1-4-14 "滤镜"选项面板

3. 删除滤镜

如果对添加的滤镜效果不满意,在图1-4-14所示的"滤镜"选项面板中,选中列表中要删除的滤镜,单击列表框右下角的删除滤镜按钮 ![icon] 即可删除滤镜。

如果不想删除滤镜特效而只是暂时将其隐藏,单击滤镜列表前的眼睛图标 ![icon] 即可。再次单击该图标,便可以再次显示该滤镜特效。

4. 选择滤镜预设效果

为素材添加一种滤镜后,选项面板中提供了该滤镜的多种预设效果,用户可以直接使用,在图1-4-14所示的"滤镜"选项面板中,单击滤镜列表下方预设效果的倒三角按钮,在打开的列表中选择需要的预设效果即可。

5. 自定义滤镜

在选项面板中单击自定义滤镜按钮 ![icon] ,会弹出对滤镜进行自定义设置的对话框。不同的滤镜对话框中的参数是不一样的,用户根据需求对参数进行设置即可。

6. 滤镜效果举例

会声会影为用户提供了多种滤镜效果,用户可以根据需求的不同选择不同的滤镜效果。

（1）修剪滤镜

修剪滤镜通常可作开场或闭幕效果,或者确定一个剪裁区域,仅显示该区域内的视频画面。

（2）局部马赛克滤镜

新闻采访中经常会用到马赛克效果,以保护受访者的隐私,在会声会影中可以使用"局部马赛克"滤镜来实现。

（3）镜头闪光滤镜

通过"镜头闪光"滤镜可以模拟太阳光照的效果。

（4）视频摇动和缩放滤镜

视频摇动和缩放可以模拟镜头的推、拉、摇、移效果。

（5）画中画滤镜

画中画滤镜的效果类似于素材的路径运动,可以为素材添加投影、边框,设置不透明度等操作。

九、视频转场

完整的影片是由一个个场景或者素材连接起来的,场景之间的过渡或素材之间的转换即为转场。借助转场效果,可以让素材之间的过渡更加完美,从而制作出更加绚丽多彩的视频作品。

1. 转场的基本操作

（1）自动添加转场

自动转场效果是指将照片或视频素材导入到会声会影项目中时,软件自动在素材之间添加转场效果。当用户需要将大量静态图像制作成视频相册时,使用自动添加转场效果更为方便。操作步骤如下:

① 进入会声会影编辑界面,执行"设置"→"参数选择"命令。

② 在弹出的"参数选择"对话框中,切换至"编辑"选项卡,选中"自动添加转场效果"复选框,如图1-4-15

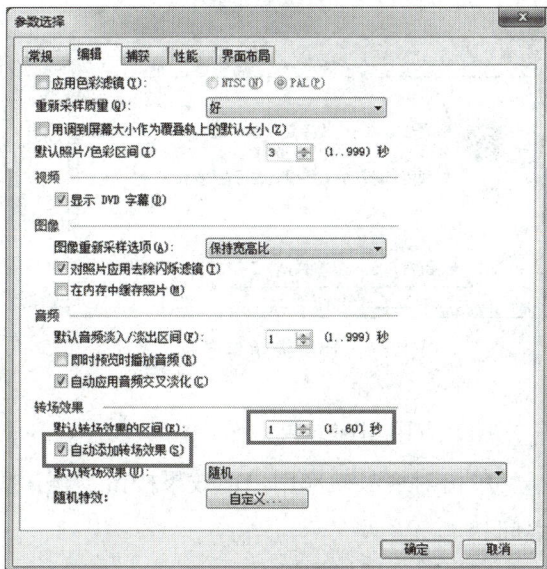

图1-4-15　"参数选择"对话框

所示。

③ 如果只设置一种转场效果,在"默认转场效果"下拉列表中选择一种转场即可;如果要设置多种随机效果,在"默认转场效果"下拉列表中选择"随机",然后单击【自定义】按钮,弹出"自定义随机特效"对话框,在下拉列表中选择需要的多个转场效果即可。

④ 设置完成后,依次单击【确定】按钮,返回会声会影编辑界面。

⑤ 在时间轴上添加多个素材,系统会自动为其添加转场,如图1-4-16所示。

图1-4-16 自动添加转场

（2）手动添加转场

"转场"素材库如图1-4-17所示,手动添加转场是指从"转场"素材库中通过手动拖曳的方式,将转场效果拖至时间轴的两个素材之间后释放鼠标即可。

图1-4-17 "转场"素材库

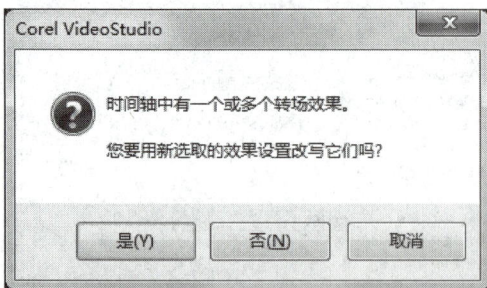

图1-4-18 提示信息框

（3）应用随机效果

在会声会影中,将随机效果应用于整个项目时,系统会随机挑选转场效果,并应用到当前项目的素材之间。切换至"转场"素材库,单击素材库上方的对视频轨应用随机效果按钮 即可。

需要注意的是:若素材之间已经添加了转场效果,会弹出提示信息框,如图1-4-18所示,单击【是】按钮会替换原有的转场,单击【否】按钮,则只会在其他未添加转场的素材之间添加随机转场效果。

（4）应用当前效果

单击对视频轨应用当前效果按钮 ,系统会把当前选中的转场效果应用到当前项目的所有素材之间。

（5）删除转场效果

若用户对添加的转场效果不满意,可以将其删除,在时间轴上选中要删除的转场效果,按下[Delete]

键,或者单击鼠标右键,在弹出的快捷菜单中选择"删除"选项,即可将该转场删除。

（6）替换转场效果

在"转场"素材库中选择一种新的转场效果,将其拖曳至时间轴上已有的转场上,便可以将其替换。

2. 设置转场属性

添加转场效果后,可以通过选项面板设置转场的属性,如设置转场的时间、边框、方向、柔化边缘等。

（1）设置转场时间

设置转场时间,即调整转场的区间参数,设置转场区间的方法有:

① 选项面板设置:选中素材间的转场,在转场上双击或单击【选项】按钮打开"转场"选项面板,如图1-4-19所示,默认的转场区间为1秒,在数值框上单击鼠标,当区间数值处于闪烁状态时输入新的数值即可。

② 时间轴设置:选中素材间的转场,当鼠标变成双向箭头时拖动鼠标即可修改转场区间。

③ 设置默认转场时间:执行"设置"→"参数选择"命令,在弹出的"参数选择"对话框中,切换至"编辑"选项卡,在"默认转场效果区间"后修改区间数值,然后单击【确定】按钮即可。

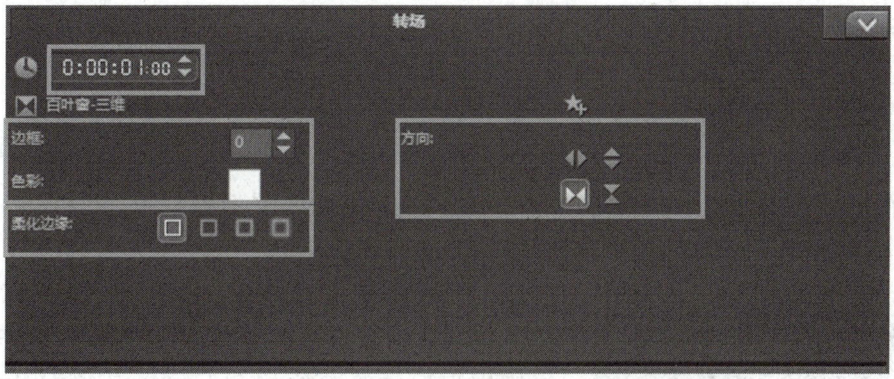

图1-4-19　"转场"选项面板

（2）设置转场边框及色彩

在会声会影中,用户可以为转场效果设置边框样式,设置转场边框及色彩的方法为:展开"转场"选项面板,如图1-4-19所示,设置边框参数,单击色彩后的色块,在弹出的列表中选择颜色,此时单击"导览"面板中的【播放】按钮,可以预览修改后的转场效果。

（3）修改转场方向

在会声会影中,有的转场效果包含多个方向选项,如果要修改转场方向,在"转场"选项面板的"方向"选项区中,单击对应的按钮即可。

（4）柔滑边缘

"转场"选项面板中,单击柔化边缘后的某一选项便可以将该柔化边缘效果应用于选定的转场。

3. 常见的转场效果

（1）交叉淡化

交叉淡化转场会使前后画面出现交叠的效果,常用于表现时间推移、时间进展、想象中的事物更替等。

（2）相册转场

在相册转场素材库中,只有一种转场效果,即翻转转场,此转场效果是以相册翻动的形式转场。

（3）遮罩转场

遮罩转场可以将不同的图像或对象作为遮罩应用到转场效果中,从而显示下一个镜头。

（4）百叶窗转场

百叶窗转场是指根据影片叙事的需要，将场景的画面以百叶窗形式展示。

十、覆叠特效的使用

覆叠即画面的覆盖叠加，也就是同时在屏幕上显示多个画面效果。在电视或电影中，我们经常会看到在播放一段视频的同时还嵌套播放另一段视频。例如新闻联播中，在主持人报道新闻的同时，子画面同步播放现场拍摄的镜头，这就是常说的画中画，即覆叠效果。

1. 覆叠的基本操作

使用覆叠功能，可以将视频素材添加到覆叠轨中，覆叠的基本操作包括在覆叠轨上进行覆叠素材的添加与删除、调整覆叠素材的大小与位置，调整覆叠素材的形状、设置对齐方式、复制覆叠属性、添加覆叠轨、对调轨道、启用连续编辑等。

（1）添加与删除覆叠素材

添加覆叠素材，实际上就是将素材添加到覆叠轨中，其操作方法与在视频轨中添加素材类似。例如，覆叠轨中添加图片素材：

● 在覆叠轨中单击鼠标右键，在弹出的快捷菜单中选择"插入图片"。

● 在素材库中或计算机中选中素材将其直接拖曳到覆叠轨中。

● 在覆叠轨上单击，执行"文件"→"将媒体文件插入到时间轴"→"插入照片"命令，在弹出的"浏览照片"对话框中选择要导入的素材后单击【打开】按钮即可。

如果用户不需要覆叠轨中的素材，可以将其删除，选中要删除的覆叠素材，按下［Delete］键，或者单击鼠标右键，在弹出的快捷菜单中选择"删除"命令即可将其删除。

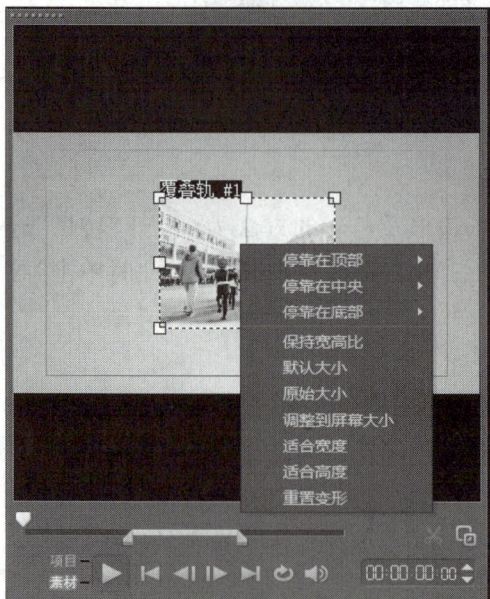

图 1-4-20　覆叠属性设置-方法（1）

（2）调整大小、位置与对齐方式

添加到覆叠轨中的覆叠素材是以默认的大小显示的，用户可以根据需要调整其大小和位置，使之与画面更完美地融合。

在预览窗口中，将鼠标放置在定界框四角的黄色节点上，此时光标会变成斜双向箭头，拖动光标可以等比例调整素材的大小；将鼠标放置在定界框四周的黄色节点上，拖动光标可以单独调整素材的宽度或高度。

调整素材至合适的大小后，将鼠标放置在素材上，此时光标会变成四个方向都是箭头的形状，拖动鼠标即可移动素材。

此外，还可以通过菜单命令将覆叠素材的大小分别调整到原始大小、调整到屏幕大小和恢复默认大小。其方法有两种：一种是选中素材，在预览窗口中单击鼠标右键，弹出图1-4-20所示快捷菜单，选择对应的命令；另一种是展开"编辑"选项面板，单击【对齐选项】按钮，在弹出的下拉列表中选择对应的命令，如图1-4-21所示。

（3）调整形状

如果想把覆叠素材更好地融合在背景边框中，就需要修改覆叠素材的形状。步骤如下：

① 选择覆叠素材，在预览窗口中将鼠标放置在覆叠素材的黄色调节点上，调整素材到合适的大小，如图1-4-22所示。

图 1-4-21 覆叠属性设置-方法(2)

② 将鼠标放置在覆叠素材的绿色调节点上,调整节点的位置,使覆叠素材的四个顶点和背景图片中方框的四个顶点重合,如图 1-4-23 所示。

如果想将覆叠素材恢复到原始大小,在预览窗口中单击鼠标右键,选择"重置变形"命令,或者单击选项面板中的【对齐选项】按钮,在弹出的下拉列表中选择"重置变形"命令即可。

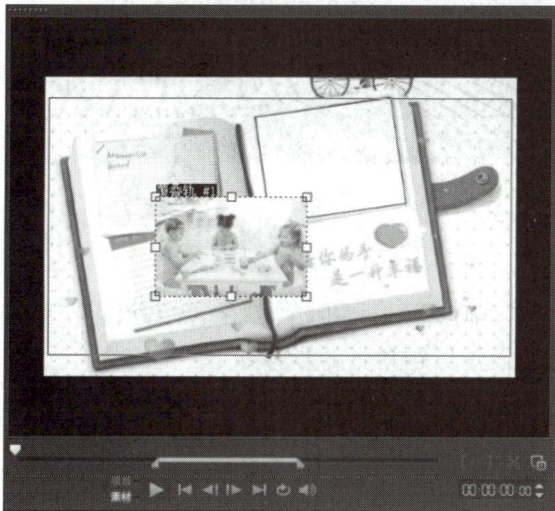

图 1-4-22 调整覆叠素材大小

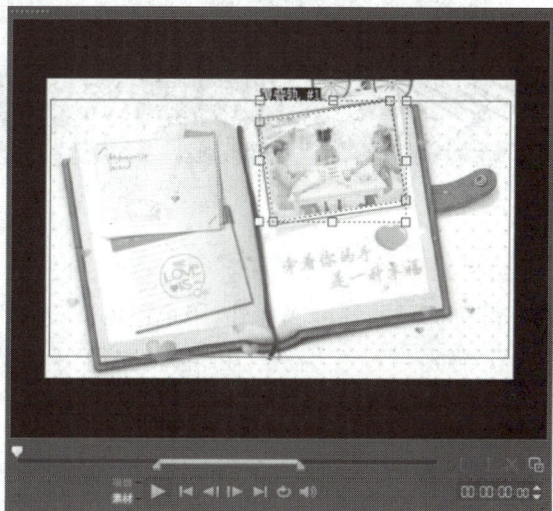

图 1-4-23 调整覆叠素材形状

十一、字幕的使用

字幕是影视作品的重要组成部分,在影片中加入一些说明性文字,能够帮助观众理解影片的内容。会声会影不仅提供了多种预设标题效果,还能为标题设置各种属性、动画及滤镜效果。

1. 添加字幕

(1)添加预设字幕

会声会影的"标题"素材库中提供了多种预设字幕,用户可以直接将其添加到标题轨上,然后根据需要修改标题的内容。添加预设字幕的步骤如下:

① 单击【标题】按钮 **T**,切换至"标题"素材库,选择一个标题样式,此时可以在"预览"窗口中预览

其效果。

② 选中要添加的标题样式，将其拖曳至标题轨中的适当位置；或者在标题样式上右击，选择"插入到"命令，在弹出的快捷菜单中选择轨道，也可将其添加到相应的轨道中。

③ 在"预览"窗口中双击字幕，进入编辑状态，即可修改文本的内容。

（2）创建字幕

创建字幕的步骤如下：

① 切换至"标题"素材库，此时，预览窗口中显示"双击这里可以添加标题"字样。

② 在显示的字样上双击鼠标，进入标题的输入模式，输入标题文字，输入完成后，在标题轨中会显示新建的字幕文件。

③ 在"导览"面板中单击播放按钮 ▶ ，可以预览标题字幕效果。

2. 字幕样式

在会声会影中，创建的字幕以默认的样式显示，用户可以展开"字幕"选项面板，如图 1－4－24 所示。在"编辑"选项卡中根据需要调整字幕的区间、对齐方式、文本方向、文本大小、旋转角度等属性。

图 1－4－24 "编辑"选项卡

3. 动态字幕效果

除了设置标题的各种属性外，用户还可以设置标题的动画效果，标题动画效果包括"淡化""弹出""翻转""飞行""缩放""下降""摇摆"和"移动路径"8 种类型。设置标题动画的步骤如下：

① 切换至"属性"选项卡，如图 1－4－25 所示。

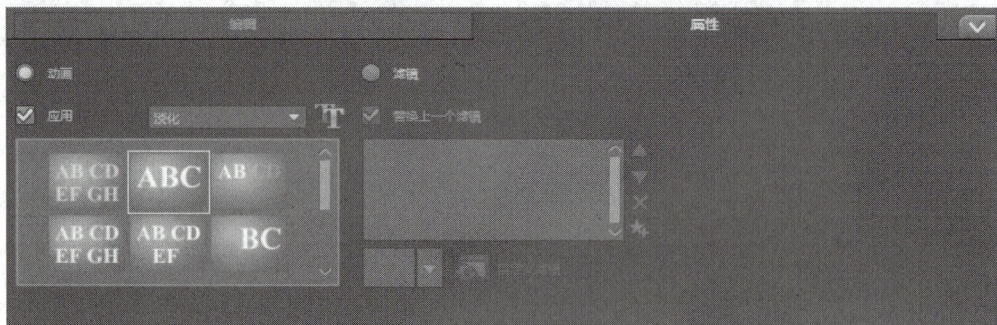

图 1－4－25 "属性"选项卡

② 选中"应用"复选框。

③ 在后面的列表中选择一种动画类型。

④ 在选择的动画类型下选择一种预设动画效果。

在为标题添加动画效果后,除了使用不同类型下的预设效果外,还可以单击自定动画属性按钮 ,在弹出的动画框中设置自定义的动画效果。

十二、音频的添加与编辑

声音是一部影片的灵魂,是不可或缺的元素。优美动听的背景音乐和配音可以对影片起到锦上添花的作用。所以,对于一部好的影片来说,音频的处理至关重要。

1. 添加音频

用户可以直接添加素材库中的音频,也可以添加电脑中的音频。添加音频的方法为:在"媒体"素材库中,如果音频素材没有显示,单击显示音频文件按钮 即可显示。选择需要的音频素材,将其拖曳至声音轨中并调整区间,单击"导览"面板的播放按钮,试听添加音频后的效果。

执行"文件"→"将媒体文件插入到时间轴"→"插入音频"→"到声音轨"命令,在弹出的"打开音频文件"对话框中选择文件后单击【打开】按钮可以添加电脑中的音频。

2. 添加自动音乐

在会声会影中,自动音乐实际上就是一个预设的音乐库,用户可以在其中选择不同类型的音乐,然后根据影片的内容编辑音乐的风格或节拍。添加自动音乐的步骤如下:

① 单击时间轴上方的自动音乐按钮 ,展开"自动音乐"选项面板,如图1-4-26所示。

② 依次选择"类别""歌曲""版本",单击【播放选定歌曲】按钮,试听音乐效果。试听满意后单击【添加到时间轴】按钮,便可以将选中的音乐添加到音乐轨上。

③ 选中"自动修整"复选框,系统会自动修整,使音频与影片的区间长度一致。

图1-4-26 "自动音乐"选项面板

3. 删除音频

如果对添加到时间轴中的素材不满意,可以将其删除。选中时间轴中的音频素材,单击鼠标右键,选择"删除"命令或按下[Delete]键可以将其删除。

4. 影音分离

影音分离是指将视频中原有的音频分离出来。选中视频素材,展开选项面板,单击分割音频按钮 ,此时,将在声音轨上显示分离出来的音频。

十三、输出与共享

1. 输出设置

通过"共享"面板可直接对输出的设备、格式、参数等进行设置,在"共享"步骤面板中,输出设备包括电脑、装置、网站、光盘、3D影片等5种,每种设备内又包含了不同的输出格式,除了预设的格式外,用户还可以自定义格式,如图1-4-27所示。

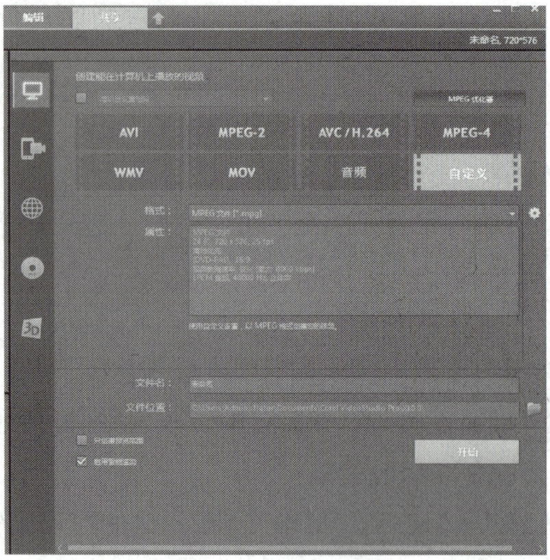

图 1-4-27 "共享"步骤面板

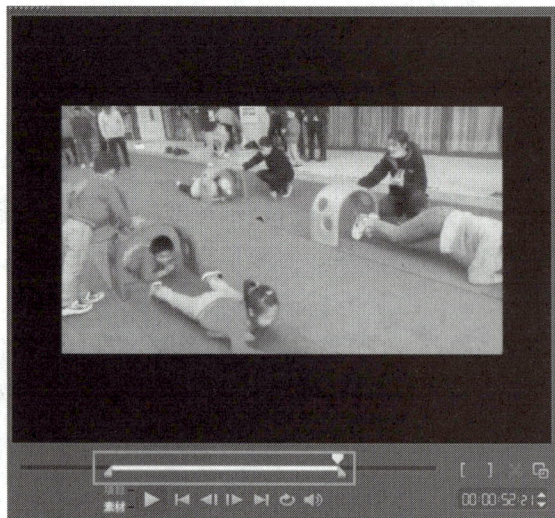

图 1-4-28 调整视频区间

2. 输出视频文件

（1）输出整部影片

输出为完整影片的步骤如下：

① 单击步骤面板中的【共享】按钮进入"共享"步骤面板，选择【自定义】选项按钮，在"格式"下拉列表中选择文件格式。

② 在"文件名"中设置视频的名称，在"文件位置"后单击浏览按钮 ▦ ，在弹出的对话框中选择文件存储的路径，然后单击【保存】按钮。

③ 设置完成后，单击【开始】按钮，影片开始渲染输出，在影片渲染过程中，可以按［Esc］键终止渲染；渲染完成后会弹出提示对话框，单击【确定】按钮。

④ 输出完成后单击【编辑】按钮，进入"编辑"步骤面板，生成的影片会自动保存到素材库中，单击"导览"面板中的【播放】按钮，预览效果。

（2）输出部分区间文件

在会声会影中，可以将指定区间内的影片单独输出为视频，步骤如下：

① 在"导览"面板中，拖动修整标记的起始修剪柄和结束修剪柄调整视频区间，如图 1-4-28 所示。

② 单击【共享】按钮，切换至"共享"步骤面板，设置文件名称及文件存储位置，选中"只创建预览范围"复选框。

③ 参照输出整部影片的后两个步骤对其进行渲染输出。

任务 1.5 动画素材的获取与处理

任务描述

对于幼儿来讲，生日是快乐、成长、温暖的代名词。李老师准备了活动"我们一起过生日"，为了吸引幼儿的注意力,她制作了一个生日贺卡动画。

　　上网搜集所需的图片和音频素材,借助 Animate,绘制图形,添加文字,创建动画,制作一个生日贺卡动画。

任务实施

一、搜集和处理素材

　　利用前面学过的知识,制作本任务所需的素材,包括卡通儿童图片、卡通动物、适合做背景的图片以及适合生日庆祝的欢快歌曲。(为了便于任务的实施,本书提供制作生日贺卡动画所需的素材)

二、新建文件

　　(1) 启动 Animate CC,在欢迎界面中单击"ActionScript 3.0",新建一个空白文档。

　　(2) 执行"修改"→"文档"命令,打开"文档设置"对话框,将"舞台大小"设置为 800×600,"帧频"设置为 24,如图 1-5-1 所示,单击【确定】按钮。

三、设置背景

　　执行"文件"→"导入"→"导入到舞台"命令,将背景图片导入到舞台中,如图 1-5-2 所示,在"属性"面板中修改位置和大小,如图 1-5-3 所示。

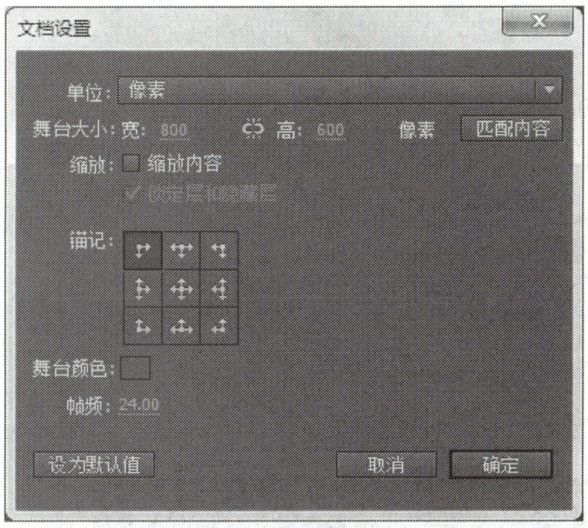

视频 1.5-1
新建文件

图 1-5-1　"文档设置"对话框

图 1-5-2　舞台背景

图 1-5-3　背景图片的"位置和大小"

图 1-5-4　"创建新元件"对话框

视频 1.5-2
新建元件

四、新建元件

1. 创建"小男孩"元件

　　(1) 执行"插入"→"新建元件"命令,弹出"创建新元件"对话框,在"名称"文本框中输入"小男孩",在

"类型"下拉列表中选择"影片剪辑"选项,如图1-5-4所示,设置完成后单击【确定】按钮进入元件编辑区。

(2) 执行"文件"→"导入"→"导入到舞台"命令,将图片"男孩1"导入到工作区。此时,如果弹出询问"是否导入序列中的所有图像"的对话框,单击【否】按钮,下同。

(3) 在时间轴上的第4帧处单击鼠标右键,选择"插入空白关键帧",执行"文件"→"导入"→"导入到舞台"命令,将图片"男孩2"导入到工作区中。

(4) 在时间轴上的第8帧处插入空白关键帧,将图片"男孩3"导入到工作区中,然后在第12帧处插入帧。

2. 创建"小可爱"元件

(1) 新建元件,名称为"小可爱","类型"为"影片剪辑"。

(2) 执行"文件"→"导入"→"导入到舞台"命令,将图片"可爱1"导入到工作区。

(3) 在时间轴上的第4帧处插入空白关键帧,执行"文件"→"导入"→"导入到舞台"命令,将图片"可爱2"导入到工作区中。然后在第7帧处插入帧。

3. 创建"小鸟"元件

(1) 新建元件,名称为"小鸟","类型"为"影片剪辑"。

(2) 执行"文件"→"导入"→"导入到舞台"命令,将图片"小鸟"导入到工作区。

(3) 在时间轴上的第4帧处插入关键帧,执行"修改"→"变形"→"水平翻转"命令,将图像水平翻转。然后在第7帧处插入帧。

4. 创建"礼物盒"元件

(1) 新建元件,名称为"礼物盒","类型"为"按钮"。

(2) 执行"文件"→"导入"→"导入到舞台"命令,将图片"礼物盒1"导入到工作区。

(3) 在"指针经过"处插入关键帧,然后在时间轴上单击"指针经过",选中图片,执行"修改"→"变形"→"任意变形"命令,在图片上沿对角线向外拖动控制点将图像放大一点。

(4) 在"按下"处插入空白关键帧,然后导入图片"礼物盒2"。

(5) 新建一个"图层2",在"指针经过处"插入关键帧,然后执行"文件"→"导入"→"导入到库"命令,将音频"音乐1"导入到"库"中。最后在"属性"面板中的"名称"下拉列表中选择该音频。

(6) 在"图层2"的"按下"处插入关键帧,然后输入文字"Happy Birthday to You!",如图1-5-5所示。

图1-5-5 "礼物盒"元件

五、制作动画

（1）返回主场景，新建"图层 2"，从"库"面板中将"小男孩"影片剪辑元件拖曳到舞台上，然后分别在"图层 1"和"图层 2"的第 200 帧处插入帧。

（2）新建"图层 3"，在第 25 帧处插入关键帧，执行"文件"→"导入"→"导入到舞台"命令，将图片"生日蛋糕"导入到舞台上，并将其移动到舞台上方。

（3）在"图层 3"第 45 帧处插入关键帧，然后将第 45 帧处的蛋糕放大并向下移动。

（4）在第 25～45 帧之间的某一帧上单击鼠标右键，在弹出的快捷菜单中选择"创建传统补间"命令。

（5）新建"图层 4"，在第 25 帧处插入关键帧，将影片剪辑元件"小可爱"从"库"面板拖曳到舞台上。

（6）新建"图层 5"，在第 25 帧处插入关键帧，将影片剪辑元件"小鸟"从"库"面板拖曳到舞台上。

（7）在"图层 2"的第 90 帧处插入关键帧，然后拖动图片"生日蛋糕"到舞台上，并将其放置到小男孩的前方。

（8）新建"图层 6"，在第 65 帧处插入关键帧，将按钮元件"礼物盒"从"库"面板拖曳到舞台左侧。在第 89 帧处插入关键帧，将按钮元件"礼物"向右移动并放大，然后在第 65～89 帧之间创建传统补间动画。

（9）新建"图层 7"，执行"文件"→"导入"→"导入到库"命令，将音频"音乐 2"导入到"库"中，选择第 1 帧，然后在"属性"面板中的"名称"下拉列表中选择该音频。

视频 1.5-3
制作动画

六、保存导出

保存文件并按[Ctrl]+[Enter]快捷键，预览生日贺卡的动画效果，对效果满意后执行"文件"→"导出"→"导出影片"命令，在弹出的"导出影片"对话框中设置影片的名称、保存类型和存储位置后单击【保存】按钮即可。最终效果如图 1-5-6 所示。

图 1-5-6 "生日贺卡"动画最终效果

知识链接

一、认识 Animate CC

Animate CC 是一款专业的动画制作软件。借助 Animate，用户可以在一个基于时间轴的创作环境中创建矢量动画、广告、多媒体内容、应用程序、游戏等。制作完成的动画可以发布到多种平台，也可以在电视、计算机、移动设备上浏览。

1. 欢迎界面

启动 Animate 后，会显示如图 1-5-7 所示的欢迎界面，通过欢迎界面可以快速创建 Animate 文件和打开相关项目。

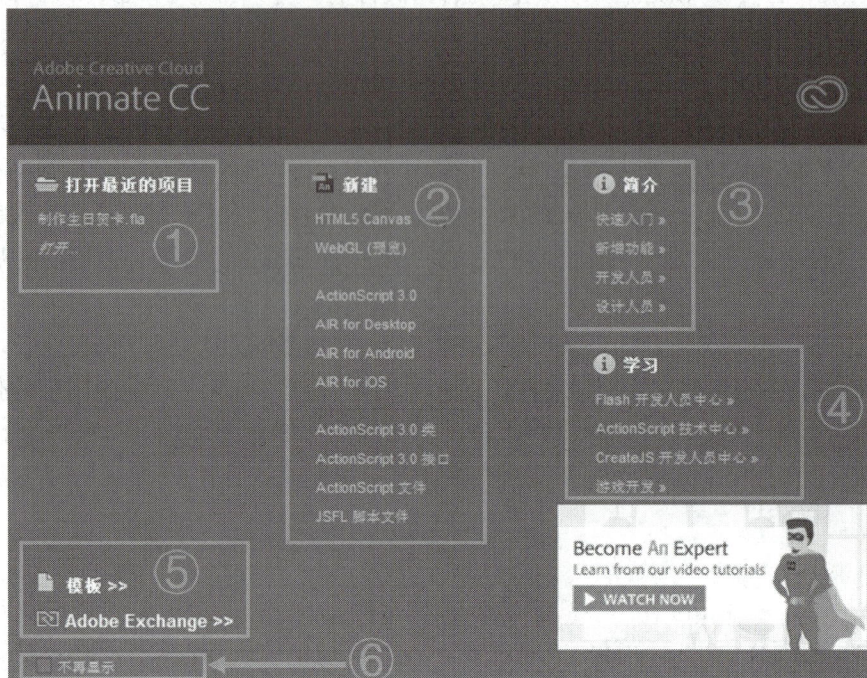

图 1-5-7 Animate 欢迎界面

① 打开最近项目：下方显示了最近打开的源文件目录，单击链接，可以将选中的源文件打开。

② 新建：列举了 Animate 能够创建的所有新项目类型，单击项目名，可以进入相应的编辑窗口，快速地开始新的编辑工作。

③ 简介：用来了解 Animate 的入门知识、新增功能、开发人员与设计人员。

④ 学习：用来学习 Animate 中的各项功能。

⑤ 模板：包含了多种类别的影片模板，可以帮助用户快速、便捷地完成 Animate 影片的制作。

⑥ "不再显示"复选框：选择该复选框，以后启动 Animate 时将不再显示欢迎页。

2. 工作界面

在"新建"栏目中选择"ActionScript 3.0"便可以进入 Animate 的工作界面，如图 1-5-8 所示。

（1）菜单栏

包含 11 个菜单栏。

① "文件"菜单：用于新建、打开、保存、发布和导出动画，以及导入外部图形、图像、声音及动画文件，以便在动画中进行使用。

② "编辑"菜单：用于对舞台上的对象以及帧进行选择、复制、粘贴，以及自定义面板、设置参数等。

③ "视图"菜单：用于对舞台视图进行操作，包括视图缩放、辅助功能及屏幕模式的设置。

④ "插入"菜单：用于创建图层、元件、动画以及插入帧。

⑤ "修改"菜单：用于修改动画中的对象。

⑥ "文本"菜单：用于修改文字的大小、样式、对齐方式以及对字符间距的调整等。

⑦ "命令"菜单：用于对内置或保存的命令进行运行和管理。

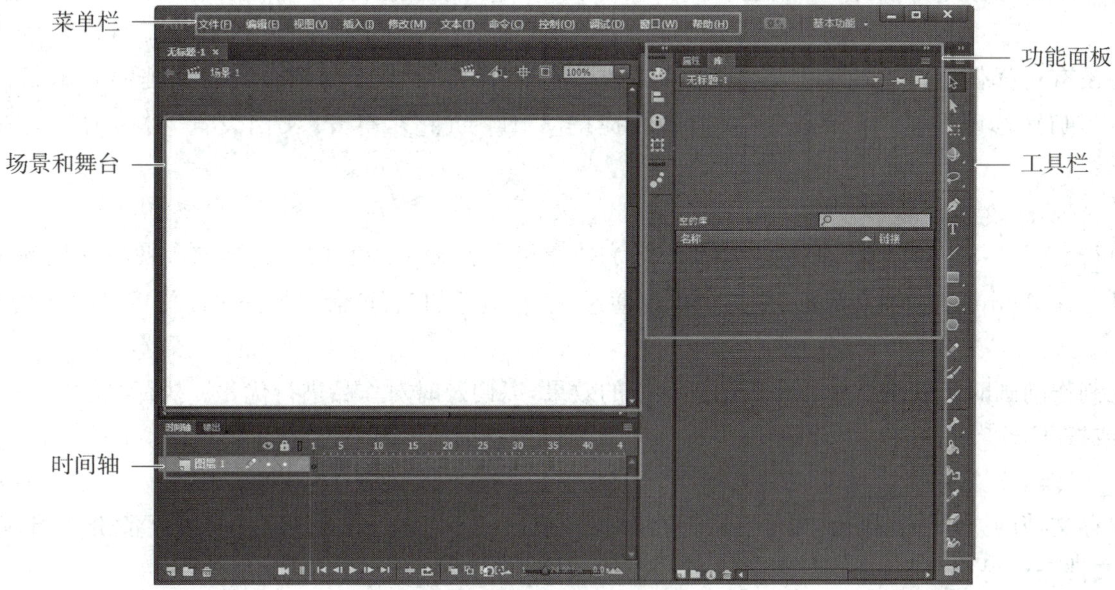

图 1-5-8　Animate 工作界面

⑧"控制"菜单：用于测试播放动画。

⑨"调试"菜单：用于对动画进行调试。

⑩"窗口"菜单：用于控制各功能面板是否显示，以及面板的布局设置。

⑪"帮助"菜单：提供 Animate 在线帮助信息，包括教程和 ActionScript 帮助。

（2）场景和舞台

场景是所有动画元素的活动区间，中间白色矩形就是舞台，用户可以在其中直接绘制图形，也可以在舞台中导入需要的图片、媒体文件等。舞台默认状态是一幅白色的画布，其大小和颜色是可以修改的。只有在舞台区域内的内容才会在播放时显示，舞台外的内容是被隐藏的。

（3）时间轴

时间轴用于组织和控制文件内容在一定的时间内播放。

（4）功能面板

Animate 将某一类型的功能按钮和设置选项集合在一个面板内，即功能面板。常用的功能面板有：

①"属性"面板：用于对舞台上所选择对象的相关属性进行设置。

②"库"面板：用来存放导入的位图、声音和元件等动画元素的仓库。

③"颜色"面板：用来设置对象的填充色和轮廓色，包括纯色、渐变和位图填充三种方式。

④"变形"面板：用来设置所选择对象的变形效果，包括水平和垂直缩放、旋转角度、倾斜、3D 变换、翻转（镜像）等参数设置。

⑤"对齐"面板：用来设置多个对象的对齐和分布效果。

（5）工具栏

工具栏是 Animate 的重要组成部分，对象的绘制、变换等操作都是通过使用各种工具来完成的，工具栏默认显示在 Animate 工作区的右侧，执行"窗口"→"工具"命令，或借助快捷键[Ctrl]＋[F2]，可以打开或关闭工具箱。

二、文档的基本操作

1. 新建文档

Animate CC 创建文档的方法有两种：一种是在欢迎界面的新建栏目中，选择要创建文档的类型进行创建。另一种是通过执行"文件"→"新建"命令(或按[Ctrl]+[N]快捷键)打开"新建文档"对话框进行创建。

2. 文档设置

在没有选择任何对象的情况下,用户可以在"属性"面板中查看和修改当前文档的基本属性。此外,可以执行"修改"→"文档"命令(或借助快捷键[Ctrl]+[J]),打开"文档设置"对话框来设置文档属性。

3. 打开文档

执行"文件"→"打开"命令(或按[Ctrl]+[O]快捷键),在弹出的"打开"对话框中选择文档便可以将其打开。在 Animate 的欢迎界面,用户也可以通过"打开最近的项目"命令打开之前使用过的文档。

4. 测试文档

在制作动画时可以测试作品是否达到预期的效果,以便及时对作品进行优化。执行"控制"→"测试"命令,或按[Ctrl]+[Enter]组合键,即可进入影片测试窗口。

5. 保存文档

保存文档的方法为:执行"文件"→"保存"命令,或按[Ctrl]+[S]快捷键。如果要备份文档,则需要执行"文件"→"另存为"命令,或按[Ctrl]+[Shift]+[S]快捷键。

6. 导出和发布文档

源文件 FLA 文档是不能直接在网页或播放器上查看的,当文档编辑完成并保存后,可以对其进行输出或发布成脱离 Animate 环境的其他文件格式。

① 导出文档:执行"文件"→"导出"命令,用户可以根据需要,将制作完成的动画导出为图像、SWF影片、GIF 动画或 MOV 视频等不同的格式。

② 发布文档:执行"文件"→"发布"命令,可以将文档发布出来。所创建的文档类型不同,发布设置的参数略有差异,发布出来的文件结果也不一样。

三、图形的绘制

Animate 动画中的图形分为两种,一种是从外部导入的图形,另一种是利用绘图工具绘制的图形。图形的绘制是动画制作的基础,只有绘制好了静态矢量图,才可能制作出优秀的动画作品。

Animate 中的绘图工具包括线条工具、椭圆工具、铅笔工具、钢笔工具等,配合选择工具、填色工具、查看工具能绘制出多种多样、绚丽多彩的图形效果。

根据工具栏中工具功能的不同,Animate 对其进行了分区(用一条细线隔开),各工具组如图 1-5-9 所示。

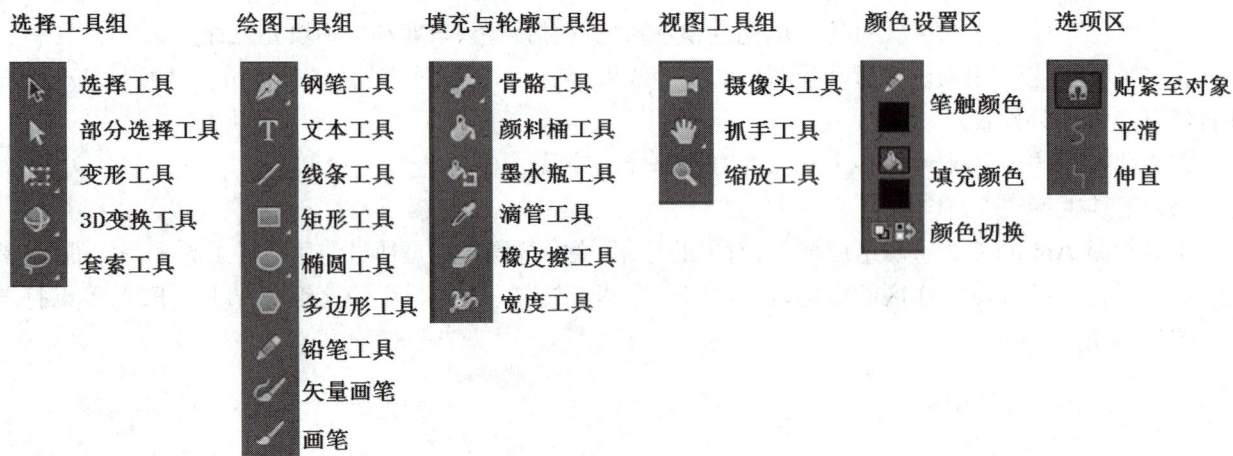

选择工具组	绘图工具组	填充与轮廓工具组	视图工具组	颜色设置区	选项区
选择工具	钢笔工具	骨骼工具	摄像头工具	笔触颜色	贴紧至对象
部分选择工具	文本工具	颜料桶工具	抓手工具		平滑
变形工具	线条工具	墨水瓶工具	缩放工具	填充颜色	伸直
3D变换工具	矩形工具	滴管工具			
套索工具	椭圆工具	橡皮擦工具		颜色切换	
	多边形工具	宽度工具			
	铅笔工具				
	矢量画笔				
	画笔				

图 1-5-9　工具栏的功能布局

1. 绘图工具

用户借助绘图工具组中的工具可以绘制各种形状的图形。

（1）线条工具

线条工具是用来绘制直线段的，用线条工具在舞台上起点处按下鼠标左键并拖动，然后在终点处松开鼠标，可绘制一条直线段。按住［Shift］键的同时拖动鼠标，可以绘制出垂直、水平或45°角的直线段。

（2）铅笔工具

使用铅笔工具可以绘制和编辑自由线段，绘画的方式与使用真实铅笔大致相同，即在舞台按下鼠标左键并拖动鼠标来绘制线条，按住［Shift］键拖动鼠标则可将线条限制为垂直或水平方向。

（3）钢笔工具

钢笔工具用于绘制精准的路径，如直线或平滑流畅的曲线。使用钢笔工具绘画时，单击可以创建直线段上的点，拖动可以创建曲线上的点，可以通过调整线条上的点来调整直线段和曲线段。

（4）矢量画笔工具

矢量画笔工具与铅笔工具一样，是基于笔触的画笔，但在"属性"面板中可以将其设置为绘制填充色。矢量画笔工具与铅笔工具的区别在于：矢量画笔工具在绘制时可以直接使用矢量画笔库，所以可以选用不同风格的笔触绘制各类图案或艺术图形。

（5）画笔工具

画笔工具是一种基于填充的绘制工具，绘制的是填充，没有描边，所以主要用于填充面积较大的区域。

（6）矩形工具

包括常规矩形工具和基本矩形工具，使用时在舞台上按下鼠标左键拖动，从一个角拖动到斜对角，拖动时按住［Shift］键，可绘制正方形。

两种工具的区别在于圆角的设置，使用常规矩形绘制的矩形，不能对矩形的角度进行修改，而使用基本矩形工具绘制的矩形，可以使用选择工具对矩形四周的任意控制点进行拖动，调出圆角。

（7）椭圆工具

选择椭圆工具，在舞台上单击鼠标，按住左键不放，向需要的位置拖动鼠标，松开鼠标即可绘制椭圆。与矩形工具类似，椭圆工具也有常规椭圆工具和基本椭圆工具，按住［Shift］键的同时绘制图形，可以绘制圆形。

（8）多角星形工具

应用"多角星形"工具可以绘制出不同样式的多边形和星形。选择"多角星形"工具，在舞台上单击并按住鼠标左键不放，向需要的位置拖动鼠标，绘制出多边形，完成后松开鼠标即可。

2. 填充与轮廓工具

主要用于对已绘制图形的填充和笔触进行调整。

（1）颜料桶工具

使用颜料桶工具可以用颜色填充封闭区域，事先设置好填充色（纯色、渐变或位图填充），用颜料桶工具在封闭区域单击即可填充。

（2）墨水瓶工具

墨水瓶工具用于为对象添加或修改笔触效果，使用前设置好笔触属性（颜色、粗细、样式等），然后在需要添加或修改笔触的形状上单击即可。

（3）滴管工具

滴管工具用于复制一个对象的填充和笔触属性，然后应用于其他对象。

（4）橡皮擦工具

橡皮擦工具通过涂抹的方式擦除填充和笔触，对应于画笔的绘画模式，橡皮擦的选项区也包括标准擦除、擦除填色、擦除线条、擦除所选填充和内部擦除五种擦除模式。

3. 选择工具

选择工具主要用于选择并移动对象。部分选择工具主要用于对各对象的形状进行编辑,通过选取及调整图形或路径的节点来改变图形的形状。

四、时间轴、图层与帧

医学研究表明,人眼具有视觉暂留的特点,即人眼看到物体或画面后,在 1/24 秒内不会消失。利用这一原理,在一幅画消失之前播放下一幅画,就会带来流畅的视觉变化效果。动画就是通过连续播放一系列静止画面,给人的感官造成一种"动画"效果。

在 Animate 中,这一系列单幅的画面就叫帧,它是动画中最小的时间单位内出现的画面。帧在时间轴上的排列顺序将会决定动画的播放顺序。每秒显示的帧数叫帧频,按照视觉暂留原理,一般将动画的帧频设为 24 帧/秒。

1. 时间轴

动画的一个重要属性就是时间性,它是有一定时间长度的,动画就是在不同的时间点显示不同的画面并连续播放。所以,在 Animate 中有一条时间轴,也称为时间线,它用于组织和控制在一定时间内图层和帧中的内容。

时间轴上的每一小格称为帧,顶部的显示的数字为帧编号。帧是动画编辑的最小单位,连续的帧中包含保持相似变化的图像内容,连在一起便形成了动画。"时间轴"面板分为两部分:左侧为层控制区,右侧为帧控制区。一部动画影片通常包含若干层,一个层中又包含若干帧。时间轴面板如图 1-5-10 所示。

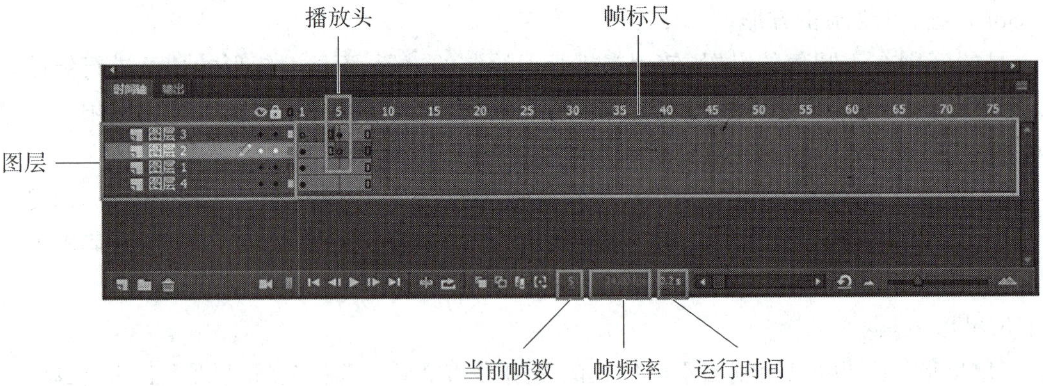

图 1-5-10　时间轴

2. 图层

图层是多数设计类软件共有的术语,图层可以帮助我们组织不同的对象,在不同层上编辑不同的动画互不影响,而在放映时得到合成的效果。根据不用的功能,Animate 可以使用以下 6 种图层:

① 标准图层:常规的图层,用于直接呈现对象。

② 引导层和被引导层:引导层用于引导其他图层沿着设计好的引导轨迹做传统补间动画,其内容一般就是笔触线条;被引导层中的对象可以沿着引导层上的线条做补间运动。引导是一个辅助动画的图层,在测试或发布时,引导层的内容不会被显示。

③ 遮罩层和被遮罩层:遮罩层用来遮盖下方图层中的部分内容,以达到特殊的显示效果;而下方被遮罩的图层就称为被遮罩层。

④ 补间动画层:凡是添加了各种补间动画的层就是补间动画层,其实就是在标准图层的基础上添加了补间动画。

⑤ 骨架层:添加了骨骼的图层会自动转换成骨架层。

⑥ 摄像头层：摄像头层是 Animate 新增的一种图层，用于对整体舞台视图进行平移、旋转、缩放等转换，并可记录为动画。

3. 帧

帧是动画的核心。Animate 中的动画都是通过对时间轴中的帧进行编辑而制作完成的。时间轴上帧的顺序决定帧内对象在舞台上的显示顺序。所以，Animate 中制作动画就是将动画元素以适当的顺序放置在相应的帧上。影片中帧的总数和播放速度共同决定了影片的总长度。在 Animate CC 中，帧可以分为关键帧和普通帧。

（1）关键帧

关键帧是指对象实例首次出现在时间轴上的帧，它一般是对象变化过程中的关键点，如对象新的位置、新调整的颜色等，关键帧在时间轴上用黑色圆点表示。没有内容的关键帧称为空白关键帧，用一个空心圆点表示。

（2）普通帧

普通帧也叫静态帧，它是延续前一关键帧内容的帧，普通帧本身不能放置对象，它只是显示了前一关键帧的内容，一般用于延长关键帧内容的显示时间或者静态显示关键帧的内容。普通帧在时间轴上显示为灰色填充或白色填充的小方格。

4. 帧的基本操作

（1）选取帧

在时间轴上单击一个帧可以选择该帧；在帧上拖动鼠标或按住[Shift]键并单击其他帧，可以选择多个连续的帧；按住[Ctrl]键的同时单击其他帧，可以选择多个不连续的帧；单击一个图层可以选择该层的所有帧。执行"编辑"→"时间轴"→"选择所有帧"命令，可以将时间轴上的所有帧选中。

（2）插入帧

① 插入普通帧：在需要插入帧的位置按[F5]键，或者单击鼠标右键，在弹出的快捷菜单中选择"插入帧"命令。

② 插入关键帧：在需要插入帧的位置按[F6]键，或者单击鼠标右键，在弹出的快捷菜单中选择"插入关键帧"命令。

③ 插入空白关键帧：在需要插入帧的位置按[F7]键，或者单击鼠标右键，在弹出的快捷菜单中选择"插入空白关键帧"命令。

（3）删除帧

在时间轴上选择要删除的一个或多个帧，然后单击鼠标右键，在弹出的快捷菜单中选择"删除帧"命令，即可删除选择的帧。

（4）剪切帧

选择要剪切的一个或多个帧，然后单击鼠标右键，在弹出的快捷菜单中选择"剪切帧"命令，即可剪切选择的帧。剪切的帧被保存在剪贴板中，可以在需要时重新使用。

（5）复制帧

选择要复制的一个或多个帧，然后单击鼠标右键，在弹出的快捷菜单中选择"复制帧"命令，即可复制所选择的帧。

（6）粘贴帧

在时间轴上选择要粘贴帧的位置，然后单击鼠标右键，在弹出的快捷菜单中选择"粘贴帧"命令，即可将复制或剪切的帧粘贴到当前位置。

五、元件的使用

元件是指在 Animate 创作环境中创建的可以在文档中重复使用的特殊对象符号。

1. 元件的特点

元件是构成动画的基础,其特点如下:

● 元件是由基本形状、图形对象、文本等其他元素构成的,有自身独立的时间轴、图层和工作区。

● 创建元件的目的,一是为了对象的重复利用,方便管理相同的元素并减小文件体积;二是动画补间和传统补间需要使用元件。

● 元件是可以嵌套的,即一个元件可以与其他对象再组成一个新的元件。

2. 元件的类型

元件包括影片剪辑、图形和按钮三种类型,三者各有特点,分别适用于不同的情景,新建元件或转换元件时应当选择合适的元件类型。

① 影片剪辑:一种可重用的动画片段。它具有自己的时间轴,并且独立于影片的主时间轴。当需要让元件本身的动画播放独立于主时间轴或者要对元件进行脚本控制的时候,需要将元件设置为影片剪辑。

② 图形:一组在动画中或单一帧模式中使用的对象,既可以是静态图像,也可用来创建连接到主时间轴的可重用动画片段。图形元件与放置该元件的文档的主时间轴是联系在一起的,即它与主时间轴的播放是同步的。

③ 按钮:一种特殊的交互式影片剪辑,具有与影片剪辑相似的特点,但它的时间轴只有4帧,包括弹起、指针经过、按下和点击4种状态。

按钮元件的时间轴不需要进行线性播放,它会通过响应鼠标指针的移动和动作,来跳至相应的帧或执行某个脚本命令,实现交互。所以,当需要通过单击某个对象进行交互的时候,可以将此对象设置为按钮元件。

3. 元件的创建

可以通过新建元件或转换元件的方法来创建元件,新建的元件和转换的元件都放置在库中。

① 新建元件:执行"插入"→"新建元件"命令(或按[Ctrl]+[F8]快捷键),弹出"创建新元件"对话框,输入元件名称,选择元件类型和其存放在库中的位置,单击【确定】按钮后进入该元件内部进行编辑。新建的元件需要从库中拖到舞台上生成实例使用。

② 转换元件:选中需要转换为元件的对象,执行"修改"→"转换为元件"命令或按[F8]功能键,弹出"转换为元件"对话框,进行设置并确定后,该对象自动成为元件的一个实例。

4. 元件的编辑

元件创建成功后,可以通过以下两种方法来编辑:

● 双击库中的元件对象或选中舞台上的元件实例后按[Ctrl]+[E]快捷键,进入元件内部,对该元件内的对象进行编辑。

● 双击舞台上的元件实例,进入元件内部,对该元件内的对象进行编辑。

这两种方法的区别在于:方法1会隔离舞台上的其他元素,只显示元件本身的内容,方法2同样会隔离舞台上的其他元素,但它们会以淡化的方式显示出来,可以作为元件的参照物。

正在编辑的元件名称会显示在舞台顶部的左侧,单击返回箭头返回上一层,单击场景名称或在空白处双击鼠标左键,可以退出元件的编辑状态,返回主场景。

5. 元件实例的属性与编辑

创建元件之后,可以在文档的任何地方(包括其他元件内)创建该元件的实例,并且可以创建若干个。创建元件实例的方法是直接将元件由库中拖到舞台上或其他元件内,当修改元件时,Animate会更新该元件的所有实例。

(1)编辑元件实例属性

每个元件实例都各有独立于该元件的属性,这些属性显示在"属性"面板中。选中实例后,在"属性"面板中可以重新定义实例的类型(如把图形更改为影片编辑),更改实例的色调、透明度和亮度,设置动画在图形实例内的播放形式,也可以倾斜、旋转或缩放实例,这些更改都不会影响元件。

（2）更改实例类型

"属性"面板会显示当前实例的元件类型,如果想改变其类型,可以从下拉列表中选择其他类型,这种更改只是改变了实例的类型,不会影响元件的类型。

6. 库的应用

Animate 文档中的库用来存储创建的或在文档中导入的媒体资源,如元件、导入的位图、音频、视频等都存放在库中。此外,库中包含已添加到文档的所有组件。库中的资源是共享的,编辑文档时,可以使用当前文档的库,也可以使用其他文档的库。针对"库"面板,主要有以下操作:

① 重命名库项目:双击库中的项目名称或从"库"面板的"面板"菜单中选择"重命名"命令来实现。

② 使用其他文档的库:在当前文档的"库"面板中选择其他文档,则会出现该文档的库项目,将这些项目拖动到舞台上,就把此项目由其他文档复制到了当前文档。

③ 复制库项目:如果要复制当前库中的项目,可在项目上单击鼠标右键,在弹出的快捷菜单中选择"直接复制"选项,弹出复制的对话框,设置项目名称和其他参数。

④ 删除库项目:选中库中项目并单击【删除】按钮即可。

⑤ 重设项目的属性:选中库中的项目,在其上单击鼠标右键,在弹出的快捷菜单中选择"属性"命令,或在"库"面板底部选择"属性"命令,在弹出的对话框中重设其属性参数。

六、动画制作

1. 逐帧动画

逐帧动画的原理是在"连续的关键帧"中分解动画动作,即在时间轴的每帧上逐帧绘制不同的内容,使其连续播放而成动画。

因为逐帧动画的帧序列内容不一样,不但给制作增加了负担而且最终输出的文件量也很大。但它的优势也很明显:逐帧动画具有非常大的灵活性,几乎可以表现任何想表现的内容,而它类似与电影的播放模式,很适合于表演细腻的动画,例如,人物或动物急剧转身、头发及衣服的飘动、走路、说话以及精致的 3D 效果等。

逐帧动画的制作步骤如下:

（1）新建文档,选择"文本"工具,在第 1 帧的舞台中输入"生"字。

（2）按［F6］键,在第 2 帧上插入空白关键帧,在第 2 帧的舞台上输入"日"字。

（3）参照步骤（2）在第 3 帧上插入空白关键帧,在第 3 帧的舞台上输入"快"字;第 4 帧上插入空白关键帧,并在第 4 帧的舞台上输入"乐"字。

（4）按［Ctrl］+［Enter］观看动画效果。

此外,还可以通过从外部导入图片组来实现逐帧动画的效果。

2. 形状补间动画

形状补间动画是指在时间轴的一个关键帧上绘制一个矢量形状,然后在另一个关键帧上更改该形状或绘制另一个形状,Animate 会自动在这两个关键帧之间插入中间形状,创建从一个形状变形为另一个形状的动画效果。创建形状补间动画的步骤如下:

（1）新建文档,选择"多角星形工具",在"属性"面板"工具设置"栏的【选项】按钮,在弹出的"工具设置"对话框中修改样式为"星形",在工具栏中修改笔触颜色为黄色,填充颜色为红色,然后在第 1 帧的舞台中绘制一个五角星。

（2）在时间轴中选择当前图层的第 20 帧,按［F7］键,在第 20 帧上插入空白关键帧,选择"椭圆工具",修改笔触颜色为黄色,填充颜色为红色,在舞台上绘制一个圆形。

（3）选择 1～20 帧之间的任一普通帧,执行"插入"→"补间形状"命令或单击鼠标右键,在弹出的快捷菜单中选择"创建补间形状"命令。

（4）完成形状补间动画，可以按［Ctrl］＋［Enter］键观看动画效果。

其中，第 1 帧、10 帧、20 帧的图形如图 1－5－11 所示。

图 1－5－11　图形的变化

需要注意的是：如果舞台上的对象是组件实例、多个图形的组合、文字、导入的素材对象，创建形状补间动画时，需执行"修改"→"分离"或"修改"→"取消组合"命令，将其打散成图形。

3. 传统补间动画

传统补间动画是指在时间轴中的一个关键帧上放置一个元件实例，然后在另一个关键帧上放置同一个元件实例并修改其位置、大小、颜色等属性，Animate 自动在这两个关键帧之间的普通帧中插入中间状态形成动画。

创建传统补间动画的步骤如下：

（1）新建文档，执行"修改"→"文档"命令，在弹出的对框中，将"舞台大小"修改为 650×400。

（2）执行"文件"→"导入"→"导入到舞台"命令，将背景图片导入到舞台上，然后在"属性"面板中将其调整为舞台大小，修改其 X 坐标和 Y 坐标均为 0，使其和舞台重合。

（3）新建"图层 2"，执行"文件"→"导入"→"导入到舞台"命令，将一幅小汽车图片导入到舞台上，并将其移动到背景图片的左侧。

（4）在"图层 1"的第 80 帧处插入帧，在"图层 2"的第 80 帧处插入关键帧，然后选择"图层 2"的第 80 帧处的小汽车图片，将其移动到图片的右侧。

（5）选择"图层 2"的第 1～80 帧之间的任一帧，单击鼠标右键，在弹出的快捷菜单中选择"创建传统补间"命令。

（6）选择"图层 2"的第 1 帧，打开"属性"面板，在"缓动"文本框中输入－100，设置此选项的目的是为了使汽车的运动呈加速度，即开始时速度慢，然后速度逐渐加快。

（7）完成传统补间动画，按［Ctrl］＋［Enter］键观看动画效果。

4. 补间动画

补间动画是在传统补间动画的基础上发展起来的一种新的补间形式，具有与传统补间相似的作用，但控制性更强，更易调整，创建补间动画的步骤如下：

（1）新建文档，将"舞台大小"修改为 600×600。

（2）执行"文件"→"导入"→"导入到舞台"命令，将背景图片导入到舞台。

（3）新建"图层 2"，执行"文件"→"导入"→"导入到舞台"命令，将一幅飞机图片导入到舞台上，并将其移动到窗口的左外侧。

（4）分别在"图层 1"和"图层 2"的第 40 帧处插入帧。

（5）在"图层 2"的第 1 帧上单击鼠标右键，在弹出的快捷菜单中选择"创建补间动画"命令，在弹出的"将所选内容转换为元件以进行补间"对话框中单击【确定】按钮，创建完成后补间范围以黄色背景显示。

（6）选中"图层 2"的第 40 帧，在舞台中将"飞机"拖曳至适当位置，此时在第 40 帧上会自动产生一个属性关键帧,舞台中会显示运动轨迹。

(7)选择"选择工具",将鼠标放置在运动轨迹上,当指针变为![图标]形状时,单击并拖曳鼠标可以更改运动轨迹,如图1-5-12所示。

(8)完成补间动画,按[Ctrl]+[Enter]键观看动画效果。

5. 制作引导动画

引导动画又称引导层动画,是指对象沿着引导层中绘制的线条进行运动的动画。要创建引导层动画,需要两个图层,一个引导层,一个被引导层。创建引导层动画的步骤如下:

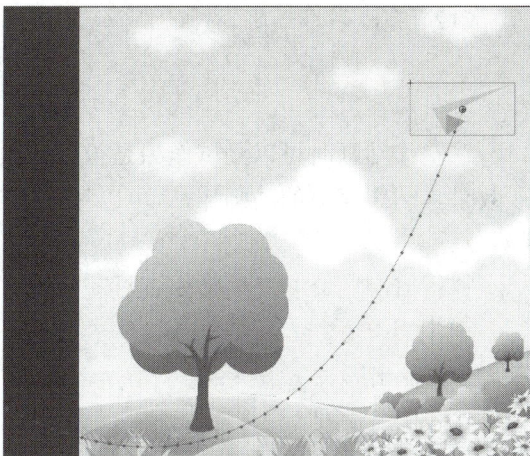

图1-5-12 补间动画

(1)新建文档,将"舞台大小"修改为800×450。

(2)执行"文件"→"导入"→"导入到舞台"命令,将图片"花丛"导入到舞台上,修改图片的位置和大小,使其和舞台重合。

(3)执行"文件"→"导入"→"导入到库"命令,将GIF图片"蝴蝶1"和"蝴蝶2"导入到库中,因其为GIF动画文件,会自动转换为影片剪辑元件。

(4)新建两个图层,分别命名为"蝴蝶1"和"蝴蝶2",从"库"面板中分别将"蝴蝶1"和"蝴蝶2"图片拖曳到对应图层的舞台上。

(5)选中"蝴蝶1"图层,单击鼠标右键,在弹出的快捷菜单中选择"添加传统运动引导层",在该图层的上方新建一个引导层。

(6)选中引导层的第1帧,使用"铅笔工具"绘制一条曲线,曲线的起点在画面外,终点位于某朵花上,这条曲线就是蝴蝶的运动轨迹,它只起到引导作用,在最终的动画效果中是不显示的。

(7)在"图层1"和引导层的第200帧处插入帧,在"蝴蝶1"图层的第200帧处插入关键帧。

(8)使用"任意变形"工具选中"蝴蝶1"图层第1帧中的蝴蝶,将其移动到曲线的开始处,注意蝴蝶的中心点要与曲线开始端重合,如图1-5-13所示。

(9)使用"任意变形"工具选中"蝴蝶1"图层第200帧中的蝴蝶,将其沿着曲线移动到曲线的终点;

(10)在"蝴蝶1"图层的第1~200帧创建传统补间动画。

(11)参考步骤(5)~(10),为"蝴蝶2"添加一个沿引导层路径飞舞的画面,最终效果如图1-5-14所示。

图1-5-13 引导层路径(1)

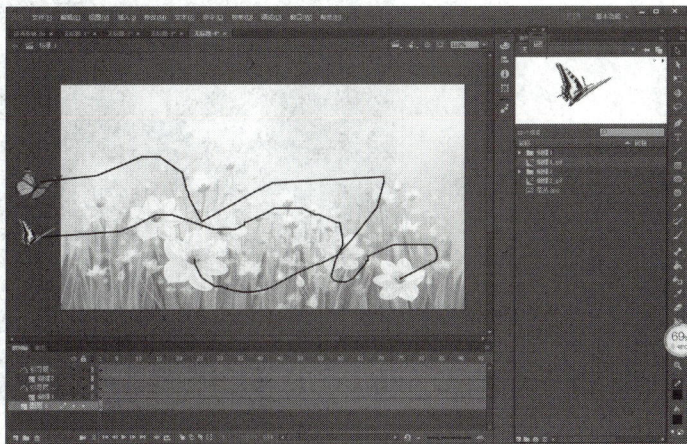

图1-5-14 引导层路径(2)

（12）完成引导动画，按［Ctrl］＋［Enter］键观看动画效果。

七、影片的测试、输出与发布

在制作动画时可以测试作品是否达到预期的效果，以便及时对作品进行优化，以保证最好的网络播放效果。制作完成的动画作品，可以对其进行输出或发布，制作成脱离 Animate 环境的其他文件格式。

1. 测试

执行"控制"→"测试"命令，或按［Ctrl］＋［Enter］组合键，即可进入影片测试窗口。

2. 输出与发布

（1）输出影片

如果要在网页、应用程序、多媒体中编辑动画作品，可以将它们导出成通用的文件格式，如 GIF、JPEG、PNG、GIF 或 SWF。执行"文件"→"导出"命令，弹出的下拉菜单如图 1-5-15 所示。其中，"导出图像"和"导出图像（旧版）"命令可以将当前帧或所选帧导出为图像；"导出影片"命令可以将制作好的动画导出为 SWF 格式；"导出视频"命令可以将动画导出为视频，"导出"动画命令可以将动画导出为 GIF 动画。

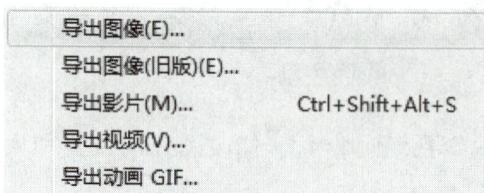

图 1-5-15 "导出"下拉菜单

（2）发布影片

执行"文件"→"发布"命令，可以在 Animate 文件所在的文件夹中生成与 Animate 同名的 SWF 文件和 HTML 文件。如果要设置同时输出多种格式的动画作品，执行"文件"→"发布设置"命令，弹出"发布设置"对话框，如图 1-5-16 所示，选中对应的复选框即可。

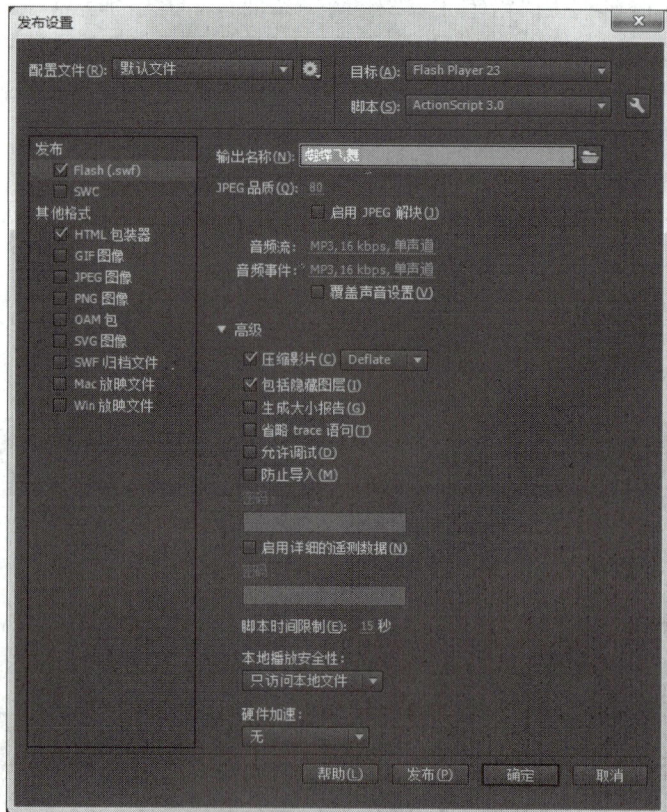

图 1-5-16 "发布设置"对话框

项目二 PPT演示型课件制作

演示型课件是指教师根据教学目标的要求，合理的将教学内容按照一定的组织结构制作而成的课件。演示型课件制作的核心是制作合成。其主要任务是根据脚本的要求和意图，设计教学过程，将各种多媒体素材编辑合成，制作成交互性强、操作灵活、视听效果好的课件。这是技术性很强的工作。

PowerPoint 2010是Microsoft公司推出的一款功能强大的专业幻灯片编辑制作软件，简单易学，为教师制作课件提供了方便。本项目以PowerPoint 2010软件为基础，通过具体任务实例学习演示型多媒体课件的制作和应用。

任务 2.1 制作"海底世界"课件

任务描述

江泽民总书记曾多次强调："创新是一个民族进步的灵魂,是一个国家兴旺发达的不竭动力。"作为启蒙教育,学前教育更要充分发挥幼儿的创造潜能,重视幼儿创造能力的培养……

幼儿园王老师设计了一节创意美术活动,通过绘本故事《海底世界》鼓励孩子们大胆想象,引导幼儿用手掌在纸上印画,初步了解手掌印画,想象出海底世界的画面。为了活动更顺利,王老师需要制作课件辅助教学,帮助幼儿更直接的观察海底世界小动物的特点,进而探索怎样用小手变出更多的小动物来,让幼儿在活动中充分发挥想象力,体验创造的自豪感和快乐。

任务实施

一、新建演示文稿

启动 Microsoft PowerPoint 2010,选择"文件"菜单中"新建"命令,在右侧的任务窗格中选择"空白演示文稿"选项,创建一个演示文稿,如图 2-1-1 所示。

执行"文件"菜单中"保存"命令,选择保存位置,更改文件名为"海底世界.pptx",单击【保存】,如图 2-1-2 所示。

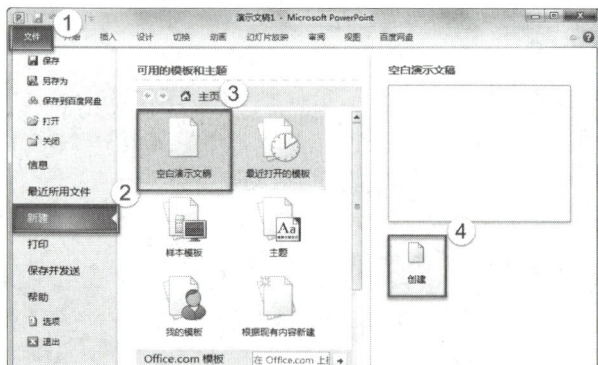

图 2-1-1 创建演示文稿

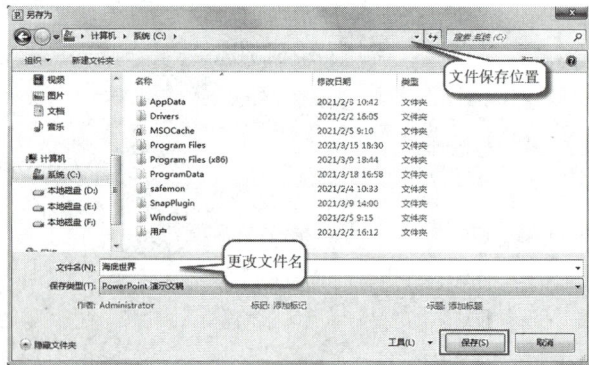

图 2-1-2 保存演示文稿

二、制作第 1 张幻灯片

（1）在第一张幻灯片（默认版式为"幻灯片标题"）的标题占位符处输入"海底世界",并设置适当的字体、字号和颜色（华文宋体,72 号,加粗,黑色）,如图 2-1-3 所示。

（2）选择"设计"选项卡,单击背景样式按钮 背景样式,选择"设置背景格式"选项（也可以右击幻灯片空白处,在弹出的快捷菜单中选择"设置背景格式"）,打开"设置背景格式"对话框,如图 2-1-4 所示。

（3）在"设置背景格式"对话框中选择"图片或纹理填充"选项,如图 2-1-5 所示,然后单击【文件】按钮,按路径找到本书配套素材"海底世界"文件夹中的背景图片"封面.jpg"。单击【插入】按钮设置幻灯片背景,最后单击【关闭】按钮。

视频 2.1-1
"海底世界"
第1张幻灯
片制作

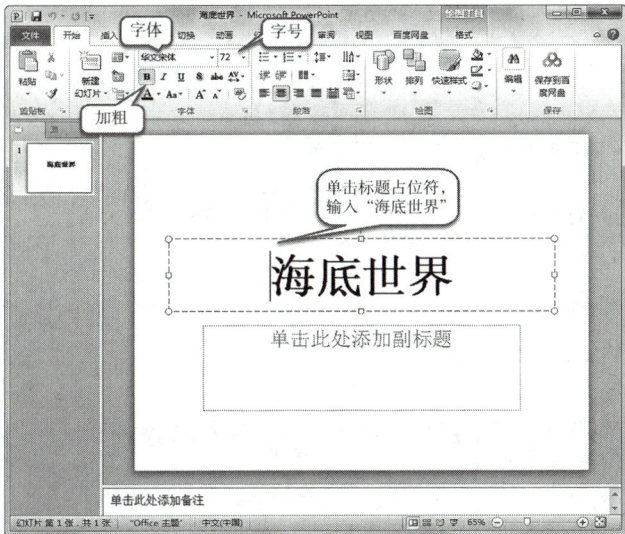

图 2-1-3 设置标题

图 2-1-4 设置背景格式

（4）依据背景图片调整标题位置，副标题占位符可以空着，播放幻灯片时不会显示，也可以选中删除。第一张幻灯片效果如图 2-1-6 所示。

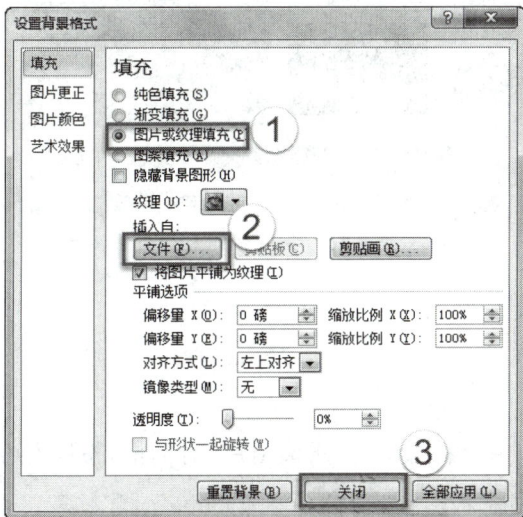

图 2-1-5 插入背景图片

图 2-1-6 第 1 张幻灯片效果图

三、制作第 2 张幻灯片

（1）在"开始"选项卡中，单击"幻灯片"选项组中的【新建幻灯片】按钮，在下拉列表中选择"空白"样式，新建第二张幻灯片，如图 2-1-7 所示。

（2）在"插入"选项卡中，单击"媒体"选项组中的视频按钮 🎬，按路径找到本书配套素材"海底世界"文件夹中的视频素材"海底世界-鱼.wmv"，将其插入幻灯片中，调整至合适的大小、位置，如图 2-1-8 所示。第二张幻灯片效果如图 2-1-9 所示。

视频 2.1-2
"海底世界"
第 2 张幻
灯片制作

图 2-1-7 新建第 2 张幻灯片

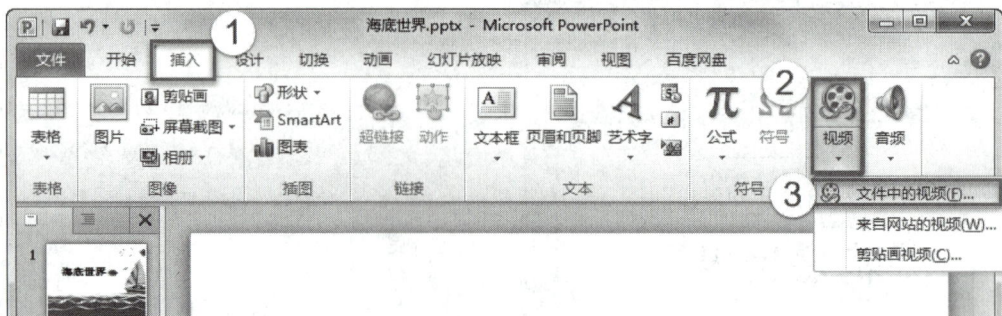

图 2-1-8　插入视频

图 2-1-9　第 2 张幻灯片效果图

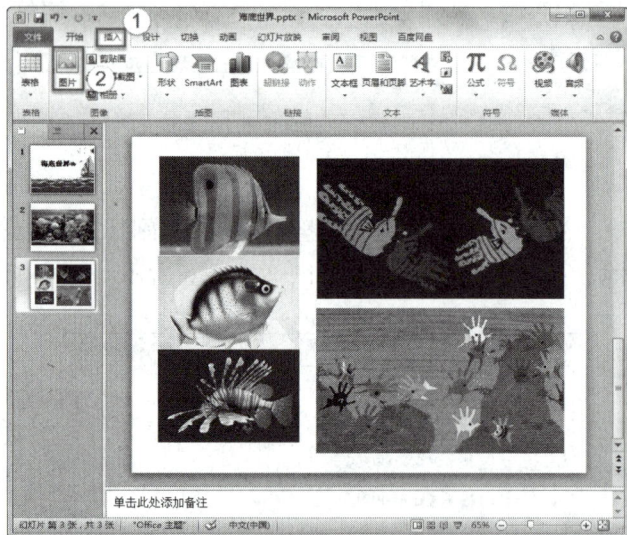

图 2-1-10　第 3 张幻灯片效果图

四、制作第 3 张幻灯片

（1）同样方式新建第 3 张幻灯片(空白版式)。

（2）在"插入"选项卡中，单击"图像"选项组中的图片按钮，弹出"插入图片"对话框，按路径找到本书配套图片素材"鱼 1-1. jpg"，插入第三张幻灯片中。

（3）同样方式分别插入本书配套图片素材"鱼 1-2. jpg""鱼 1-3. jpg""手掌鱼 1. png""手掌鱼 2. png"，并将其调整至合适的大小、位置。效果如图 2-1-10 所示。

视频 2.1-3 "海底世界"第 3 张幻灯片制作

图 2-1-11　第 4 张幻灯片效果图

五、制作第 4~6 张幻灯片

（1）新建第 4 张幻灯片(空白版式)。

（2）插入本书配套图片素材图片"乌龟 1. jpg""乌龟 2. jpg""手掌乌龟. png"，并调整至合适的大小、位置，如图 2-1-11 所示。

（3）新建第 5 张幻灯片(空白版式)，插入视频"海底世界-螃蟹. wmv"。

（4）新建第6张幻灯片（空白版式），插入视频"海底世界-水母.wmv"。

六、制作第7张幻灯片

（1）新建第7张幻灯片（空白版式），单击右键，在弹出的快捷菜单中选择"设置背景格式"，在"设置背景格式"对话框中，将本书配套图片素材"海底水草.jpg"设置为本张幻灯片背景。

（2）将本书配套图片素材"卡通海马.png""卡通鱼1.png"分别插入至幻灯片，并调整至合适的大小、位置。

（3）在"插入"选项卡中，单击"文本"选项组中的艺术字按钮 A ，打开的下拉列表中选择 A （填充-蓝色，强调文字颜色1，塑料棱台，映像），如图2-1-12所示。此时幻灯片中自动添加一个所选样式的艺术字文本框，输入文本"谢谢观看！"。

视频2.1-4 "海底世界"第7张幻灯片制作

图2-1-12 插入艺术字

图2-1-13 第7张幻灯片效果图

（4）选中添加的艺术字，在"开始"选项卡的"字体"选项组中单击增大字体按钮 A ，将字号调整为72号，也可以直接在"字号"框中输入"72"。将设置好的艺术字移动到合适位置。第7张幻灯片效果如图2-1-13所示。

七、保存演示文稿

单击窗口左上角快速访问工具栏中的保存按钮 ，或者按快捷键[Ctrl]+[S]保存文件。课件最终效果如图2-1-14所示。

图2-1-14 "海底世界"课件效果图

知识链接

一、启动 PowerPoint 2010

启动 PowerPoint 2010 的方法有很多，常用的启动方式有以下几种：

（1）通过"开始"菜单启动

单击任务栏中的开始按钮 ，在弹出的菜单中选择"所有程序"→"Microsoft Office"→"Microsoft

PowerPoint 2010"命令,即可启动 PowerPoint 2010。

(2)通过创建新文档启动

桌面空白处单击鼠标右键,在弹出的快捷菜单中选择"新建"—"Microsoft PowerPoint 2010 演示文稿"命令,创建一个新的演示文稿。双击该演示文稿即可启动 PowerPoint 2010。

(3)通过已有演示文稿文档启动

若电脑中已有由 PowerPoint 2010 创建的演示文稿文档,则直接双击该演示文稿文档,即可启动 PowerPoint 2010 并打开该演示文稿。

(4)通过桌面快捷图标启动

若在桌面上新建了 PowerPoint 2010 快捷图标,双击 [P] 图标即可快速启动 PowerPoint 2010。

如果经常使用 PowerPoint 2010,将会在任务栏的快速启动区中产生启动选项,单击该选项即可启动 PowerPoint 2010。

二、PowerPoint 2010 的工作界面

启动 PowerPoint 2010 后可看到其工作界面,主要包括标题栏、快速访问工具栏、功能选项卡、功能区、幻灯片编辑区、"幻灯片/大纲"窗格、"备注"窗格、状态栏等部分,如图 2-1-15 所示。

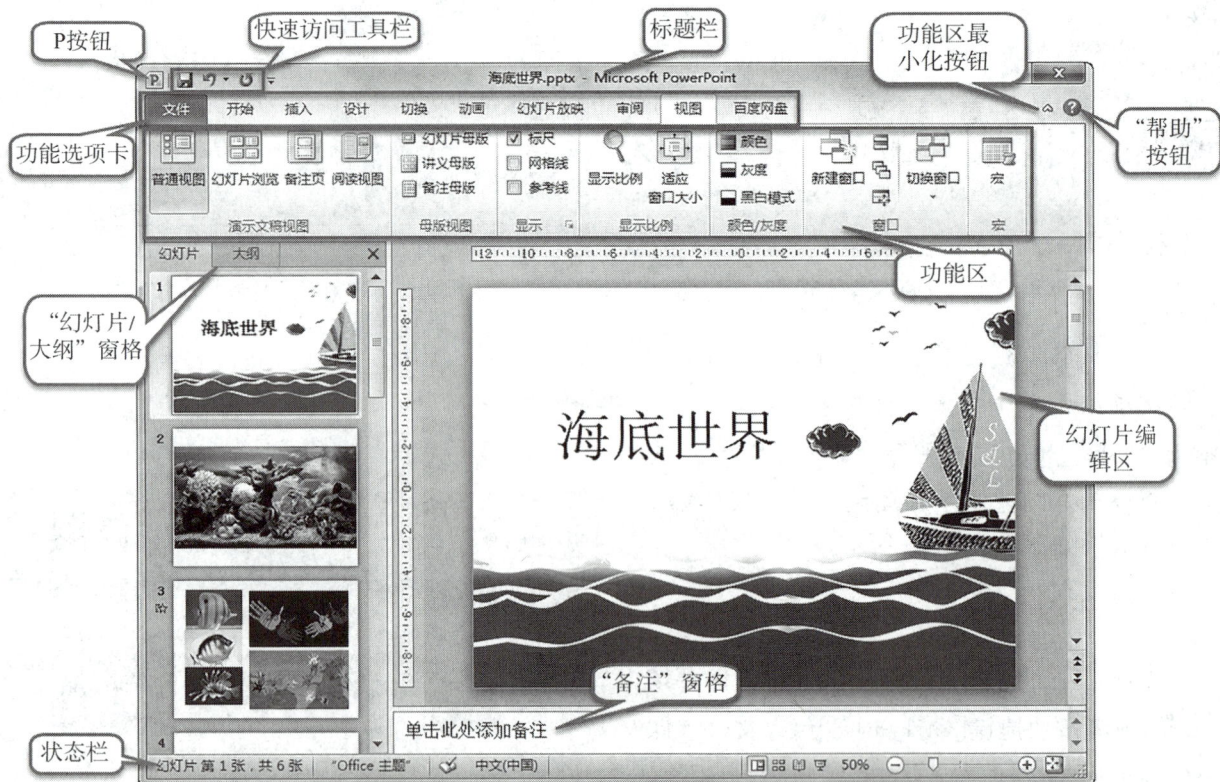

图 2-1-15 PowerPoint 2010 的工作界面

1. 标题栏

位于 PowerPoint 2010 工作界面的最上方,用于显示软件名称与当前演示文档名称,右侧 [三个按钮] 三个按钮分别用于对工作界面窗口执行最小化、最大化/还原、关闭操作。

2. P 按钮 [P]

位于标题栏的最左端,单击该按钮,在打开的下拉列表中可以对当前窗口进行最大化、最小化、移动

和关闭等操作。

3. 快速访问工具栏

位于 [P] 按钮的右侧，包含了最常用的保存按钮 [图]、撤销按钮 [图] 和恢复按钮 [图]，单击对应按钮即可执行相应的操作。如需在快速访问工具栏中添加其他快捷按钮，可单击后面的自定义快速访问工具栏按钮 [图]，在弹出的下拉列表中选择所需选项进行添加。

4. 功能区选项卡和功能区

PowerPoint 2010 将所有常用命令集成到几个功能区中，单击任一个功能区选项卡，就会切换到对应的功能区。每个选项卡均由若干个选项组构成，而各个选项组又由若干个具有相似或相关作用的工具按钮集合而成。

每个选项组的右下角通常都会有一个启动对话框按钮 [图]，用于打开与该组命令相关的对话框，以便用户对要进行的操作进行更进一步的设置。

5. 功能区最小化按钮 [图]

位于功能区选项卡的右端，单击可以隐藏 PowerPoint 2010 工作界面中的功能区，仅显示功能区选项卡。隐藏功能区后，该按钮变为展开功能区按钮 [图]，再次单击可在工作界面中重新显示功能区。

6. 帮助按钮 [图]

位于功能区选项卡最右端，单击该按钮可以打开相应的帮助窗口，在其中可查找到用户需要的帮助信息。如果计算机连接到 Internet，帮助系统还可以连接到 Microsoft Office Online 网站获取更多的帮助内容，以供用户查阅。

7. "幻灯片/大纲"窗格

用于显示演示文稿的幻灯片数量及位置，包括"大纲"和"幻灯片"两个选项卡，通过它可更加方便地掌握整个演示文稿的结构。"幻灯片"窗格中显示了演示文稿中所有幻灯片的缩略图和编号，"大纲"窗格中列出了演示文稿中各张幻灯片中占位符中的文本内容。

8. 幻灯片编辑区

幻灯片编辑区是整个工作界面的核心区域，用于显示和编辑幻灯片。在"幻灯片/大纲"窗格中单击某张幻灯片后，该幻灯片的内容将显示在幻灯片编辑区中。在幻灯片编辑区可输入文字内容、插入图片、表格或设置动画效果等，是使用 PowerPoint 2010 制作演示文稿的操作平台。

单击"视图"选项卡，在视图功能区"显示"组中单击选中 [图] 标尺 标尺复选框（如图 2－1－14 所示），可以在幻灯片编辑区上方和左侧显示标尺，通过标尺可以方便查看调整幻灯片中各对象的对齐情况。

如果当前演示文稿中有多张幻灯片，其右侧将出现一个滚动条（如图 2－1－16 所示），单击 [图] 或 [图] 按钮，可以切换到上一张幻灯片，单击 [图] 或 [图] 按钮，可切换到下一张幻灯片。

9. 占位符

在未添加对象的幻灯片中可以看到"单击此处添加标题""单击此处添加文本"之类的虚线方框，这些方框即为占位符。

10. "备注"窗格

位于幻灯片编辑区下方，可添加幻灯片的说明和注释，以供幻灯片制作者或幻灯片演讲者查阅。

11. 状态栏

位于工作界面最底端，主要用于显示当前演示文稿的编辑状态和显示模式。左侧显示当前演示文稿的模板类型与所含幻灯片总张数、当前幻灯片张数；右侧放有幻灯片视图模式切换快捷按钮

图 2-1-16 幻灯片编辑窗口

![幻灯片视图模式切换按钮] 、幻灯片放映快捷按钮 ![图标] 和调整幻灯片显示比例，如图 2-1-17 所示。

图 2-1-17 状态栏

"幻灯片视图模式切换"快捷按钮包含普通视图按钮 ![图标] 、幻灯片浏览按钮 ![图标] 、阅读视图按钮 ![图标] 三个视图切换按钮。

按钮 ![图标] 是指将全屏放映当前编辑的幻灯片。幻灯片放映模式下可以看到图形、视频、音频、动画效果和幻灯片切换效果等设置在实际演示中的具体效果。按[Esc]键可以关闭幻灯片放映模式。

状态栏右侧的 ![图标] 图标或 ![图标] 、![图标] 按钮，可调整当前幻灯片的显示比例，单击最右侧的使幻灯片适应当前窗口按钮 ![图标] ，可使幻灯片依照当前窗口大小自动调整显示比例，使其在当前窗口中以最大显示比例来显示幻灯片的整体效果。

三、退出 PowerPoint 2010

当幻灯片制作完成或不需要使用该软件编辑演示文稿时，可对软件执行退出操作，退出 PowerPoint 2010 的方法主要有以下几种：

● 通过标题栏：在工作界面的标题栏右侧单击关闭按钮 ![X图标] 。

- 通过菜单命令：在工作界面中选择"文件"菜单中的"退出"命令。
- 通过右键快捷菜单：在工作界面的标题栏上单击鼠标右键，在弹出的快捷菜单中选择"关闭"命令。
- 通过应用程序按钮：在快速访问工具栏中单击 [P] 按钮，在弹出的下拉菜单中选择"关闭"命令。

四、PowerPoint 2010 相关概念

1. 演示文稿

使用 PowerPoint 创建的文档即为演示文稿，简称 PPT。利用演示文稿可以将文本、表格等对象，结合图形、图片、声音、视频、音频和动画等多种元素生动地展示给观众，并可以保存为多种文件格式，通过电脑、投影仪等设备放映出来。

2. 幻灯片

演示文稿中的每一页即为一张幻灯片，一个演示文稿由一张或多张幻灯片组成，同一演示文稿中的各张幻灯片中的内容既相互独立又相互联系。演示文稿和幻灯片之间是包含与被包含的关系。

3. 占位符

占位符是 PowerPoint 中特有的对象，一种带有虚线边缘的框，是幻灯片中编辑各种内容的一种容器，通过它可以输入文本，也可以插入图表、表格和图片、媒体等对象，如图 2-1-18 所示。

4. 幻灯片的版式

组成幻灯片的基本元素都是基于版式的，幻灯片的版式就是文本和图形占位符的组织安排。PowerPoint 2010 提供了 11 种幻灯片版式供用户选择，如图 2-1-19 所示。

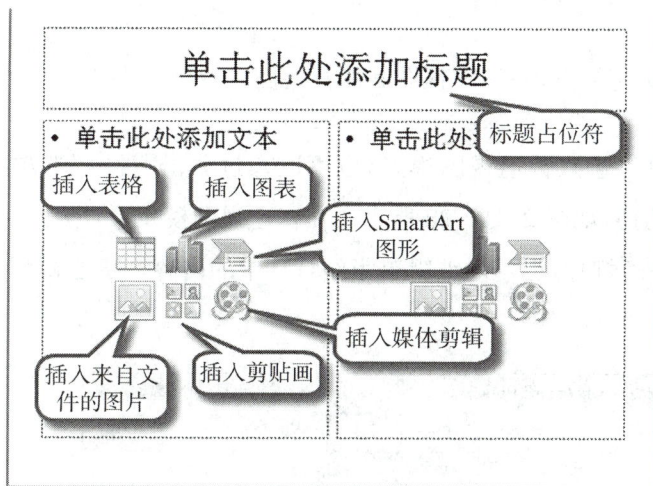

图 2-1-18 占位符

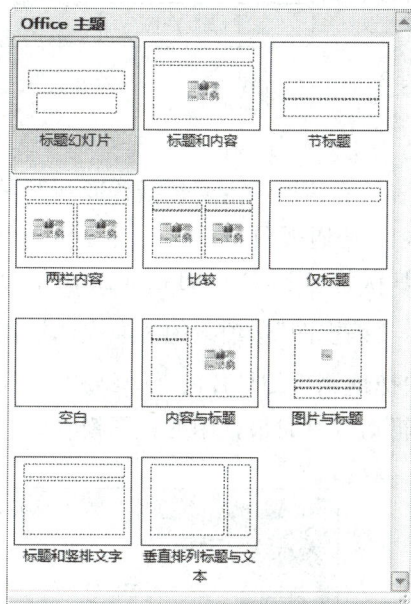

图 2-1-19 幻灯片版式

PowerPoint 2010 默认的第一张幻灯片的版式是"标题幻灯片"，包含两个占位符：标题占位符和副标题占位符。其余幻灯片的默认版式是"标题和内容"，包含标题占位符和内容占位符两个占位符。

五、幻灯片的视图模式

在演示文稿制作的不同阶段，PowerPoint 2010 提供了不同的工作环境，称为视图。PowerPoint 2010 的视图模式主要分为演示文稿视图和母版视图两大分类，这两大分类分别包含了几种不同的视图方式，如图 2-1-20 所示。

PowerPoint 2010 不同视图方式之间的切换方式主要有以下两种,如图 2-1-21 所示:

● 单击右下角的视图切换按钮。

● 切换至"视图"选项卡,然后单击对应的按钮即可。

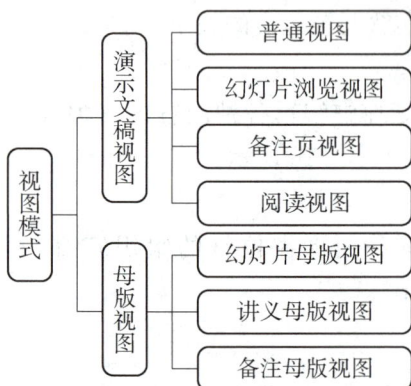

图 2-1-20　视图模式

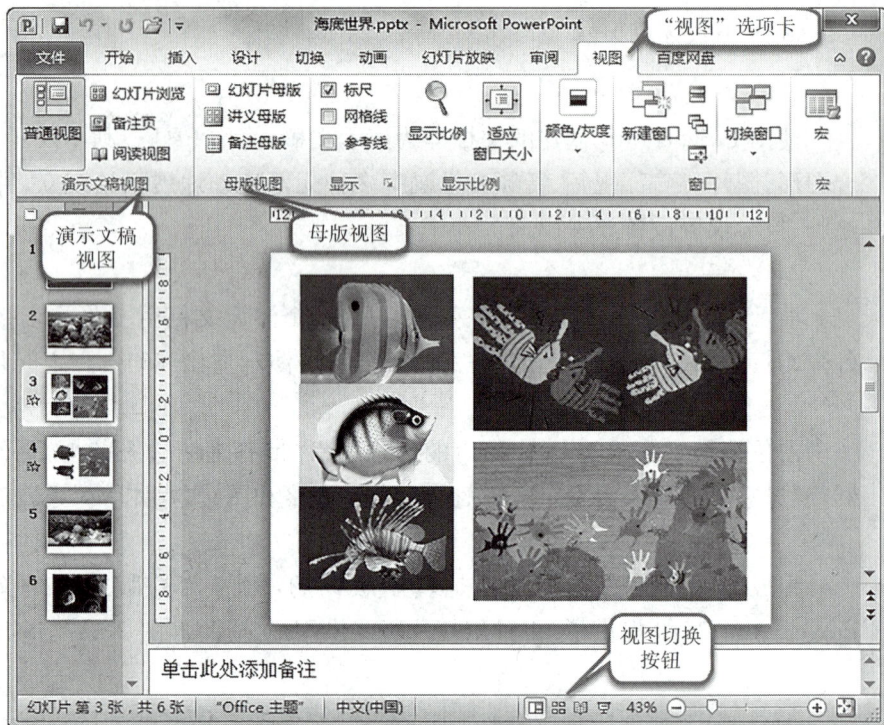

图 2-1-21　视图切换

1. 演示文稿视图

演示文稿视图主要包括普通视图、幻灯片浏览视图、备注页视图和阅读视图 4 种视图方式。

（1）普通视图

默认状态下,PowerPoint 2010 启动后就直接进入普通视图模式,也可以通过单击"视图"选项卡中"演示文稿视图"选项组的普通视图按钮 切换,如图 2-1-22 所示。在普通视图模式下,用户可以方便、快捷地调整幻灯片的总体结构、添加或删除幻灯片,也可以编辑单张幻灯片中的内容。普通视图模式是编辑幻灯片时最常用的视图模式。

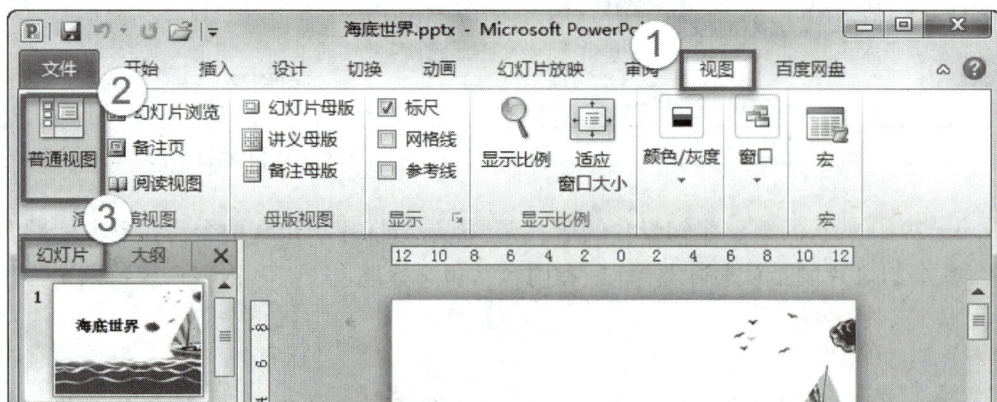

图 2-1-22　普通视图——幻灯片视图

普通视图包括幻灯片视图和大纲视图两种方式,用户可以通过单击左侧"幻灯片/大纲"窗格中的"幻灯片"选项卡和"大纲"选项卡进行切换。如果使用幻灯片视图,则选择"幻灯片"选项卡,这时的幻灯片是以缩略图的形式表示的,如图 2-1-22 所示。

如果用大纲视图,则选择"大纲"选项卡,这时的幻灯片是以图标的形式表示的,如图 2-1-23 所示。

（2）幻灯片浏览视图

在幻灯片浏览视图中,演示文稿中的所有幻灯片以缩略图方式整齐地显示在同一窗口中,每张幻灯片右下角的数字表示该幻灯片的编号。

需要切换到浏览视图模式时,只需在"视图"选项卡中单击"演示文稿视图"选项组的幻灯片浏览按钮 幻灯片浏览 进行切换,如图 2-1-24 所示。

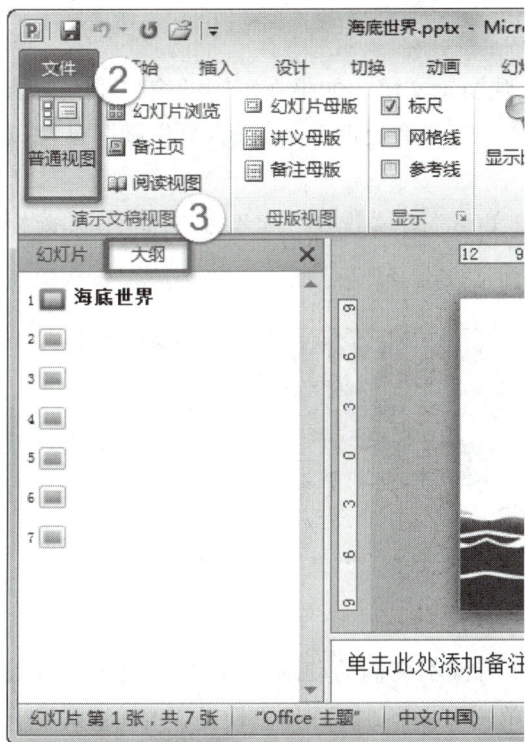

图 2-1-23　普通视图——大纲视图

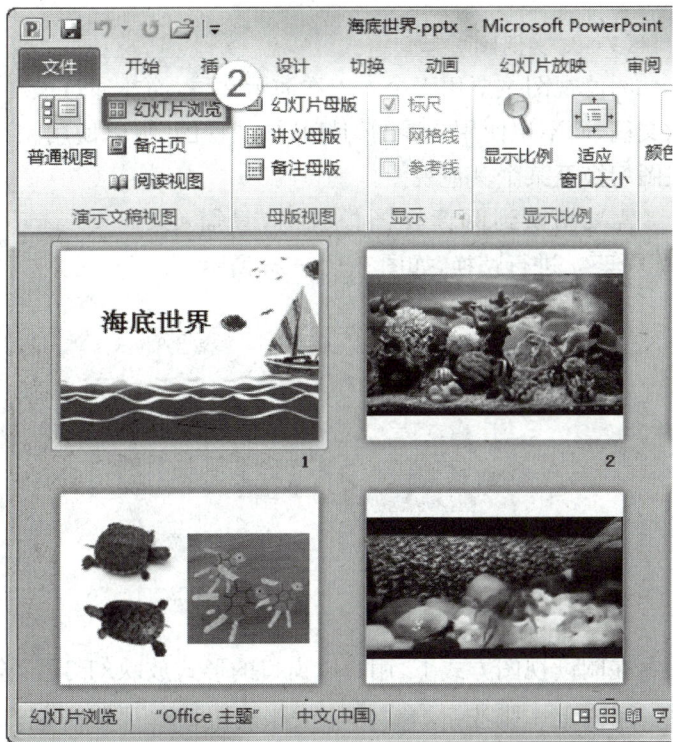

图 2-1-24　幻灯片浏览视图

在幻灯片浏览视图中,用户可以浏览所有幻灯片的整体效果,直观地了解所有幻灯片的情况。可以很容易的看到各幻灯片的背景设计、配色方案,检查幻灯片之间搭配是否协调、相对位置是否合适等问题。幻灯片浏览视图常用于演示文稿的整体编辑,如添加和删除幻灯片、移动幻灯片等,但是不能对某个幻灯片中的内容直接进行编辑和修改。如果要修改幻灯片的内容,可以双击此幻灯片,切换到幻灯片编辑窗口进行编辑。

（3）备注页视图

备注页视图是用来编辑备注页的,备注页分为两个部分:上半部分用于显示幻灯片的内容,其中的内容处于不可编辑状态;窗口的下半部分用于编辑备注信息。用户可以一边观看幻灯片的缩略图,一边在下半部文本预留区内输入幻灯片的备注内容。备注页的备注部分可以有自己的方案,它与演示文稿的配色方案彼此独立,打印演示文稿时可以选择只打印备注页。

需要切换到备注页视图模式时,只需在"视图"选项卡中单击"演示文稿视图"选项组的备注页按钮 备注页 进行切换,如图 2-1-25 所示。

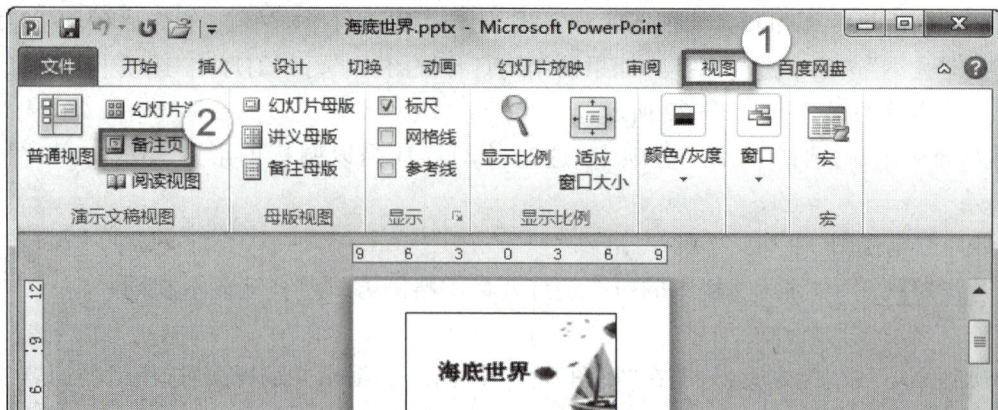

图 2-1-25　备注页视图

（4）阅读视图

阅读视图主要用于个人查看演示文稿，而非通过大屏幕放映演示文稿。如果在审阅的窗口中查看演示文稿，而不想使用全屏的幻灯片放映视图，可以使用阅读视图。如果要更改演示文稿，可以随时从阅读视图切换至某个其他视图。

需要切换到阅读视图模式时，只需在"视图"选项卡中单击"阅读视图"选项组的备注页按钮 备注页 进行切换，如图 2-1-26 所示。

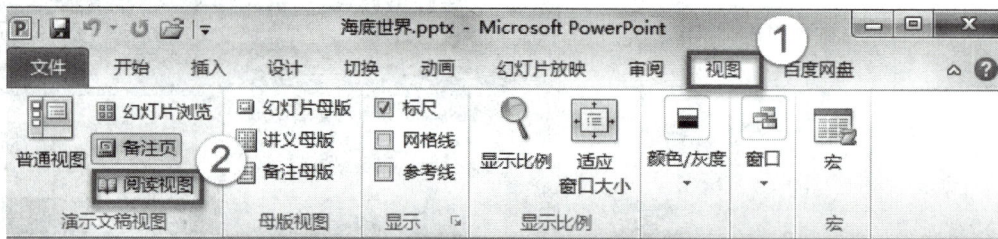

图 2-1-26　阅读视图切换

在阅读视图方式下，用户以窗口的形式放映幻灯片，全面查看演示文稿的动画、声音及切换等放映效果。单击上一张按钮 和下一张按钮 可切换幻灯片；单击菜单按钮，可弹出快捷菜单；如果想退出阅读视图模式，可以按[Esc]键退出，如图 2-1-27 所示。

图 2-1-27　阅读视图

2. 母版视图

幻灯片母版是存储有关应用的设计模板信息的幻灯片，可供用户设定各种标题文字、背景、颜色主题及动画等。

幻灯片母版包含标题样式和文本样式、占位符、背景设计和配色方案。对幻灯片母版进行相关的编辑后,即可快速更改所有套用母版效果的幻灯片的设计,以确保整个幻灯片风格的统一,极大地提高了工作效率。

在 PowerPoint 2010 中母版视图主要包括幻灯片母版视图、讲义母版视图和备注母版视图 3 种视图方式。

（1）幻灯片母版视图

幻灯片母版视图就是显示并编辑幻灯片母版的视图。在幻灯片母版视图中,用户可以制作幻灯片的母板,并为幻灯片定义不同的版式。

（2）讲义母版视图

讲义母版是在母板中显示讲义的位置。在讲义母版视图中可以浏览到当幻灯片制作为讲义稿打印装订时的样式,并可以设置显示幻灯片的张数、页眉和页脚的位置,以及设置幻灯片放置的方向等。

（3）备注母版视图

备注母版是在编辑幻灯片中备注页时使用的视图方式。

六、演示文稿的基本操作

1. 创建演示文稿

演示文稿的创建是 PowerPoint 2010 的基本操作,它展示了演示文稿从无到有的过程。创建演示文稿的方法主要有以下几种:

（1）通过命令新建空白演示文稿

空白演示文稿就相当于一张画布,不包含任何背景图案和内容,用户可以充分利用 PowerPoint 2010 内置的版式、主题、颜色等,创建自己喜欢的、个性化的演示文稿。

用户在启动 PowerPoint 2010 后,系统会自动创建一个空白演示文稿。此外,用户还可以借助"文件"菜单下的"新建"命令来创建演示文稿。操作步骤如下:

① 单击"文件"菜单,选择"新建"命令,在"可用的模板和主题"中单击"空白演示文稿"。

② 在右侧窗格中,单击【创建】按钮即可,如图 2-1-28 所示。

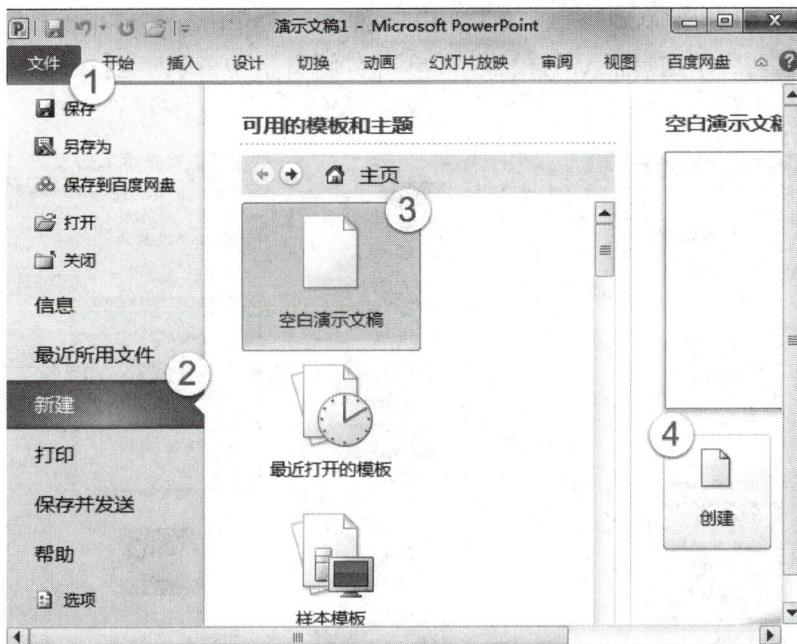

图 2-1-28　通过命令新建空白演示文稿

（2）根据主题创建演示文稿

主题是预先设计好的一组演示文稿样式框架，是主题颜色、主题字体和主题效果三者的组合。使用主题创建演示文稿，可使所创建的演示文稿具有统一的外观，操作步骤如下：

① 单击"文件"菜单，选择"新建"命令，在"可用的模板和主题"中选择"主题"。

② 在显示的主题列表中选择需要的主题，再单击右侧窗格中的【创建】按钮即可，如图 2－1－29 所示。

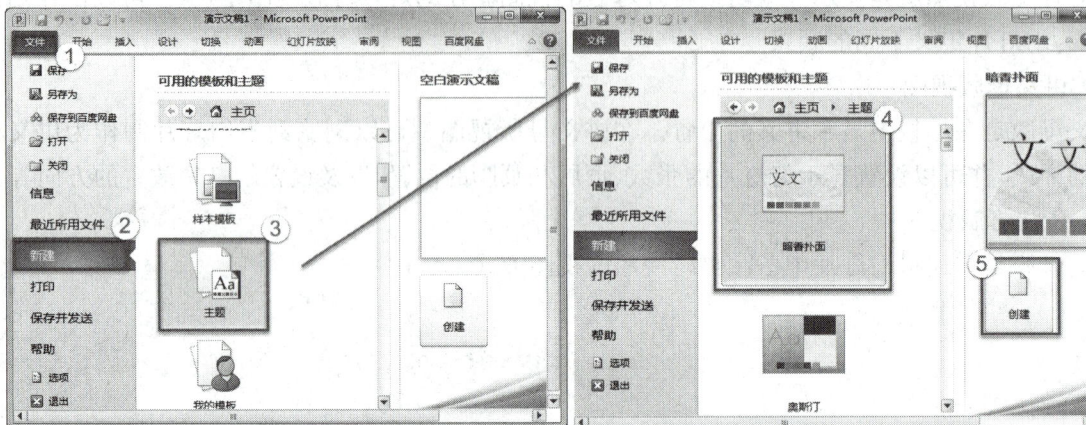

图 2－1－29　根据主题创建演示文稿

（3）根据模板创建演示文稿

模板是一种以特殊格式保存的演示文稿，是预先设计好的演示文稿的样本，包含版式、主题颜色、主题字体、主题效果、背景样式，甚至可以包含内容。利用模板创建演示文稿可使所有幻灯片的主题相同，且保证演示文稿的外观一致。

PowerPoint 2010 为用户提供了一些预设的模板，创建演示文稿时可以根据需要选择内容最接近的模板，然后对模板中提示内容的幻灯片进行修改、补充即可。如果预设的模板不能满足要求，可以从 www.office.com 网站下载。使用模板创建演示文稿的操作步骤如下：

① 单击"文件"菜单，选择"新建"命令，在"可用的模板和主题"中选择"样本模板"。

② 在显示的模板列表中选择需要的模板，再单击右侧窗格中的【创建】按钮即可，如图 2－1－30 所示。

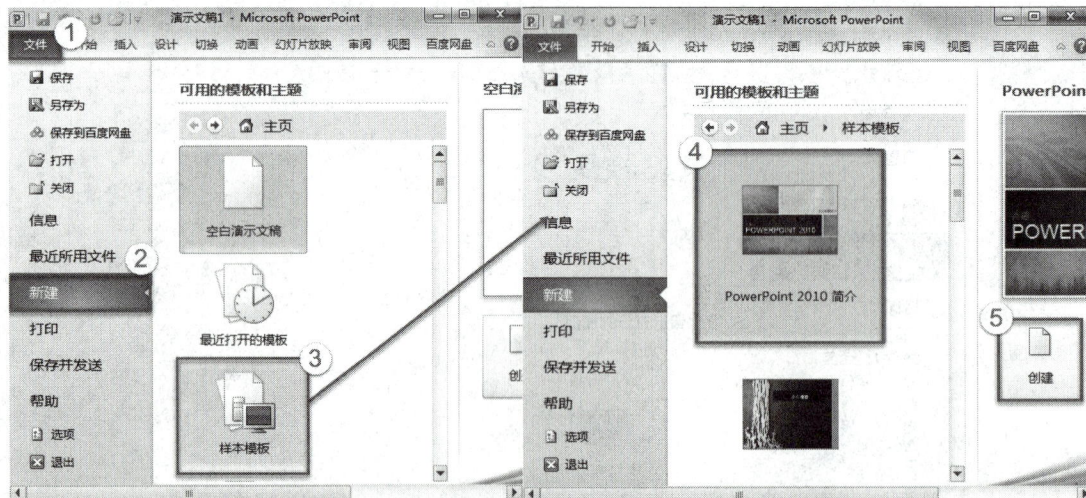

图 2－1－30　根据模板创建演示文稿

（4）根据现有内容新建演示文稿

如果想使用现有演示文稿中的一些内容和风格来设计新的演示文稿，就可以使用"根据现有内容创建"功能来创建演示文稿。

根据现有演示文稿创建就是利用与现有样式或内容相似的演示文稿快速创建新的演示文稿，即在现有演示文稿的基础上，通过对内容或样式的简单修改来完成演示文稿的制作。根据现有演示文稿来创建演示文稿的操作步骤如下：

① 单击"文件"菜单，选择"新建"命令，在"可用的模板和主题"中选择"根据现有内容新建"，弹出"根据现有演示文稿新建"对话框。在"根据现有演示文稿新建"对话框中，选择目标演示文稿，然后再单击【创建】按钮打开目标演示文稿，如图 2-1-31 所示。

② 根据需要对目标演示文稿进行适当的修改，然后将其保存。

2. 打开演示文稿

如果需要编辑已经保存的演示文稿，用户可以通过菜单、快速访问工具栏等方法来打开指定的演示文稿：

● 选中已保存演示文稿文件，直接双击打开。

● 使用"快速访问工具栏"中的打开按钮 📂 打开。可以单击"快速访问工具栏"后的 ▼ 按钮，展开的菜单中选中"打开"，"快速访问工具栏"中就会添加打开按钮快捷方式 📂，如图 2-1-32 所示。

图 2-1-31　根据现有内容新建演示文稿　　　　图 2-1-32　"快速访问工具栏"中的【打开】按钮

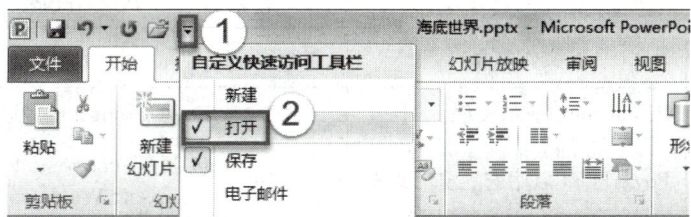

● 使用"文件"菜单下的"打开"命令，在弹出的"打开"对话框中，选择需要打开的演示文档，单击【打开】按钮即可。

若演示文稿最近被使用过，也可以执行"文件"菜单下的"最所用文件"命令，选择需要打开的演示文档，单击【打开】按钮即可。

3. 保存演示文稿

在 PowerPoint 2010 中创建演示文稿时，演示文稿只是临时存放在计算机的内存中，退出 PowerPoint 2010 或者关闭计算机后，演示文稿就会丢失。为了永久性地使用演示文稿，需要将它保存到磁盘中。

（1）保存演示文稿的方法

一般情况下，用户可通过下列两种方法保存演示文稿。

- 通过快速访问工具栏中的保存按钮 进行保存；
- 单击"文件"菜单下的"保存"或"另存为"命令。

在弹出的"另存为"对话框中，设置"保存位置""文件名"和"保存类型"，单击【确定】按钮进行保存。PowerPoint 2010 默认的保存类型为. pptx，如图 2-1-33 所示。

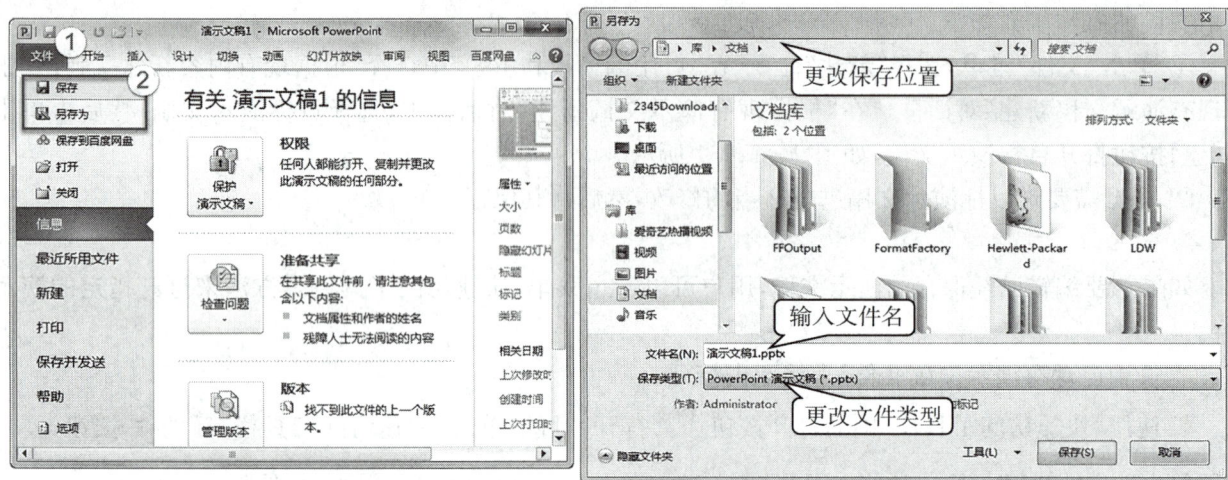

图 2-1-33　保存演示文稿

此外，对已经存在的演示文稿进行保存时，系统不再弹出"另存为"对话框，而是直接保存演示文稿。如果需要对已经存在的演示文稿进行备份，可以单击"文件"菜单，在弹出的下拉菜单中选择"另存为"命令，在打开的"另存为"对话框中重新设置进行保存。

（2）PowerPoint 2010 的保存类型

PowerPoint 2010 默认的保存类型为"PowerPoint 演示文稿"，其扩展名为. pptx，而在实际使用过程中，可以保存为多种文件类型，如表 2-1-1 所示。

表 2-1-1　PowerPoint 2010 的保存类型

文件类型	扩展名	说　明
PowerPoint 演示文稿	. pptx	PowerPoint 2010 演示文稿默认格式
PowerPoint 启用宏的演示文稿	. pptm	包含 Visual Basic for Applications（VBA）的宏语言版本，用于编写基于 Microsoft Windows 的应用程序，内置于多个微软程序中代码的演示文稿
PowerPoint 97-2003 演示文稿	. ppt	可以在早期版本的 PowerPoint（从 97 到 2003）中打开的演示文稿
PDF 文档格式	. pdf	由 Adobe Systems 开发的基于 PostScript 的电子文件格式，该格式保留了文档格式并允许共享文件
XPS 文档格式	. xps	新的 Microsoft 电子纸张格式，用于以文档的最终格式交换文档
PowerPoint 设计模板	. potx	可用于对将来的演示文稿进行格式设置的 PowerPoint 2010 演示文稿模板
PowerPoint 启用宏的设计模板	. potm	包含预先批准的宏的模板，这些宏可以添加到模板中以便在演示文稿中使用
PowerPoint 97-2003 设计模板	. pot	可以在早期版本的 PowerPoint（从 97 到 2003）中打开的模板
Office 主题	. thmx	包含颜色主题、字体主题和效果主题的定义样式表
PowerPoint 放映	. ppsx	PowerPoint 2010 演示文稿默认放映格式

文件类型	扩展名	说　明
PowerPoint 启用宏的放映	.ppsm	包含预先批准的宏的幻灯片放映,可以从幻灯片放映中运行这些宏
PowerPoint 97－2003 放映	.pps	可以在早期版本的 PowerPoint(从 97 到 2003)中打开的幻灯片放映格式
PowerPoint 加载宏	.ppam	用于存储自定义命令、Visual Basic for Applications(VBA)代码和特殊功能的加载宏
PowerPoint 97－2003 加载宏	.ppa	可以在早期版本的 PowerPoint(从 97 到 2003)中打开的加载宏

4. 关闭演示文稿

● 使用按钮:单击文档窗口右上角的【关闭】按钮 ⊠ 关闭。

● 使用图标:双击文档窗口左上角的 PowerPoint 2010 图标 🄿 。

● 使用任务栏:右击任务栏上的文档名称,执行"关闭窗口"命令。

● 使用快捷键:按[Ctrl]＋[F4]组合键,即可关闭当前文档。(按[Alt]＋[F4]组合键,则可退出 PowerPoint 2010 窗口。)

● 使用菜单命令:执行"文件"菜单中的"关闭"命令。"文件"菜单中的"退出"命令可退出 PowerPoint 2010 窗口。

七、幻灯片的基本操作

一个完整的演示文稿是由多张幻灯片组成的。在编辑演示文稿的过程中,用户可以通过新建、选择、删除、移动等操作来调整幻灯片的数量和位置。

1. 选择幻灯片

对幻灯片进行各种操作之前都需要先选择幻灯片,然后才能对其进行编辑,选择幻灯片常用的方法有:

① 选择单张幻灯片:在"幻灯片/大纲"窗格或幻灯片浏览视图中,单击幻灯片缩略图,可选择单张幻灯片。

② 选择多张连续的幻灯片:在"大纲/幻灯片"窗格或"幻灯片浏览"视图中,单击要连续选择的第 1 张幻灯片,按住[Shift]键不放,单击最后一张幻灯片并释放[Shift]键,两张幻灯片之间的所有幻灯片均被选择。

③ 选择多张不连续的幻灯片:在"幻灯片/大纲"窗格或"幻灯片浏览"视图中,单击要选择的第 1 张幻灯片,按住[Ctrl]键不放,并依次单击多张不连续的幻灯片,选择完成后释放[Ctrl]键。

④ 选择全部幻灯片:在"幻灯片/大纲"窗格或"幻灯片浏览"视图中任意选择一张幻灯片,然后按[Ctrl]＋[A]快捷键,即可选择当前演示文稿中所有的幻灯片。

2. 新建幻灯片

新建的空白演示文稿只有一张幻灯片,当演示文稿中的幻灯片数目不满足要求时,可以通过新建幻灯片来增加幻灯片的数量,常见的方法有:

① 通过功能区新建幻灯片:切换至"开始"选项卡,在"幻灯片"选项组中单击新建幻灯片 📋 按钮右侧的下拉按钮,在弹出的下拉列表中选择所需的版式,可在当前幻灯片后面插入一张新幻灯片,如图 2－1－34 所示。

② 通过快捷菜单新建幻灯片:在"幻灯片/大纲"窗格中选择已有的幻灯片,单击鼠标右键,在弹出的快捷菜单中选择"新建幻灯片"命令,如图 2－1－35 所示。

图 2-1-34 通过功能区新建幻灯片

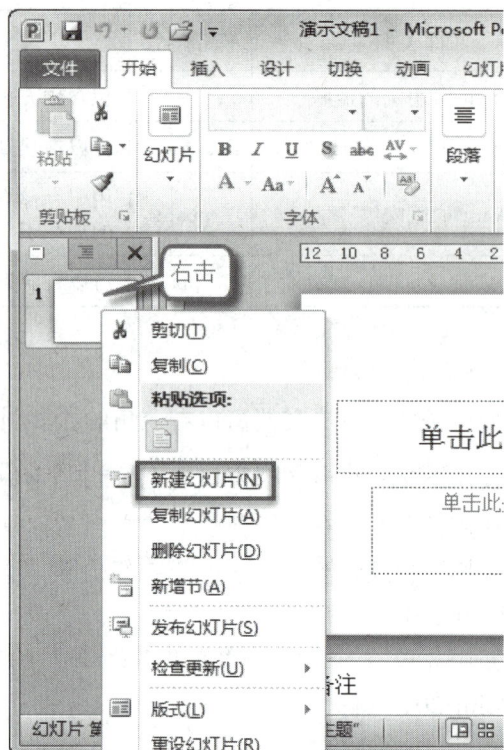

图 2-1-35 通过快捷菜单新建幻灯片

③ 通过快捷键新建幻灯片：在"幻灯片/大纲"窗格中选择已有幻灯片，然后按[Enter]键。

新建幻灯片时，如果选择的是含有内容占位符的版式，就会在内容占位符上出现插入内容类型的选择按钮。单击其中一个按钮，则可在该占位符中添加相应的对象。这种方法适用于文本、表格、图表、SmartArt 图形、图片、剪贴画、视频的插入。

3. 更改幻灯片的版式

如果要更改已有幻灯片的版式，需要先选中幻灯片，然后切换至"开始"选项卡，在"幻灯片"选项组中单击按钮 [版式 ▼] 右侧的下拉按钮，在下拉列表中选择相应的版式即可，如图 2-1-36 所示。

4. 移动幻灯片

在插入或制作幻灯片时，幻灯片的位置决定了整个演示文稿的播放顺序，因此当幻灯片顺序不正确或不符合逻辑时，可移动幻灯片，重新调整幻灯片的位置。

① 通过鼠标移动幻灯片：在"幻灯片/大纲"窗格中，选择需移动的幻灯片，按住鼠标左键不放将其拖动到目标位置，待其出现一条黑色横线时释放鼠标，即可完成幻灯片的移动操作。

② 通过菜单命令移动幻灯片：在"幻灯片/大纲"窗格中，选择已有幻灯片，选择需移动的幻灯片，在其上单击鼠标右键。在弹出的快捷菜单中选择"剪切"命令，将鼠标光标定位到目标位置，单击鼠标右键。在弹出的快捷菜单中选择"粘贴"子菜单中的所需选项，即可完成移动幻灯片的操作，如图 2-1-37 所示。

在进行幻灯片的粘贴时，弹出的快捷菜单中会显示"粘贴选项"栏，通常有 3 个选项。

● 选择"使用目标主题"选项 [图] ，则移动或复制的幻灯片与现有的其他幻灯片在主题风格上保持一致，但格式上会有一些变化。

● 选择"保留源格式"选项 [图] ，则移动或复制的幻灯片可以保留幻灯片的原样，不会自动转换为现有幻灯片的主题。

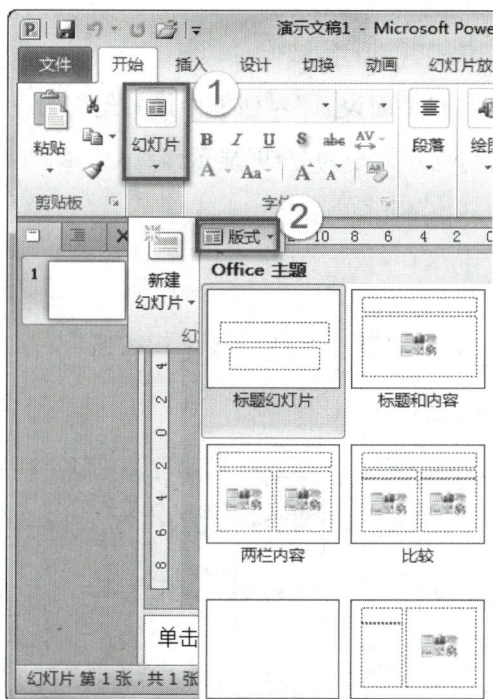

图 2-1-36　更改幻灯片的版式

图 2-1-37　粘贴幻灯片

● 选择"图片"选项 ，则只移动或复制幻灯片中的图片。

5. 复制幻灯片

制作演示文稿的过程中，有时根据需要可以复制已制作完成的幻灯片，然后对复制后的幻灯片进行修改即可。常用的方法有：

① 通过鼠标复制幻灯片：在"幻灯片/大纲"窗格中，选择需复制的幻灯片，按住鼠标左键不放将幻灯片拖动到目标位置，然后再按下[Ctrl]键，鼠标旁将出现黑色的加号，此时释放鼠标即可完成幻灯片的复制操作。

② 通过菜单命令复制幻灯片：在"幻灯片/大纲"窗格中，选择需复制的幻灯片，在其上单击鼠标右键，在弹出的快捷菜单中选择"复制"命令，将鼠标定位到目标位置，单击鼠标右键，在弹出的快捷菜单中选择"粘贴"子菜单中选择相应选项，即可完成复制幻灯片的操作。

6. 删除幻灯片

当演示文稿中的空白幻灯片数量过多或存在不需要的幻灯片时，可将其删除。在"幻灯片/大纲"窗格和"幻灯片浏览"视图中都可对幻灯片进行删除操作。常用的删除幻灯片的方法主要有以下两种：

① 通过鼠标右键：在"幻灯片/大纲"窗格或"幻灯片浏览"视图中，选择需删除的幻灯片，在其上单击鼠标右键，在弹出的快捷菜单中选择"删除幻灯片"命令。

② 通过快捷键：在"幻灯片/大纲"窗格"幻灯片浏览"视图中，选择需删除的幻灯片，按下[Delete]或[Backspace]键。

八、页面设置

用户在制作幻灯片时，往往需要根据幻灯片的内容要求与背景来设置幻灯片的页面大小与方向，以达到主题匹配内容，突出显示重点风格的目的。PowerPoint 2010 为用户提供了全屏显示、信纸、A3 纸张等 12 种大小样式，除此之外用户还可以自定义幻灯片的页面大小。

页面设置主要包括幻灯片大小及方向的设置，可通过选择"设计"选项卡，单击"页面设置"选项组中

的页面设置按钮 ▦ 进行更改,如图 2 - 1 - 38 所示。

1. 设置幻灯片的大小

选择"设计"选项卡,单击页面设置按钮 ▦ ,在弹出的"页面设置"对话框中设置幻灯片的大小、高度、宽度和幻灯片编号起始值。如果不更改设置,默认的幻灯片大小为"全屏显示(4∶3)",幻灯片编号起始值为"1"。

2. 设置幻灯片的方向

设置幻灯片方向的方法有两种:

① 通过幻灯片方向 ▤ 下拉按钮:选择"设计"选项卡中幻灯片方向 ▤ 下拉按钮,设置幻灯片的方向,如图 2 - 1 - 39 所示。

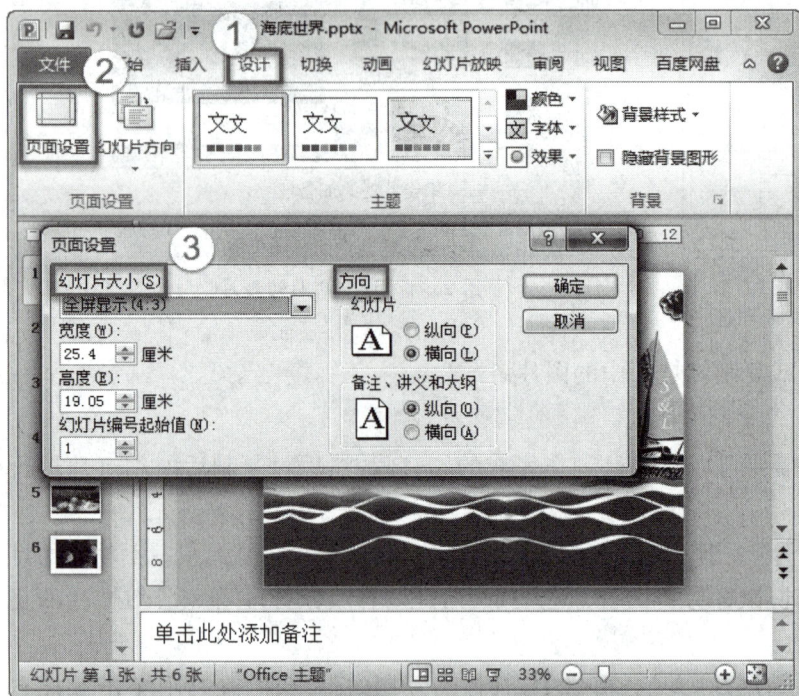

图 2 - 1 - 38　页面设置　　　　　　图 2 - 1 - 39　通过幻灯片方向下拉
　　　　　　　　　　　　　　　　　　　　　　　　　　　按钮设置幻灯片方向

② 通过页面设置按钮:选择"设计"选项卡中页面设置按钮 ▦ ,在弹出的"页面设置"对话框中设置幻灯片的方向。

如果不更改设置,默认的幻灯片方向为"横向",备注、讲义和大纲方向为"纵向"。

九、设置幻灯片背景

在设计演示文稿时,可以通过设置幻灯片的背景来更改幻灯片的背景颜色和背景设计,如添加底纹、图案、纹理或图片等,制作具有观赏性的演示文稿。

1. 打开"设置背景格式"对话框的方法

打开"设置背景格式"对话框通常有两种方法:

(1)通过背景样式下拉按钮设置幻灯片背景

选择要更改幻灯片背景的幻灯片,切换到"设计"选项卡,在"背景"选项组中单击背景样式右侧的下拉按钮,选择下拉列表中的"设置背景格式"选项,打开"设置背景格式"对话框,选择不同的填充选项进行设置,如图 2 - 1 - 40 所示。

(2) 通过鼠标右键快捷菜单设置幻灯片背景

也可以直接在要设置背景的幻灯片上(避开幻灯片上所有对象的空白处)单击鼠标右键,在弹出的快捷菜单中选择"设置背景格式"选项,打开"设置背景格式"对话框进行设置,如图 2 - 1 - 41 所示。

图 2 - 1 - 40 通过背景样式下拉按钮设置幻灯片背景

图 2 - 1 - 41 鼠标右键设置幻灯片背景

2. 更改背景样式

PowerPoint 2010 为每一个主题都提供了 12 种样式,选择不同的样式之后,幻灯片的背景也随之改变。更改幻灯片背景样式的操作步骤如下:

● 打开演示文稿,切换到"设计"选项卡。

● 单击"背景"选项组中的背景样式按钮,则显示当前主题的背景样式列表,如图 2 - 1 - 42 所示。

● 选择需要的一种背景样式,则所有幻灯片的背景均采用所选的样式。

● 若只对部分幻灯片更改样式,选择幻灯片后再右击背景样式列表中的某一样式,从弹出的快捷菜单中选择"应用于所选幻灯片"命令,则所选的幻灯片采用该样式。

图 2 - 1 - 42 更改背景样式

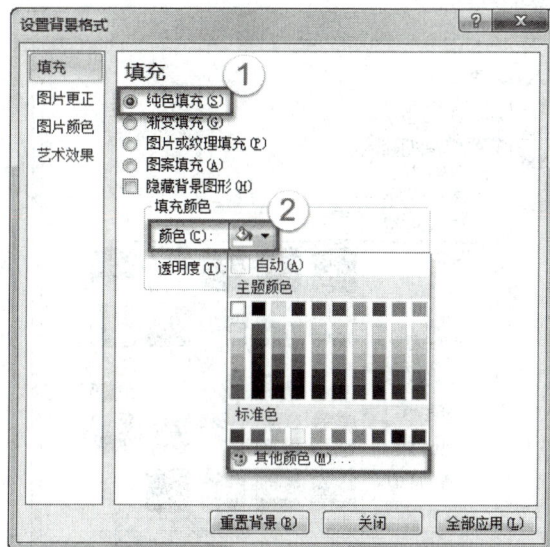

图 2 - 1 - 43 使用纯色填充背景

3. 自定义设置背景格式

如果用户不满意预置的背景样式,可以自定义幻灯片背景。自定义幻灯片背景可以采用四种方式:纯色填充、渐变填充、图案填充以及图片或纹理填充。

(1) 使用纯色填充背景

纯色填充是指采用一种颜色来设置幻灯片的背景,即选择任意一种颜色对幻灯片的背景进行填充,其操作步骤如下:

选中要添加背景色的幻灯片,打开"设置背景格式"对话框,选择"填充"选项卡,再选择"纯色填充"选项,单击"颜色"右侧的下拉按钮,选中所需的颜色。如果要将设置的纯色填充应用到所有的幻灯片中,可单击"全部应用"按钮,否则单击【关闭】按钮,对当前幻灯片完成设置,如图2-1-43所示。

若要更改为不属于主题颜色的颜色,可单击【其他颜色】按钮,然后在"标准"选项卡中单击所需的颜色,或在"自定义"选项卡中混合自己的颜色。如果以后更改文档主题,自定义颜色以及"标准"选项卡中的颜色都不会更新,如图2-1-44所示。

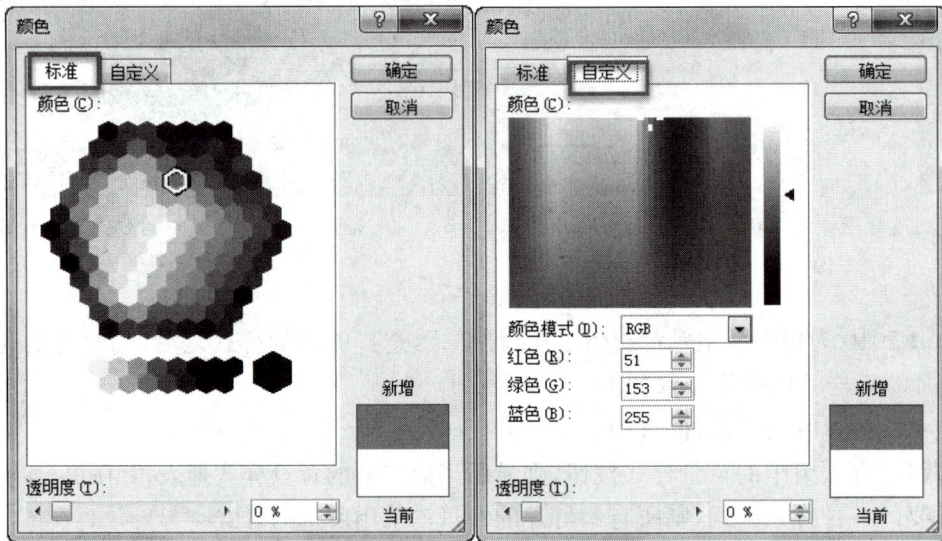

图2-1-44 更改不属于主题颜色的颜色

图2-1-45 使用渐变填充设置背景

(2) 使用渐变色作为背景

渐变填充就是将两种或两种以上的颜色混合在一起,以某种渐变方式从一种颜色过渡到另一种颜色。渐变填充可以使背景样式更加多样化,色彩也更加丰富。但是渐变填充也不要使用过多的颜色,否则会让人有眼花缭乱的感觉。

要设置渐变填充,先打开"设置背景格式"对话框,在"填充"选项卡中选择"渐变填充"选项,然后便可设置渐变填充。设置渐变填充可使用软件预设渐变颜色填充,也可以自定义渐变颜色填充。

① 使用预设渐变颜色填充:单击"预设颜色"选项右侧的下拉按钮,从下拉列表中直接选择内置的渐变效果,如图2-1-45所示。

② 自定义渐变填充:除了直接选择内置的渐变效果以外,也可以自定义渐变,步骤如下:

● 选择渐变类型和方向：在右窗格的"预设颜色"选项下方，"类型"列表中选择渐变类型，在"方向"列表中选择一种渐变发散方向，更改"角度"选项，选择所需的渐变角度。

● 调整渐变光圈个数：光圈是一个特定的点，渐变中的两种相邻颜色的混合在这个点上结束。在"渐变光圈"下显示的渐变光圈个数应与所需的颜色相等。若渐变光圈个数应与所需的颜色不相等，可通过"渐变光圈"下方渐变条右侧的添加渐变光圈按钮 ⬚ 或删除渐变光圈按钮 ⬚ 可添加、删除渐变条上渐变光圈的个数。

● 设置渐变光圈的颜色：选中渐变条上某一个光圈，单击"颜色"选项右侧下拉按钮，在颜色列表中选择所需颜色与该渐变光圈对应，并根据需要设置"亮度"及"透明度"参数。若拖动渐变光圈的位置，则可以调节渐变颜色，如图2-1-46所示。

● 如果要将设置的渐变填充应用到所有的幻灯片中，可单击【全部应用】按钮，否则单击【关闭】按钮，对当前幻灯片完成设置。

（3）使用图案填充作背景

图案填充就是设置一种前景色，再设置一种背景色，然后将两种颜色进行组合，以不同的图案显示出来。若要使用重复的水平线或垂直线、点、虚线或条纹设计作为幻灯片背景的填充，可选择"填充"选项卡中的"图案填充"选项，如图2-1-47所示。

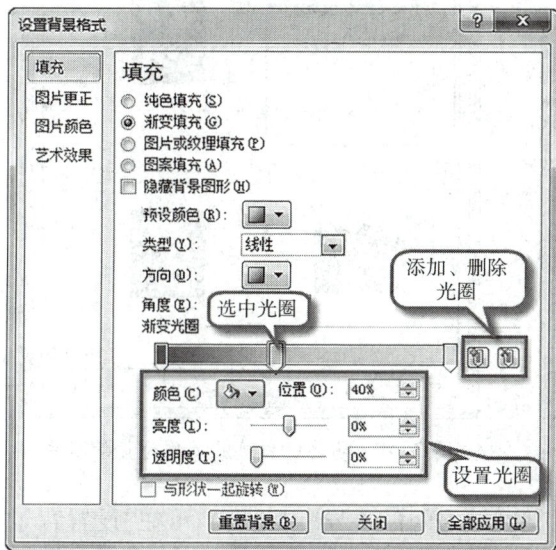

图2-1-46 设置"渐变光圈"

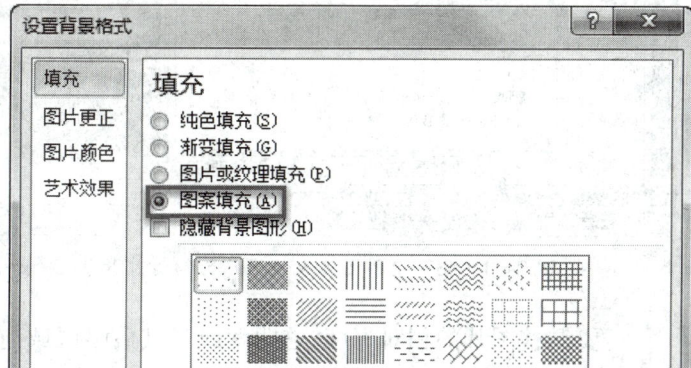

图2-1-47 使用图案填充

设置图案填充的具体步骤如下：

● 在"设置背景格式"对话框中选择"填充"选项卡，单击"图案填充"选项。

● 单击"前景色"选项右侧的下拉按钮，从下拉列表中选择图案的前景颜色；单击"背景色"选项右侧的下拉按钮，选择图案所需的背景颜色。

● 前景色和背景色选择之后，由这两种颜色所组成的图案样式将会显示出来，此时可根据需要选择一种图案样式。

● 如果要将设置的图案填充应用到所有的幻灯片中，可单击【全部应用】按钮，否则单击【关闭】按钮，对当前幻灯片完成设置。

（4）使用图片或纹理作为幻灯片背景

在设置幻灯片背景时，可将图片应用到幻灯片的背景中，也可以使用系统提供的纹理样式进行填充。具体操作步骤如下：

① 单击要为其添加背景图片的幻灯片，用任意一种方法打开"设置背景格式"对话框。如图2-1-48所示。

② 选择"填充"选项卡。

③ 选择"图片或纹理填充"选项。

④ 根据所需选择下列操作之一：

● 使用已保存的图片文件作背景：单击 文件(F)... 按钮，在打开的"插入图片"对话框中找到要插入的图片，双击插入。

● 使用粘贴复制的图片作背景：可先选中所需图片进行复制，然后单击 剪贴板(C) 按钮，则直接设置为背景。注意：如果没有事先对图片进行复制操作，剪贴板按钮会显示为 剪贴板(C) 灰色的不可用状态。

● 使用剪贴画作为背景图片：可单击 剪贴画(R)... 按钮，然后在"搜索文字"框中输入所需剪贴画的描述词，如图2-1-49所示。

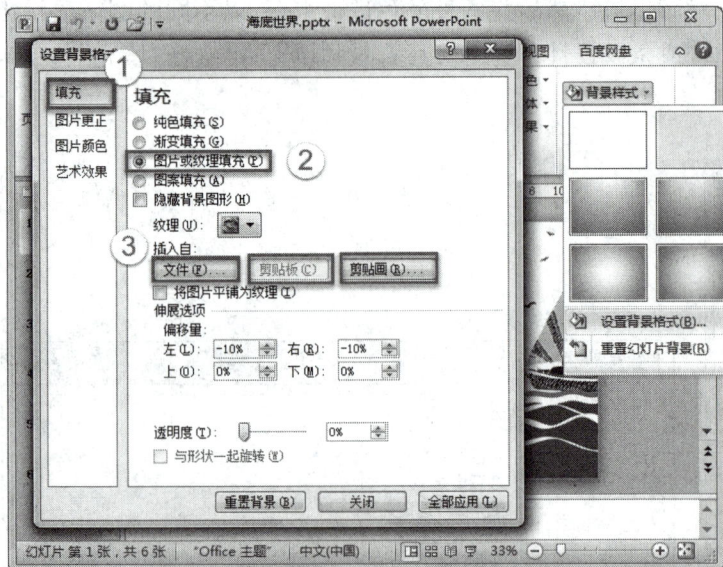

图2-1-48　使用图片或纹理作为幻灯片背景

图2-1-49　使用剪贴画作为背景图片

若要调整图片的相对亮度、透明度或者其最暗区域与最亮区域之间的差异（对比度），可在"设置背景格式"对话框中"填充"选项卡的底部，将"透明度"滑块从左向右滑动。

设置背景图片后，单击"设置背景格式"对话框下方的按钮，即可关闭"设置背景格式"对话框，完成幻灯片背景设置。其中单击 关闭 按钮，设置的背景样式只对选中的幻灯片生效；单击 全部应用(L) 按钮，设置的背景样式将应用于本演示文稿中的所有幻灯片；单击 重置背景(B) 按钮，则所选幻灯片的背景恢复为空白状态。

十、在幻灯片中输入文本

用户制作演示文稿的主要目的在于表达自己的观点，文字是人们表达思想的最基本的工具之一。由于文本内容是幻灯片的基础，所以在幻灯片中输入文本、编辑文本、设置文本格式等操作是制作幻灯片的基础操作，也是增加幻灯片美观度的方法之一。

1. 直接输入文本

PowerPoint 2010中可选择在"幻灯片/大纲"窗格直接输入文本，也可以在幻灯片编辑窗口中使用"占位符"输入文本。

（1）使用"幻灯片/大纲"窗格输入文本

在普通视图界面的左侧"幻灯片/大纲"窗格中单击"大纲"选项卡，然后选择要输入文本的幻灯片，在幻灯片表示后面直接输入文本，文本就会自动添加到幻灯片上，如图 2-1-50 所示。

（2）在幻灯片编辑窗口使用占位符输入文本

在创建空白演示文稿时，系统自动生成一张标题幻灯片。其中有两个虚线框，并出现"单击此处添加标题"和"单击此处添加副标题"的字样。这两个虚线都是文本占位符。

单击占位符，则提示信息消失，并在文本框中出现一个闪烁光标，然后便可输入文本。输入文本时，系统会自动换行，若要分段，可按[Enter]键。输入完成后，单击占位符之外的任意位置，即可完成输入。

若要删除占位符，可移动光标至占位符的边缘，当鼠标形状变成十字箭头时，单击鼠标选中标题占位符，再按[Delete]键，便将标题占位符删除。

2. 设置文本格式

图 2-1-50 利用"幻灯片/大纲"窗格输入文本

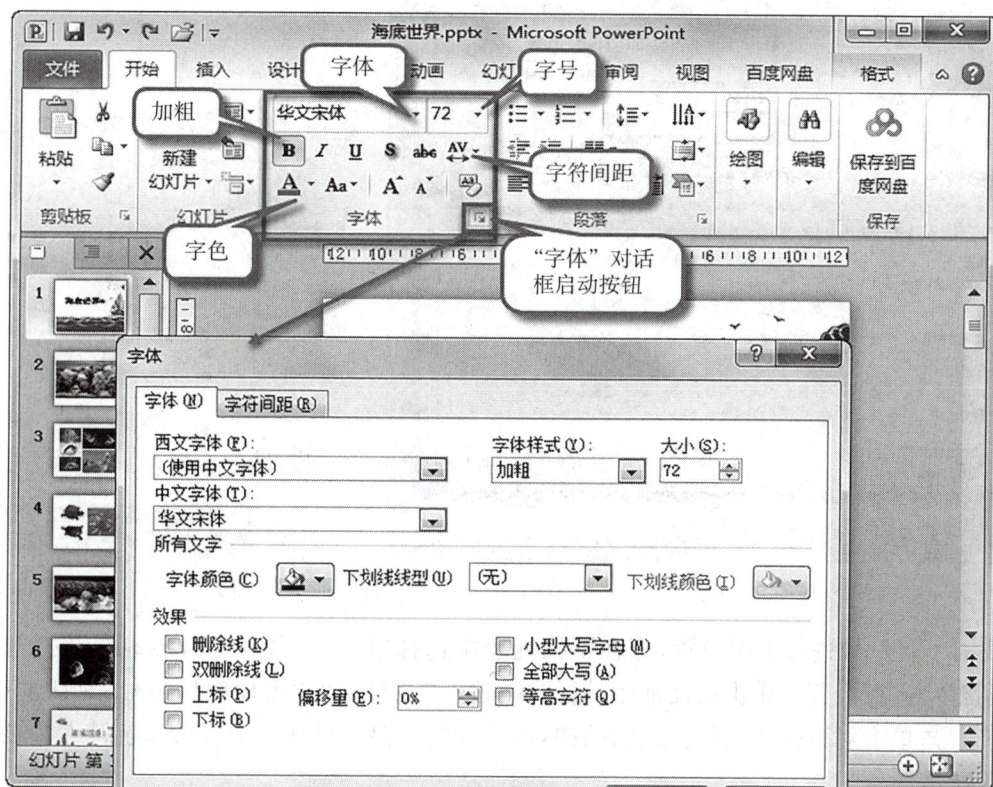

在幻灯片中输入文本内容之后，用户可以设置文本内容的字体格式。格式的设置包括设置字体、字号、对齐方式、颜色等。

（1）设置字体、字号与颜色

① 先选中要设置字体、字号和颜色的文本，切换到"开始"选项卡，在"字体"选项组中单击"字体"列表框右边的下三角按钮，在下拉列表中选择需要的字体；

② 单击"字号"列表框右边的下三角按钮，在下拉菜单中选择需要的字号；单击"主题颜色"右边的下三角按钮，从下拉列表中选择需要的颜色，即可对文本的颜色进行设置，如图 2-1-51 所示。

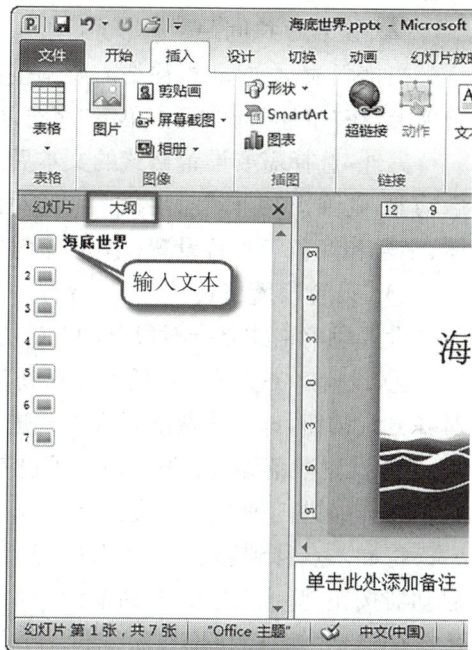

图 2-1-51 字体格式设置

（2）设置字符间距

在排版演示文稿时，往往需要调整标题中字符的间距。选择要调整字符间距的文本，切换到"开始"选项卡，在"字体"选项组中单击"字符间距"按钮，从下拉列表中选择一种合适的字符间距即可。

另外，选择需要设置格式的文本后，单击"开始"选项卡下"字体"选项组右下角的"字体"对话框按钮启动器，则弹出"字体"对话框。在此对话框中，在此对话框中，单击"字体"选项卡，可以对选中文本的字体、字号和颜色等进行设置；单击"字符间距"选项卡，可对字符间距进行精确地设置。

（3）设置段落格式

设置段落格式是指对段落的对齐方式、段间距、缩进方式等进行设置。

① 设置对齐方式：将插入点移到某段落中，切换到"开始"选项卡，在"字体"选项组中单击所需要的对齐方式按钮，即对段落的对齐方式进行相应的设置，如图2-1-52所示。

② 设置段落缩进：设置段落缩进是指段落与文本区域内部边界的距离。系统提供了左缩进、首行缩进和悬挂缩进三种缩进方式。

将插入点移到段落中，或选择若干段落，单击"开始"选项卡下"段落"选项组右下角的"段落"对话框启动器按钮，弹出"段落"对话框。

切换到"缩进和间距"选项卡，在"文本之前"微调框中设置左缩进，在"特殊格式"下拉列表框中选择"首行缩进"或"悬挂缩进"，并在"度量值"框中设置缩进量。设置完成后，单击【确定】按钮。

3. 添加项目符号和编号

（1）添加项目符号

若要添加项目符号，可按如下步骤进行操作：

① 插入点置于段落中，或选中需要添加项目符号的段落。

② 单击"开始"选项卡，在"段落"选项组中单击项目符号按钮右边的下三角按钮，从下拉列表中选择一种项目符号即可，如图2-1-53所示。

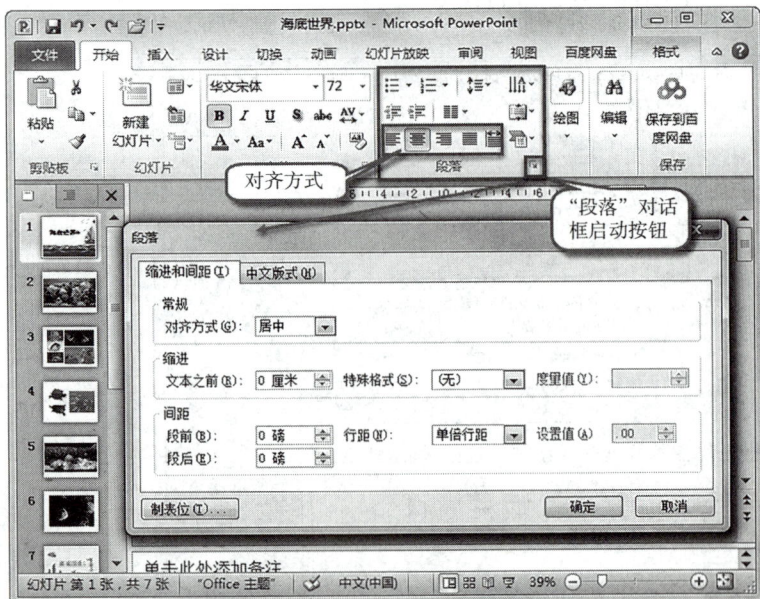

图2-1-52　段落设置

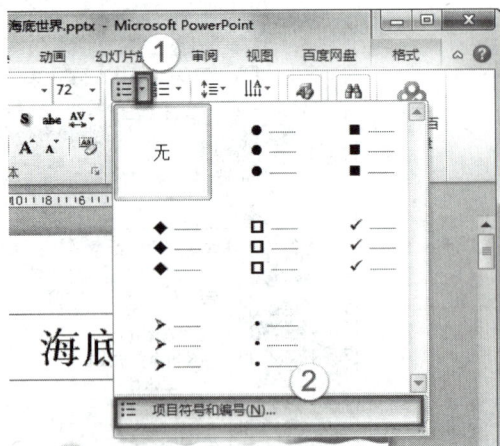

图2-1-53　添加项目符号

③ 如要对项目符号进行更多设置，可在下拉列表中选择"项目符号和编号"选项，在打开"项目符号和编号"对话框中进行设置。单击对话框中的【图片】按钮，在打开的"图片项目符号"对话框中可选择图片作为项目符号；单击对话框中的【自定义】按钮，在打开的"符号"对话框中可选择字符作为项目符号，如图2-1-54所示。

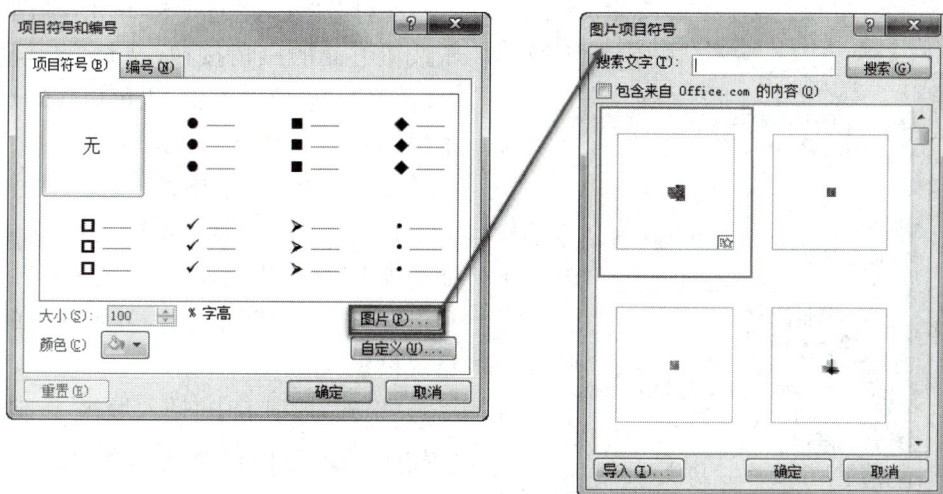

图 2 - 1 - 54　设置图片项目符号

（2）添加编号

在编辑演示文稿过程中，可为一些段落添加编号，操作步骤如下：

① 插入点置于段落中，或选中需要添加编号的段落。

② 单击"开始"选项卡，在"段落"选项组中单击编号按钮 ▓▓ 右边的下三角按钮，从弹出的下拉列表中选中一种的编号即可。

③ 若选择"项目符号和编号"选项，则打开"项目符号和编号"对话框，在此对话框"编号"选项卡下，可选择编号并可对编号"大小"及"颜色"等进行设置，设置完成后单击【确定】按钮。

4. 使用文本框输入文本

（1）插入文本框

如果用户选择了"空白"版式，或要在幻灯片"占位符"以外的位置添加文本，可以使用文本框输入文本。操作步骤如下：

① 打开"插入"选项卡，单击"文本"选项组中文本框按钮 🅰 下面的三角按钮，在下拉列表中选择"横排文本框"或"横排文本框"，此时鼠标指针星十字形，如图 2 - 1 - 55 所示。

图 2 - 1 - 55　插入文本框

② 然后将光标定位于幻灯片中要插入文本框的位置，单击鼠标左键并拖动到合适的大小后松开鼠标即可。这时，文本框中将出现一个闪烁光标，表明可在文本框中输入文本。

插入文本框时，其默认的高度仅能容纳一行或一列文本，当输入的文本超过一行的宽度或一列高度时，会自动换行。

图 2-1-56　通过插入"形状"来插入文本框

在打开"插入"选项卡,单击"插图"选项组中形状按钮下面的三角按钮,选择"基本形状"组中的"文本框"、"垂直文本框"也可以在幻灯片中绘制文本框,如图 2-1-56 所示。

（2）设置文本框格式

在幻灯片上绘制文本框之后,选中文本框,"功能选项卡"区会出现一个"绘图工具"下的"格式"选项卡,打开"格式"选项卡,可对选中的文本框进行格式设置。

"格式"选项卡中"插入形状"选项组中,编辑形状按钮 可以更改文本框的形状,将其转换为任意多边形,或编辑环绕点,以确定文字环绕绘图的方式。

"形状样式"选项组中的形状填充按钮 可设置文本框内填充色;形状轮廓按钮 可设置文本框的边框颜色、粗细、样式;形状效果按钮 可为文本框设置阴影、映像、发光、棱台、三维旋转、转换外观效果。

"艺术字样式"选项组中的形状填充按钮 可设置文本框内文字的填充色;形状轮廓按钮 可设置文本框中文字的颜色、粗细、样式;形状效果按钮 可为文字设置阴影、映像、发光、棱台、三维旋转、转换外观效果,如图 2-1-57 所示。

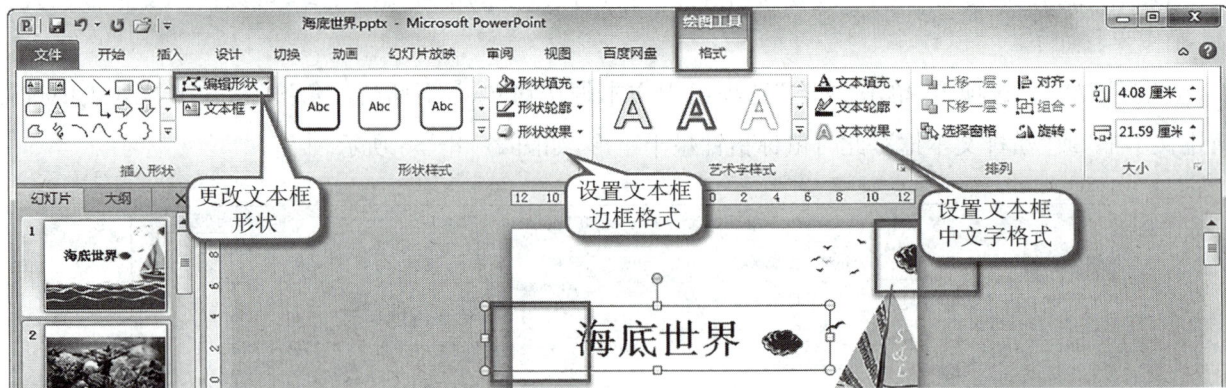

图 2-1-57　设置文本框格式

5. 艺术字

艺术字是经过艺术加工的汉字变形字体,不仅美观、醒目,而且样式新颖,具有很强表现力。在 PowerPoint 2010 中,艺术字是一种包含特殊文本效果的绘图对象,通过旋转、着色、拉伸或调整字间距,可使之达到最佳表现效果。

（1）插入艺术字

在幻灯片中插入艺术字的操作步骤如下:

① 选择要插入艺术字的幻灯片。

② 切换到"插入"选项卡,单击"文本"选项组中的艺术字按钮 ,弹出"艺术字"样式列表,如图 2-

1-58所示。

③ 在"艺术字库"样式列表中,选择一种艺术字样式,则出现艺术字编辑框。在艺术字编辑框中直接输入文本,再根据需要设置字体、字号等。

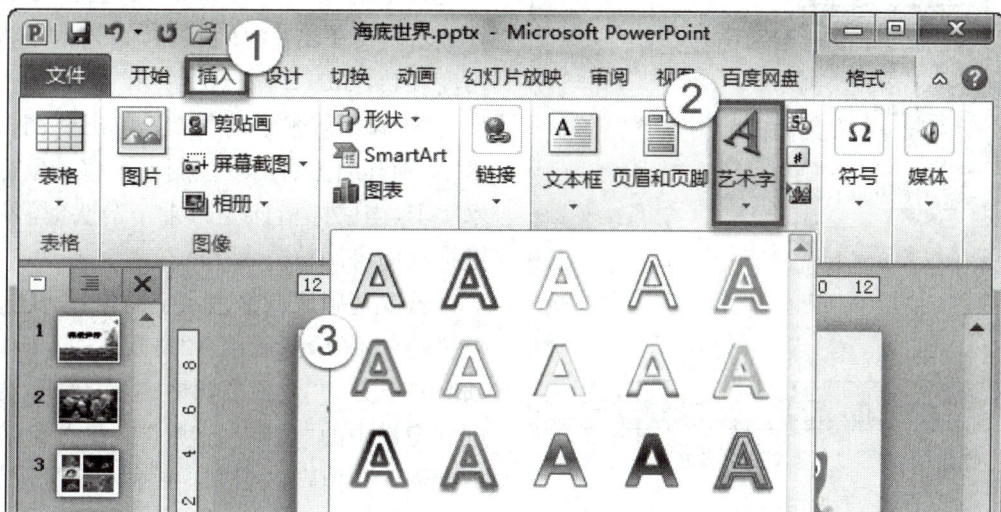

图2-1-58 插入艺术字

（2）编辑艺术字

① 编辑艺术字文本:单击需要编辑的艺术字,直接对艺术字文本进行编辑、修改。

② 旋转艺术字:选择要旋转的艺术字,则其周围将出现绿色控制点,用鼠标拖动艺术字上方的绿色控制点即可随意旋转艺术字,如图2-1-59所示。

若要精确旋转艺术字,首先需要单击要旋转的艺术字,出现"绘图工具"下的"格式"选项卡,再单击"排列"选项组中的旋转按钮 ，弹出下拉列表。在下拉列表中可选择艺术字"向右旋转90°""向左旋转90°""水平旋转"及"垂直旋转",如图2-1-60所示。

图2-1-59 旋转艺术字

图2-1-60 精确旋转艺术字

图 2-1-61　自定义旋转角度

若选择下拉列表中的"其他旋转选项",则打开"设置形状格式"对话框。在对话框的左窗格中选择"大小"选项卡。然后在右窗格的"旋转"框中输入旋转角度(正值表示顺时针旋转,负值表示逆时针旋转),再单击【关闭】按钮,则艺术字将按指定的角度旋转,如图 2-1-61 所示。

③ 调整艺术字的位置:单击要调整位置的艺术字,则其周围将出现控制点。移动鼠标指针到艺术字上,当鼠标指针变为十字箭头时,按下鼠标左键拖动即可调整艺术字的位置。

若要精确地调整艺术字的位置,先选中要调整位置的艺术字,然后单击"格式"选项卡中"大小"选项组右下方的"设置形状格式"对话框,再单击对话框左窗格中的"位置"选项卡。在右窗格的"水平"框中输入数值,在"自"框中输入度量依据(如左上角),在"垂直"框中输入数值,在"自"框中输入度量依据(如左上角)。单击【关闭】按钮后,即可精确调整艺术字在幻灯片中的位置,如图 2-1-62 所示。

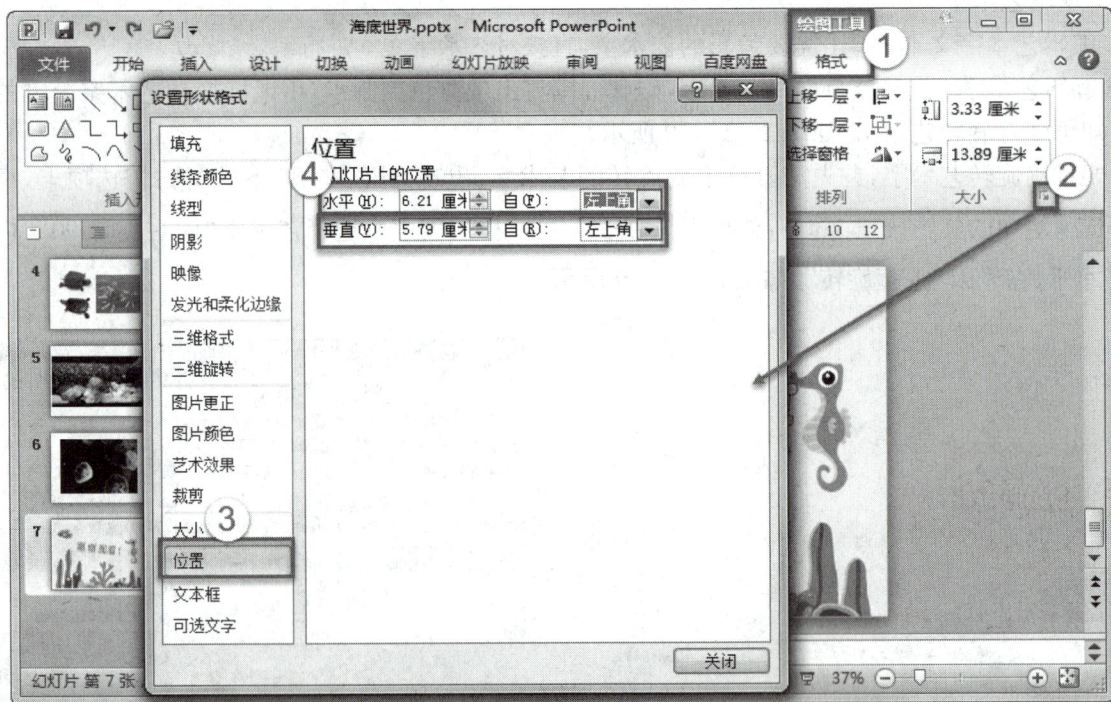

图 2-1-62　精确调整艺术字位置

(3) 修饰艺术字

创建艺术字之后,还可以对艺术字内的填充颜色、艺术字的轮廓线、艺术字文本的外观效果进行修饰处理。

选择要修饰的艺术字,单击"绘图工具"下的"格式"选项卡,然后使用"艺术字样式"选项组中命令修饰艺术字。

① 设置填充颜色:选择要设置填充颜色的艺术字,再单击"艺术字样式"选项组中的文本填充按钮

，打开下拉列表。在下拉列表中选择一种颜色，则使用该颜色填充艺术字。除了使用颜色填充艺术字之外，还可以选择下拉列表中的"图片""渐变"或"纹理"命令对艺术字进行填充。

②设置艺术字轮廓：选择要设置轮廓的艺术字，再单击"艺术字样式"选项组中的文本轮廓 按钮，打开下拉列表，在下拉列表中可设置艺术字轮廓颜色、粗细和线型。

③设置艺术字效果：选择要设置效果的艺术字，单击"艺术字样式"选项组中的文本效果按钮 ，打开下拉列表。在下拉列表中有六个选项，分别为"阴影""映像""发光""棱台""三维旋转"和"转换"。使用这些选项，可以对艺术字的阴影、映像、发光、转换等六个方面进行适当的设置。

如果移动鼠标指针指向"转换"选项，则显示转换列表。选择其中一种转换方式，艺术字将转换为指定的形式。拖动紫色控制点，可以改变转换后的变形幅度。

十一、在幻灯片中添加图像

图像是演示文稿中不可或缺的重要元素，合理添加图像不仅可以为演示文稿增色，还可以起到辅助说明文字的作用。

在 PowerPoint 2010 中，可供插入的图像格式有很多种，无论是位图、矢量图，还是带有动画效果的 GIF 图片都可以插入。用户还可以直接在其中插入系统自带的剪贴画和屏幕截图，还可根据需要将当前屏幕截图插入到幻灯片中。

1. 插入图像

如果需要在幻灯片插入对象，可以切换至"插入"选项卡，然后单击相应的对象按钮即可。此方法适用于幻灯片中所有对象的插入。

（1）插入剪贴画

剪贴画是 PowerPoint 2010 自带的图片类型，包括人物、动植物、运动、商业和科技等种类，用户可以根据自己的需要进行选择。插入剪贴画的操作步骤如下：

①普通视图下，选中要插入图片的幻灯片。

②选择"插入"选项卡，单击"图像"选项组中的剪贴画按钮 ，打开"剪贴画"任务窗格。

③在"搜索文字"框中输入搜索关键字，如"人物"；在"结果类型"框中输入搜索类型，如"插图"；单击【搜索】按钮，即在其下方显示搜索结果，如图 2-1-63 所示。

④在剪贴画任务窗格中单击所需剪贴画，或右击选中的剪贴画上，从弹出的快捷菜单中选择"插入"命令，即可将剪贴画插入到当前幻灯片中。

（2）插入本地图片

为了让幻灯片更具个性化，很多用户在制作幻灯片时，会选择插入本地图片。较之插入系统自带的剪贴画，其灵活度更高，且可以选择更适合幻灯片内容的素材，以提高幻灯片的专业度。

图 2-1-63　插入剪贴画

若要在幻灯片中插入来自文件的图片，可以单击幻灯片中占位符"插入来自文件的图片"图标，或使用功能区的命令进行插入。操作步骤如下：

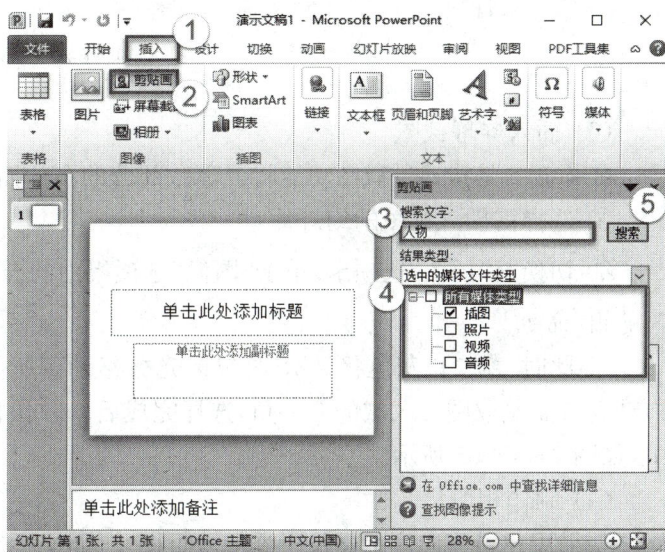

① 在普通视图下，选中要插入图片的幻灯片。

② 选择"插入"选项卡下"图像"选项组中的图片按钮 ，弹出"插入图片"对话框。在对话框中左侧选择存放要插入图片的文件夹，在对话框右侧选择要插入的图片文件，再单击【插入】按钮，即可将图片插入到当前幻灯片中，如图 2-1-64 所示。

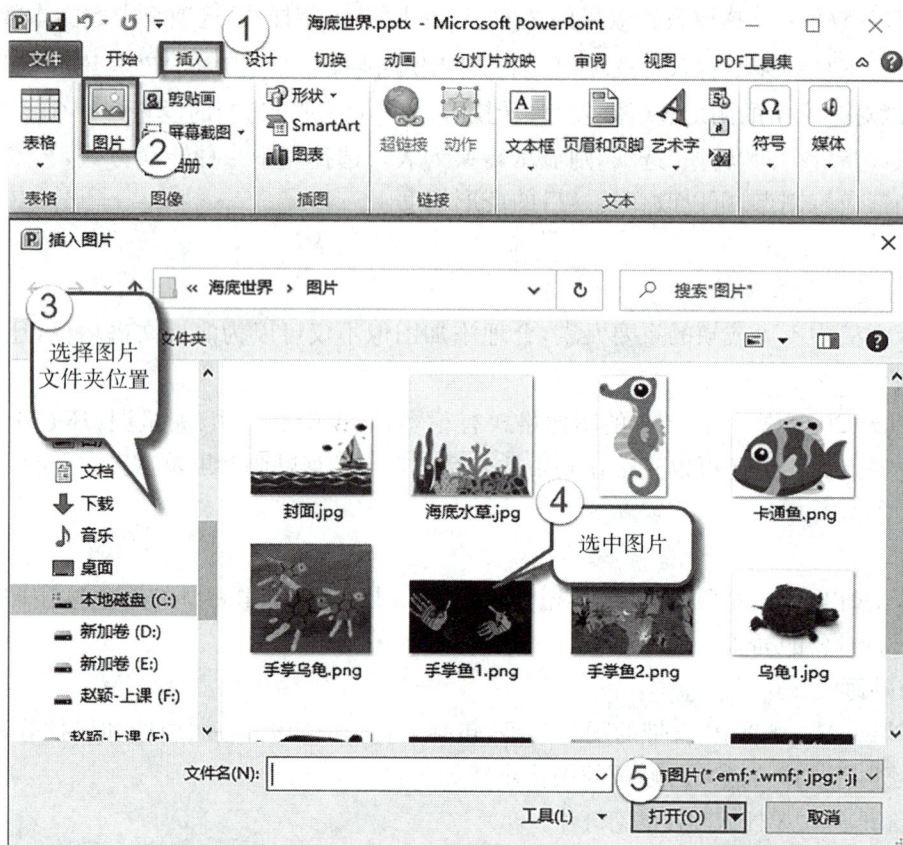

图 2-1-64　插入本地图片

（3）插入屏幕截图

屏幕截图是指通过截图功能将屏幕一部分的图片插入到幻灯片中。插入屏幕截图的步骤如下：

① 选择需插入截图的幻灯片

② 切换至"插入"选项卡，单击"图像"选项组中的屏幕截图按钮 ，在弹出的下拉列表中选择"屏幕剪辑"命令。

③ 此时，窗口以灰色状显示，将鼠标光标移动到所需截取图片的屏幕区域的左上角，按下鼠标左键拖动到所需截取图片区域的右下角，选择完成后释放鼠标，所选图片区域将以图片的形式插入到幻灯片中，如图 2-1-65 所示。

（4）制作相册集

如果用户希望向演示文稿中添加一组图片，而又不想自定义每张图片，则可以使用 PowerPoint 2010 轻松地创建一个作为相册的演示文稿，然后播放。

创建相册的具体步骤如下：

① 切换至"插入"选项卡，单击"图像"选项组中的相册按钮 ，在弹出的下拉列表中选择"新建相册"命令，打开"相册"对话框。

② 单击【文件/磁盘】按钮，弹出"插入新图片"对话框。

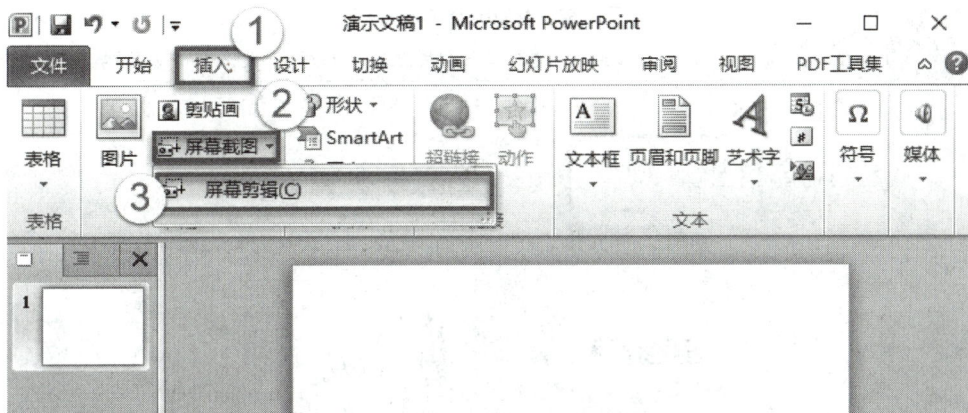

图2-1-65　插入屏幕截图

③ 按路径找到要添加到相册中的图片所在位置,选择所需图片,单击【插入】按钮。如果需要添加的图片不在同一文件夹中,重复该步骤。直到添加完所有图片。可以用上移和下移按钮调整图片顺序,也可以选定一张图片调整其亮度、对比度等属性。还可以设置图片版式、相框形状、主题等,如图2-1-66所示。

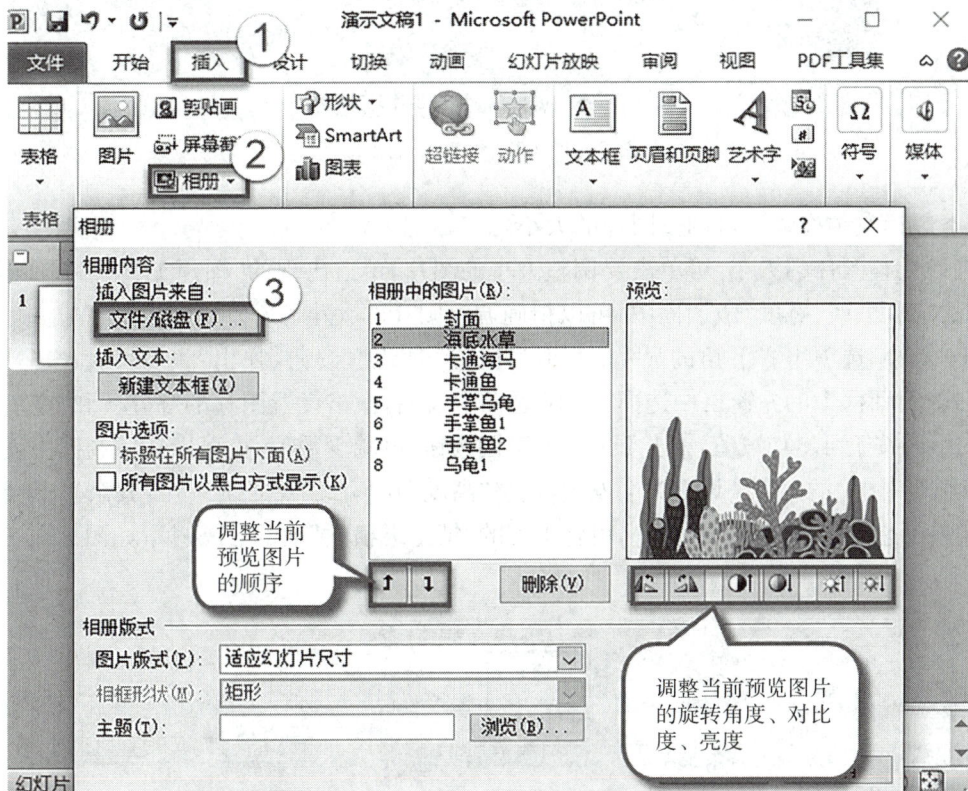

图2-1-66　创建相册

④ 所有设置完成后,单击【创建】按钮即可完成相册的创建,所选全部图片会按顺序批量插入到每张幻灯片上,如图2-1-67所示。

2. 设置图像格式

无论是剪贴画还是图片文件、屏幕截图,插入图像成功后,选中图像,功能区便会添加一个"图片工具"下的"格式"选项卡,利用对应的按钮便可实现对对象格式和外观的更改。

（1）调整图片的大小

单击要调整大小的图片,则其周围将出现八个控制点,移动鼠标指针到控制点上,当鼠标指针变为双

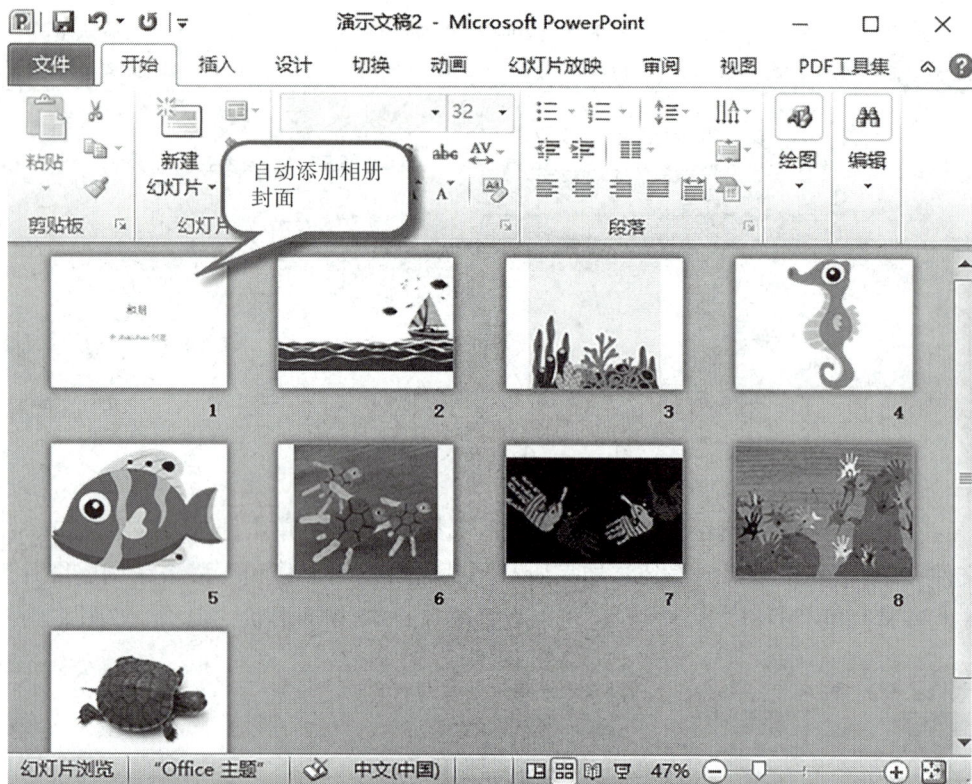

图 2-1-67　相册生成效果

向箭头时,按下鼠标左键拖动即可调整图片的大小。

　　若要精确地调整图片的大小,可单击要调整大小的图片,单击出现的"图片工具-格式"选项卡,在"大小"选项组中的"高度"或"宽度"微调框中,可以精确调整图片的大小。

　　也可单击"大小"选项组右下角的显示"大小和位置"对话框按钮,弹出"设置图片格式"对话框。在"设置图片格式"对话框中的左窗格中选择"大小"选项卡,在右窗格设置图片的"高度"和"宽度"的微调中,单击上三角的微调按钮可增加数值,单击下三角的微调按钮,可减少数值,也可以在微调框中直接输入需要的数值,来精确调整图片的大小。调整时会发现,调整"高度"和"宽度"中任意一个,其余一个会一起按比例自动调整。如果不想按比例调整图片大小,可将下方的"锁定纵横比"前的 ☑ 去掉,如图 2-1-68 所示。

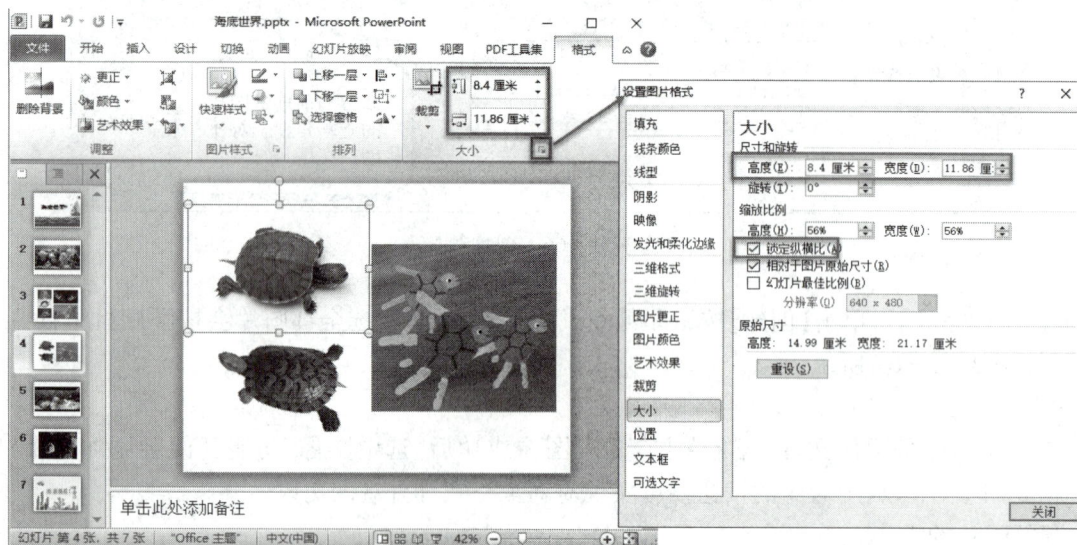

图 2-1-68　精确调整图片大小

（2）旋转图片

单击要旋转的图片，则其周围将出现控制点，用鼠标拖动图片上方的绿色控制点即可随意旋转图片。

若要精确旋转图片，首先单击要旋转的图片，在"图片工具-格式"选项卡的"排列"选项组中，单击旋转按钮 ![icon]，则弹出下拉列表。在下拉列表中可选择图片"向右旋转 90 度""向左旋转 90 度""水平旋转"及"垂直旋转"。

若选择下拉列表中的"其他旋转选项"，则打开"设置图片格式"对话框。在对话框的左窗格中选择"大小"选项卡，然后在右窗格的"旋转"框中输入旋转角度（正值表示顺时针旋转，负值表示逆时针旋转），再单击"关闭"按钮，则图片将按指定的角度旋转。

（3）调整图片的位置

单击要调整位置的图片，则其周围将出现控制点，移动鼠标指针到图片上，当鼠标指针变为十字箭头时，按下鼠标左键拖动即可调整图片的位置。

若要精确地调整图片的位置，可单击要调整位置的图片，然后通过"大小"选项组右下方打开"设置图片格式"对话框按钮，弹出"设置图片格式"对话框。再单击左窗格中的"位置"选项卡，在右窗格输入图片左上角距幻灯片边缘的水平和垂直位置坐标，即可精确调整图片在幻灯片中的位置。

（4）修饰图片

① 用图片样式美化图片：选择图片之后，在"格式"选项卡的"图片样式"选项组中显示图片样式列表，选择一种样式，则使用该样式美化图片。如果"图片样式"选项组中显示的图片样式不能满足要求，可单击图片样式列表右下角的其他按钮 ▼，如图 2-1-69 所示，将弹出 28 种图片样式供用户选择。

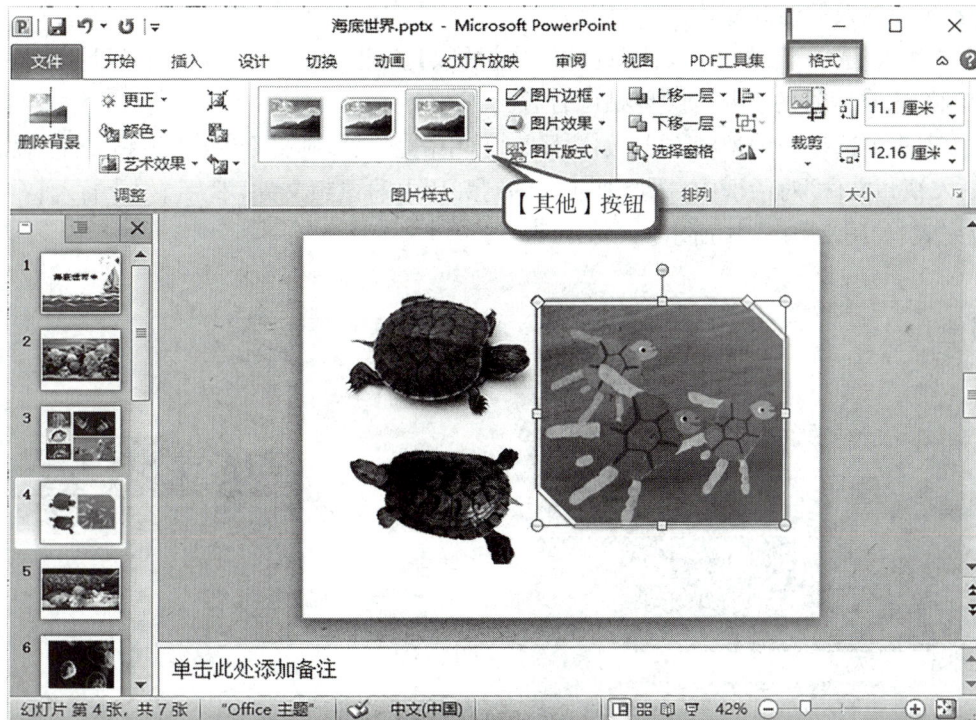

图 2-1-69　用图片样式美化图片

② 为图片添加特定效果：除了使用图片样式美化图片以外，还可以为图片添加特定效果。选择要设置效果的图片之后，再单击"格式"选项卡中"图片样式"选项组的图片效果按钮 ▭，弹出下拉列表。移动鼠标设置至"预设"选项，将显示 12 种预设效果，选择其中一种则为图片设置选中的预设效果，如图 2-

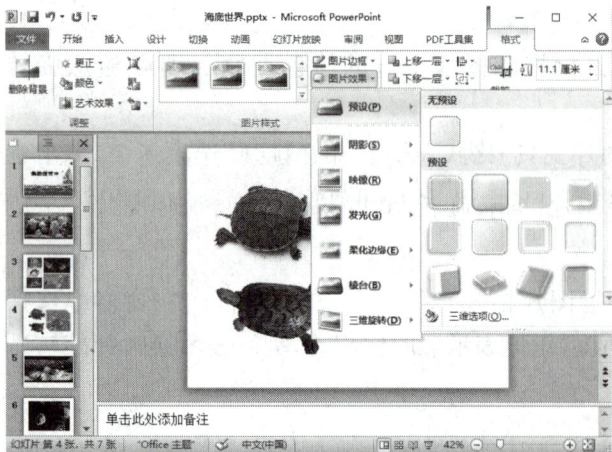

图 2-1-70　添加图片效果

1-70 所示。

如果预设效果不能满足要求,还可以自定义图片效果。例如,要为图片设置阴影和三维旋转效果,操作步骤如下:选择图片之后,单击"图片样式"选项组中的图片效果按钮 ,弹出下拉列表。移动鼠标设置至"阴影"选项,在显示的"阴影"列表中选择需要的阴影效果;移动鼠标设置至"三维旋转"选项,在显示的"三维旋转"列表中选择需要的三维旋转效果。这样,就为图片修饰选定的阴影和三维旋转效果。

（5）删除图片

如果要删除插入的图片,选中对象后按下[Delete]键即可。

十二、在幻灯片中添加视频

在演示文稿中添加视频文件,不仅可以增强演示文稿的放映效果,而且能够吸引观众的注意力。

1. 插入视频

使用功能区中的命令或单击幻灯片中内容区占位符中的"插入媒体剪辑"图标,均可以在幻灯片中添加视频。

使用功能区中的命令添加视频的操作步骤如下:

① 选中要添加视频的幻灯片。

② 切换至"插入"选项卡,单击"媒体"选项组中【视频】按钮下方三角按钮,弹出下拉列表,可以插入"文件中的视频""来自网站的视频"或"剪贴画音频"。

③ 在下拉列表中选择一种视频方式,如选择"文件中的视频",则打开"插入视频文件"对话框。

④ 在"插入视频文件"对话框中,选择要插入到幻灯片中的视频文件,然后单击【插入】右侧的下拉按钮,显示下拉列表,如图 2-1-71 所示。

图 2-1-71　插入视频

⑤ 选择【插入】下拉列表中的"插入"选项,则将视频文件嵌入到幻灯片中。选择"插入"下拉列表中的"链接到文件"选项,则在演示文稿中添加指向视频文件的链接。此时,在幻灯片中会显示视频画面的

第一帧。

若要设置播放方式,可单击幻灯片上的视频帧,再单击"视频工具"下的"播放"选项卡,在"视频选项"选项组的"开始"下拉列表中设置自动播放视频或在单击时播放视频。另外,为了防止可能出现断开链接的问题,最好先将视频复制到演示文稿所在的文件夹中,然后再链接到视频文件。

视频插入成功后,会在幻灯片中显示并带有播放滚动条,单击播放按钮,可以预览视频效果,还可以拖动视频画面的边缘改变画面的大小。

选中视频后,功能区会添加"视频工具"下"格式"和"播放"两个选项卡。借助其中的按钮,用户可以分别对视频进行外观设置和播放设置。

2. Flash 动画

Flash 动画具有小巧灵活的优点,用户可以在幻灯片中插入扩展名为".swf"的 Flash 动画,以增强演示文稿的动画功能。能正确插入和播放 Flash 动画的前提是在电脑中安装了最新版本的 Flash Player 软件。用户可以采取插入视频的方法在幻灯片中插入 Flash 动画。

任务 2.2　制作"小兔子的糖果屋"课件

任务描述

小班幼儿的颜色分类活动,活动目标为认识红、黄、蓝三种颜色,学习按颜色标记进行分类。王老师设计了活动《小兔子的糖果屋》,通过设定的故事情节——参观小兔子的糖果屋,引导幼儿帮忙对打翻的糖果进行归整来学习分类。王老师根据幼儿对移动变化的物体比较关注的特点,希望通过 PPT 课件来实现动画效果,引起幼儿的学习兴趣,吸引幼儿的注意力,辅助教学活动更好的开展。

依据活动设计对 PPT 演示文稿进行主题、背景的美化,为幻灯片中的各个对象设置合适的动画效果,通过调整幻灯片布局和自定义动画设置来实现更佳的教学效果,配合活动内容使用超链接设计幻灯片之间的跳转,完成整个活动故事情节的连接。

任务实施

一、新建演示文稿

启动 Microsoft PowerPoint 2010,创建一个新的演示文稿,文件名保存为"小兔子的糖果屋"。

二、制作第 1 张幻灯片

(1)选中第 1 张幻灯片,选择"设计"选项卡,单击"主题"选项组中主题框内的"凸现"主题,如图2-2-1所示。

(2)单击标题占位符,输入"小兔子的糖果屋",设置字体为"华文琥珀"、字号为"66",调整标题移动到适合的位置。在"副标题占位符"边框上单击左键,选中"副标题占位符",并用[Delete]键将其删除,如图2-2-2所示。

视频 2.2-1
"小兔子的糖果屋"
第 1 张幻灯片制作

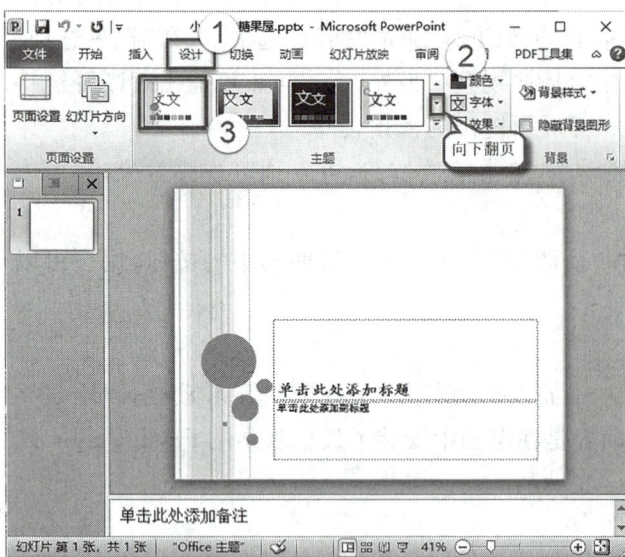

图 2-2-1 设置幻灯片主题

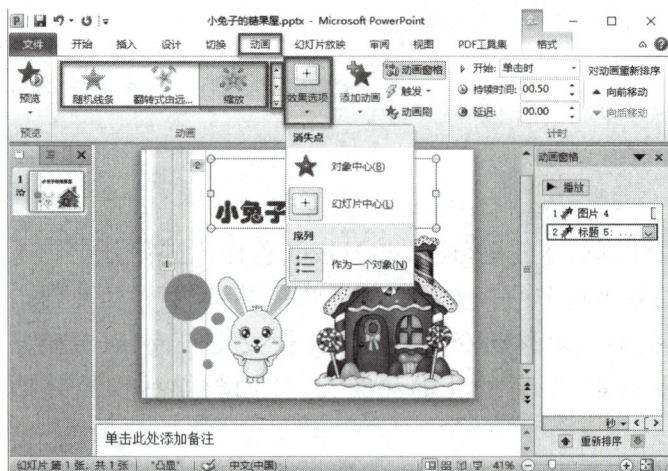

图 2-2-2 设置主标题

图 2-2-3 添加动画效果

（3）分别插入本书配套素材"海底世界"文件夹中的素材图片"糖果屋. png""小兔子. png"至幻灯片，并调整至合适的大小、位置。

（4）选中"小兔子"图片，选择"动画"选项卡，单击"动画"选项组中动画框内的浮入动画效果 ，设置成功后图片左上角会出现此对象动画顺序"1"。同样方法，设置标题"小兔子的糖果屋"的动画效果为缩放 ，单击同在"动画"选项组中的效果选项按钮 ，在弹出的下拉列表中选择"幻灯片中心"选项 ，如图 2-2-3 所示。

三、制作第 2 张幻灯片

（1）新建第二张幻灯片（空白版式），插入本书配套素材图片"糖果屋 1. png""小兔子. png"。

（2）选中"小兔子"图片，打开"动画"选项卡，在"动画"选项组中动画样式框中选择"弹跳"动画；打开"计时"选项组中的【开始】按钮的下拉列表，选择"上一动画之后"选项，如图 2-2-4 所示。

（3）插入本书配套素材图片"小狗. png"，设置动画效果为"浮入"，单击"动画"选项组中【效果选项】按钮，弹出的下拉列表中"下浮"效果，打开"计时"选项组中的【开始】按钮的下拉列表，选择"单击时"选项，如图 2-2-5 所示。

（4）插入本书配套素材图片"小羊. png"，选择自己喜欢的进入动画效果样式，打开"计时"选项组中的【开始】按钮的下拉列表，选择"上一动画之后"选项。

（5）同样方式将图片"小猫. png""小牛. png"插入至幻灯片，分别设置自己喜欢的进入动画效果样式，"计时"选项组中的【开始】按钮的下拉列表都选择"上一动画之后"选项。

（6）将所有图片调整至合适的大小、位置。第二张幻灯片效果如图 2-2-6 所示。

视频 2.2-2
"小兔子的糖
果屋"第 2 张
幻灯片制作

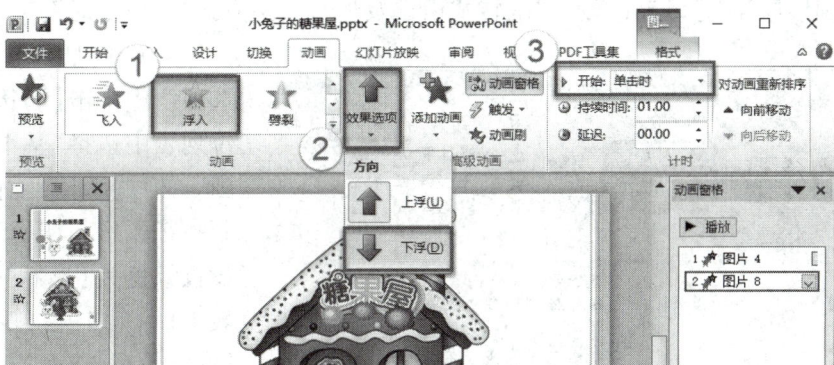

图 2-2-4　设置动画效果

图 2-2-5　设置动画效果

四、制作第3、4张幻灯片

（1）新建第三张幻灯片（空白版式），分别将本书配套素材图片"彩色糖罐.png""小桌子.png"插入至本张幻灯片，调整至合适的大小、位置，并设置自己喜欢的进入动画效果样式。

（2）新建第4张幻灯片（空白版式），同样方式将本书配套素材图片"小桌子.png""倾斜的糖罐.png""疑问.png"逐个插入本张幻灯片，调整至合适的大小、位置。图片"小桌子"和背景一起出现，不再设置动画效果，"倾斜的糖罐.png""疑问.png"设置所需进入动画效果。

视频2.2-3 "小兔子的糖果屋"第3、4张幻灯片制作

五、制作第5张幻灯片

（1）新建第5张幻灯片（空白版式），将本书配套素材图片"小桌子.png""小猴子.png""红空糖罐.png""黄空糖罐.png""蓝空糖罐.png"插入至本张幻灯片，不设置进入效果，让其直接和背景一起出现，并调整至合适的大小、位置。

（2）在"插入"选项卡中的"插图"选项组中单击【形状】按钮，在打开的下拉列表中选择"标注"组中的"椭圆形标注"，鼠标指针变成"＋"，拖动鼠标画一椭圆形标注，将其调整至合适大小、位置。

（3）选中"椭圆形标注"，单击"格式"选项卡，在"形状样式"选项组中打开【形状填充】按钮下拉列表，选择"橙色，强调文字颜色1，淡色80％"，如图2-2-7所示。

视频2.2-4 "小兔子的糖果屋"第5张幻灯片制作

图 2-2-6　第 2 张幻灯片效果图

图 2-2-7　设置形状填充

（4）在"椭圆形标注"上单击右键，打开的快捷菜单中选择编辑文字 **编辑文字(X)**，输入文本"我有三个罐子，大家仔细观察上面有什么标记？"

（5）设置"椭圆形标注"进入动画效果"翻转式由远及近"，开始方式为"单击时"。

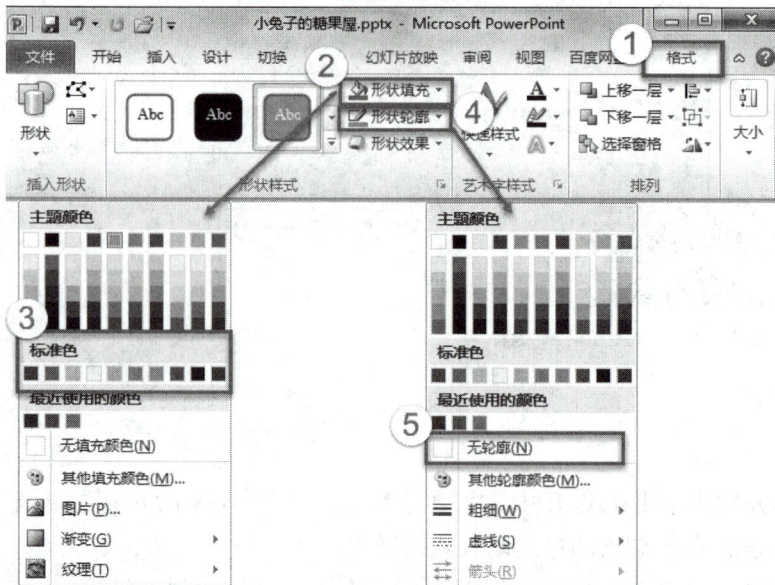

图 2-2-8　设置形状填充、形状轮廓

（6）在"插入"选项卡中的"插图"选项组中单击【形状】按钮，打开的下拉列表中选择"基本形状"组中的"椭圆"，按住[Shift]键同时拖动鼠标，绘制一正圆形。切换到"格式"选项卡，设置颜色为【形状填充】按钮下拉列表中的标准色"红色"，设置轮廓为【形状轮廓】按钮下拉列表中的"无轮廓"，并调整至合适大小、位置。设置其进入动画效果为"淡出"，开始方式为"单击时"，如图 2-2-8 所示。

（7）选中红色正圆，组合键[Ctrl]+[C]进行复制，[Ctrl]+[V]粘贴 2 次。方法同上，对复制出来的圆一个设置形状填充为标准色"黄色"，另一个设置形状填充为标准色"蓝色"，并调整至合适大小、位置。

（8）插入本书配套素材图片"红色糖果.png"，设置进入动画效果为"弹跳"，开始方式为"上一动画之后"，持续时间为"00.25"，并调整至合适大小、位置。选中红色糖果，使用组合键[Ctrl]+[C]进行复制，[Ctrl]+[V]粘贴若干次，把复制的图片逐一调整至合适大小、位置，图片太小不方便调整时，可以通过拖动下方状态栏右侧的显示比例进行放大，如图 2-2-9 所示。

（9）单击"动画"选项卡中"高级动画"选项组的【动画窗格】按钮，屏幕右侧出现"动画窗格"任务窗格。在"动画窗格"中可拖动调整动画顺序，如图 2-2-9 所示。

（10）单击红色正圆，查看其"动画窗格"中对应名称。例如本示例为"椭圆 6"。通过在窗格中选中第一个红色糖果图片，然后按下[Shift]键不放的同时再选中最后一个红色糖果图片的方法，来选中所有的红色糖果动画,如图2-2-10所示。

(11)"动画窗格"中选中所有红色糖果动画后单击鼠标右键,弹出的快捷菜单中选择"计时"命令,打开"计时"对话框,单击【触发器】按钮,出现的展开栏中单击选中"单击下列对象时启动效果"单选项,在右侧的下拉列框中选择红色正圆对应的"椭圆6",设置完毕后确认关闭,如图2-2-11所示。

图2-2-9 调整动画顺序

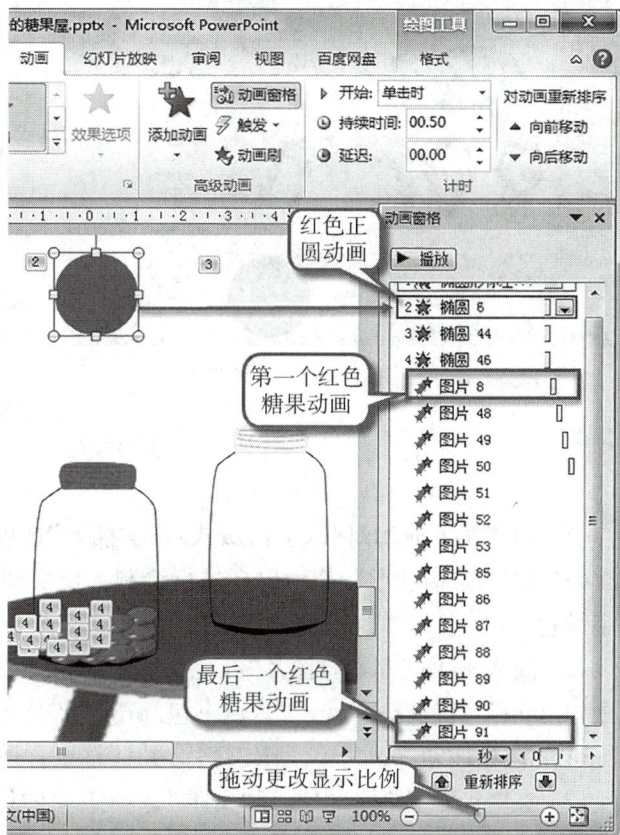

图2-2-10 选中多个动画

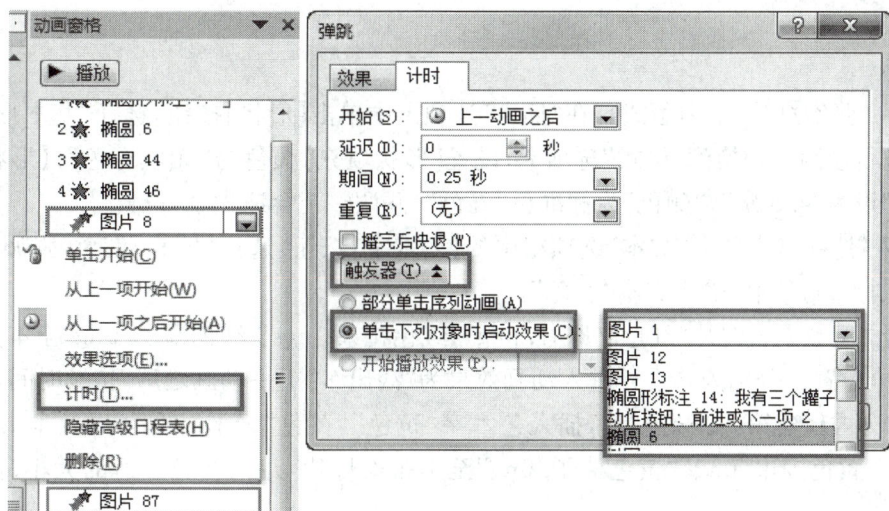

图2-2-11 设置触发器

(12)仿照制作红色糖果的触发器动画方式,制作黄色糖果和蓝色糖果的触发器动画。第5张幻灯片效果如图2-2-12所示。

图 2-2-12　第 5 张幻灯片效果图

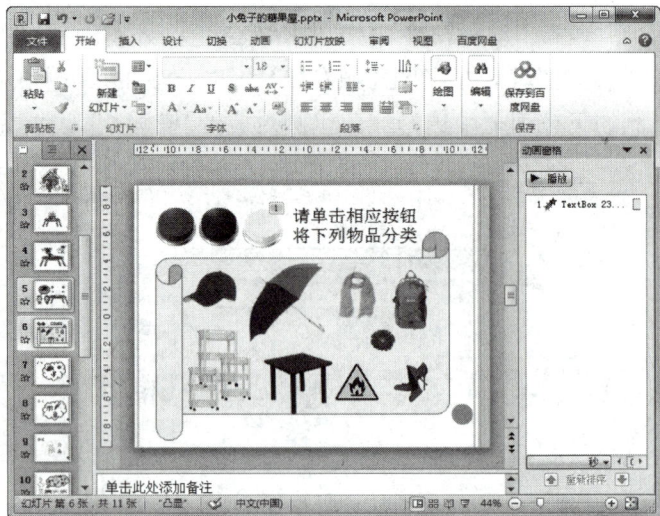

图 2-2-13　第 6 张幻灯片效果图

六、制作第 6 张幻灯片

视频 2.2-5
"小兔子的
糖果屋"第 6
张幻灯片制作

（1）新建第 6 张幻灯片（空白版式），在"插入"选项卡中单击【形状】按钮，打开的下拉列表中选择"星与旗帜"组中的"横卷形"，拖动鼠标进行绘制。切换到"格式"选项卡，设置【形状填充】颜色为"金色，强调文字颜色 4，淡色 80％"，【形状轮廓】默认，并调整至合适大小、位置。

（2）插入本书配套素材图片"红色高跟鞋.png""红色花朵.png""红色帽子.png""黄色标志.png""黄色围巾.png""黄色椅子.png""蓝色书包.png""蓝色雨伞.png""蓝色桌子.png""红色按钮.png""黄色按钮.png""蓝色按钮.png"至本张幻灯片，并调整至合适的大小、位置。

（3）在"插入"选项卡中选择"文本"选项组中的【文本框】按钮。打开的下拉列表中选择"横排文本框"，拖动鼠标进行绘制，输入文本"请单击相应按钮将下列物品分类"，切换到"开始"选项卡，设置字体为"宋体"，字号为"36"。切换到"格式"选项卡，设置其进入动画效果为"浮入"，开始方式为"单击时"。第 6 张幻灯片效果如图 2-2-13 所示。

七、制作第 7～9 张幻灯片

视频 2.2-6
"小兔子的糖
果屋"第 7-9
张幻灯片制作

（1）新建第 7 张幻灯片（空白版式），在"插入"选项卡中单击【形状】按钮，选择"基本形状"组中的"云形"，拖动鼠标进行绘制。切换到"格式"选项卡，设置【形状填充】颜色为"无填充色"；【形状轮廓】按钮下拉选项中"粗细"设为"4.5 磅"，"颜色"为标准色"红色"，并调整至合适大小、位置。

（2）在"插入"选项卡中单击"文本"选项组中的【艺术字】按钮，选择"填充-红色，强调文字颜色 3，粉状棱台"，拖动鼠标进行绘制，输入文本"红色"。

（3）插入本书配套素材图片"红色高跟鞋.png""红色花朵.png""红色帽子.png"至本张幻灯片，并调整至合适的大小、位置。分别为其设置进入动画效果为"淡出"，"上一动画之后"持续时间"00.50"。

（4）同样的方式新建第 8 张幻灯片，插入艺术字"黄色"，黄色"云形"图形，以及本书配套素材图片"黄色标志.png""黄色围巾.png""黄色椅子.png"至本张幻灯片，并调整至合适的大小、位置，设置进入动画效果。

（5）同样的方式新建第 9 张幻灯片，插入艺术字"蓝色"，蓝色"云形"图形，以及本书配套素材图片"蓝色书包.png""蓝色雨伞.png""蓝色桌子.png"至本张幻灯片，并调整至合适的大小、位置，设置进入动画效果。第 7～9 张幻灯片最终效果如图 2-2-14 所示。

图 2-2-14　第 7~9 张幻灯片效果图

八、制作第 10 张幻灯片

（1）新建第 10 张幻灯片（空白版式），插入本书配套素材图片"小兔子.png""红棒棒糖.png""红糖果1.png.""红糖果 2.png.""红糖果 3.png.""红糖果 4.png.""黄棒棒糖.png""黄糖果 1.png.""黄糖果 2.png.""黄糖果 3.png.""黄糖果 4.png.""蓝棒棒糖.png""蓝糖果 1.png.""蓝糖果 2.png.""蓝糖果 3.png.""蓝糖果 4.png."至本张幻灯片，分别拖拽其上方绿色圆形标志，改变其方向，并调整至合适的大小、位置。

（2）点按鼠标左键不放，拖动选框一次选中插入的所有糖果，单击鼠标右键，在弹出的快捷菜单中选择"组合"选项，将所有糖果设为一个组合，如图 2-2-15 所示。

（3）切换至"动画"选项卡，设置其进入动画效果为"随机线条"，开始方式为"上一动画之后"。

（4）在"插入"选项卡，插入形状"云形标注"，调整至合适大小、位置。

（5）在"格式"选项卡中，更改其【形状填充】颜色为"橙色，强调文字颜色 1，淡色 80%"；选择"排列"选项组中的【下移一层】右侧下拉按钮，更改其排列顺序"置于底层"。调整"组合"与"云形标注"的叠放位置，效果如图 2-2-16 所示。

视频 2.2-7
"小兔子的糖果屋"第 10 张幻灯片制作

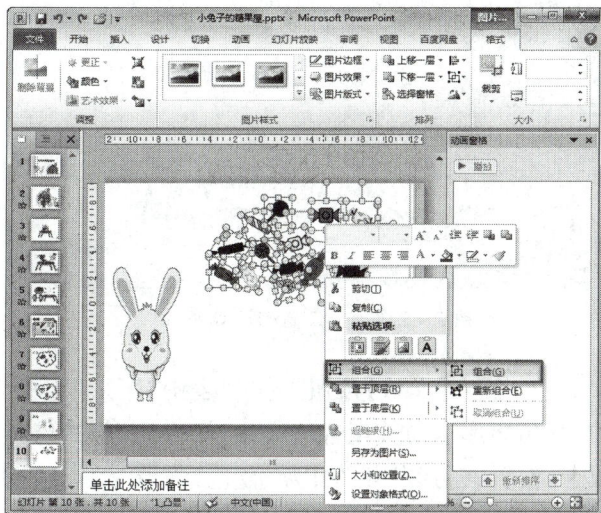

图 2-2-15　组合图形

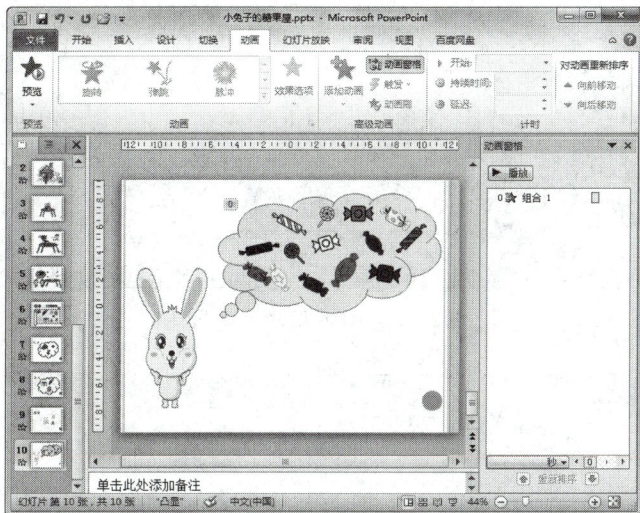

图 2-2-16　调整叠放次序后效果

（6）插入本书配套素材图片"蓝空糖果罐.png""黄空糖果罐.png""红空糖果罐.png"，调整至合适的大小、位置。设置其进入动画效果为"缩放"，开始方式"蓝空糖果罐"为"单击时"，其余两个为"上一动画之后"。效果如图 2-2-17 所示。

（7）切换至"插入"选项卡插入艺术字，选择样式为"渐变填充-橙色，强调文字颜色 1"，输入文本"？"，移动至合适位置。在"开始"选项卡中设置字号"115"，设置其进入动画效果为"旋转"，开始方式为"上一动画之后"。第十张幻灯片效果如图 2-2-18 所示。

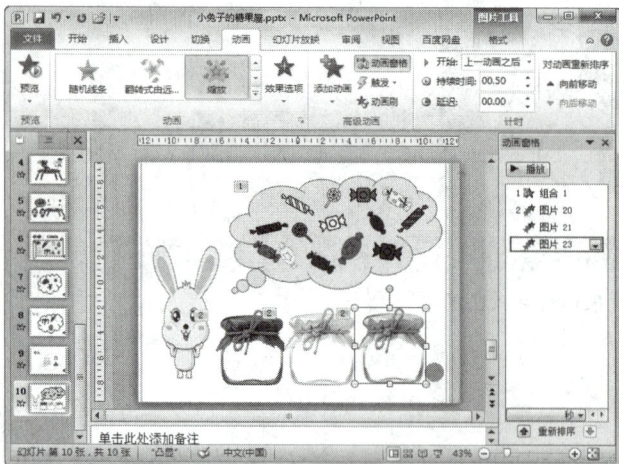

图 2-2-17 设置动画效果

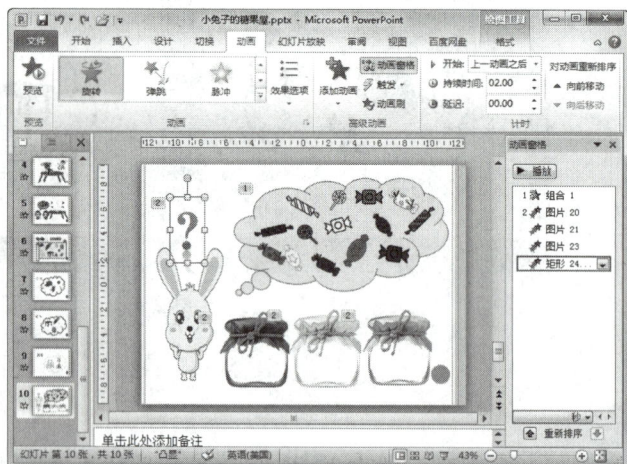

图 2-2-18 第 10 张幻灯片效果图

九、制作第 11 张幻灯片

（1）新建第 11 张幻灯片（空白版式），插入本书配套素材图片"小兔子.png""小狗.png""小羊.png""小猫.png""小牛.png"，将其调整至合适大小位置，如图 2-2-19 所示。

图 2-2-19 插入图片后效果

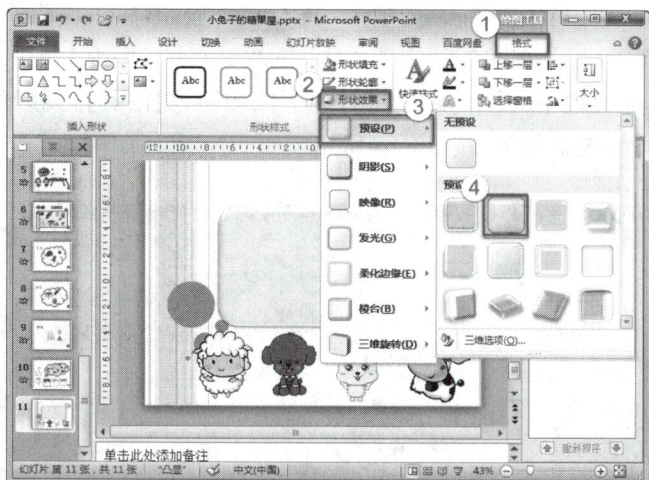

图 2-2-20 设置形状效果

图 2-2-21 第 11 张幻灯片效果图

（2）插入【形状】按钮下拉列表中"矩形"组中的"圆角矩形"，拖拽至合适大小，切换到"格式"选项卡，设置其【形状填充】为"金色，强调文字颜色4，淡色80％"，【形状轮廓】为"无轮廓"，【形状效果】为"预设2"，如图 2-2-20 所示。

（3）插入艺术字，选择样式"填充-橙色，强调文字颜色1，金属棱台，映像"，输入文本"谢谢您的聆听！"，设置字体为"宋体"，字号为"66"，移动至合适位置，整体效果如图 2-2-21 所示。

十、设置超级链接

（1）在"幻灯片/大纲"窗格中选中第六张幻灯片，在"插入"选项卡中的"插图"选项组中单击【形状】按钮，打开的下拉列表中选择"动作按钮"组中的"动作按钮：前进或下一项" ▷ ，鼠标指针变成"＋"状态，按住［Shift］键同时拖动鼠标，绘制动作按钮。弹出"动作设置"对话框，选择"超链接到"选项，在下拉列表中选择"幻灯片"，弹出"超链接到幻灯片"对话框，选择"10.幻灯片10"，确定其设置，如图2－2－22所示。

视频2.2－9
设置超级
链接

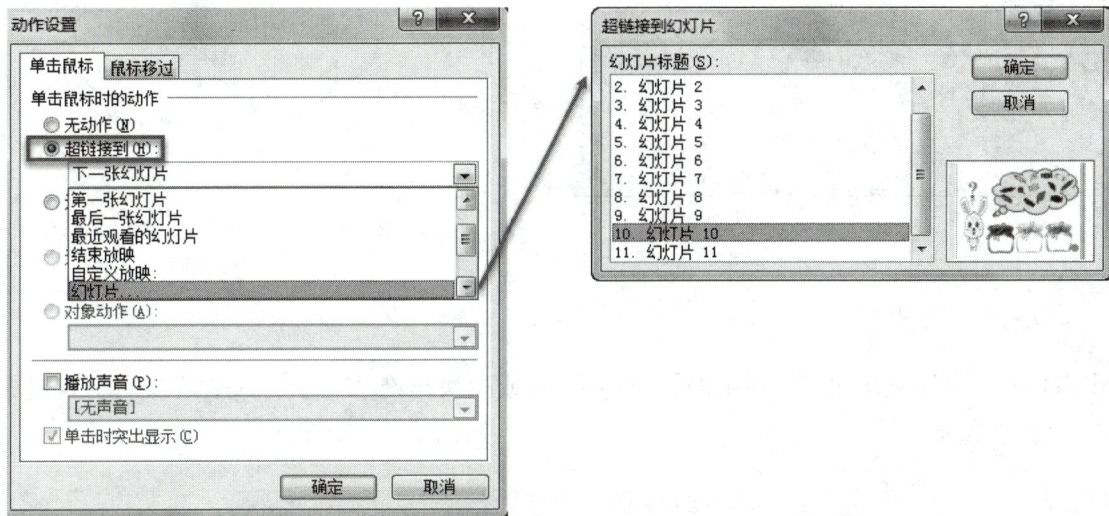

图2－2－22　设置动作按钮

（2）将设置好的动作按钮调整其大小，移动至幻灯片右下方合适位置，如图2－2－23所示。

（3）选中幻灯片上"红色按钮"，选择"插入"选项卡中"链接"选项组中的【超链接】按钮，弹出"编辑超链接"对话框，选择"本文档中的位置"，右侧选择"7.幻灯片7"，如图2－2－24所示。

（4）同样方式设置"蓝色按钮"超链接到"8.幻灯片8"，"黄色按钮"超链接到"9.幻灯片9"。

（5）在"幻灯片/大纲"窗格中选中第7张幻灯片，在"插入"选项卡中单击【形状】按钮，打开的下拉列表中选择"动作按钮"组中的"动作按钮：后退或前一项" ◁ ，绘制动作按钮。弹出"动作设置"对话框，选择

图2－2－23　添加动作按钮后效果图

"超链接到"选项，在下拉列表中选择"幻灯片"，弹出"超链接到幻灯片"对话框，选择"6.幻灯片6"，完成设置。并将设置好的动作按钮调整其大小，移动至幻灯片右下方合适位置，如图2－2－25所示。

（6）选中第七张幻灯片右下方的动作按钮，使用快捷键［Ctrl］＋［C］进行复制，在"幻灯片/大纲"窗格中切换至第8张幻灯片，快捷键［Ctrl］＋［V］进行粘贴。同样方式切换至第九张幻灯片，快捷键［Ctrl］＋［V］进行粘贴。

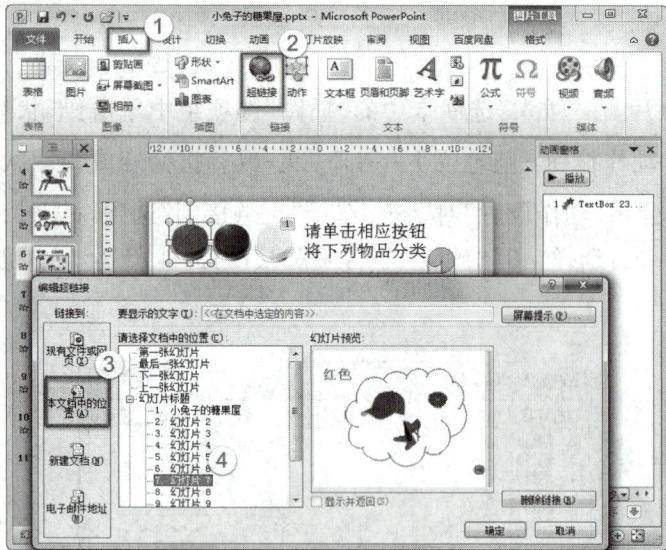

图 2-2-24　插入超链接

图 2-2-25　第7张幻灯片效果图

十一、保存演示文稿

单击窗口左上角快速访问工具栏中的【保存】按钮，或按快捷键[Ctrl]＋[S]保存文件。课件最终效果如图 2-2-26 所示。

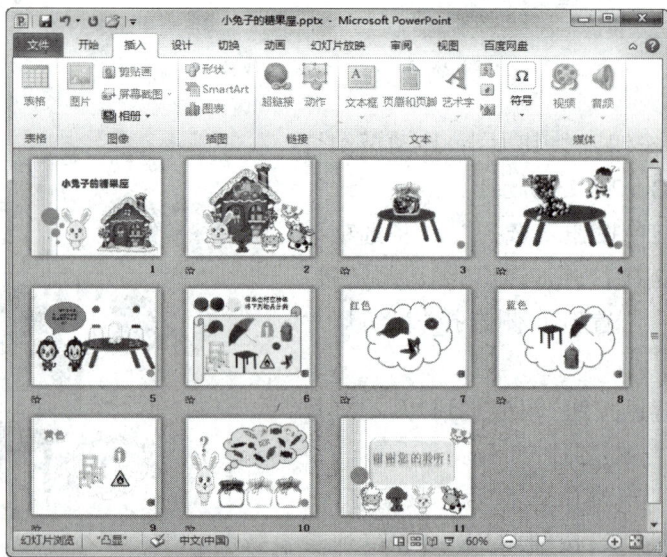

图 2-2-26　"小兔子的糖果屋"课件效果

知识链接

一、幻灯片主题

为了使演示文稿的风格一致，可以通过应用主题样式和设置幻灯片背景等方法，对演示文稿的外观进行调整和设置。

主题是指含有演示文稿样式的文件，包含配色方案、背景、字体样式和占位符格式等。主题作为一套独立的选择方案应用于演示文稿中，可以简化演示文稿的创建过程，使演示文稿具有统一的颜色设置和布局风格。

1. 应用主题

在PowerPoint 2010中预置了多种主题样式,用户可以直接在主题库中使用,也可以通过自定义方式修改主题的颜色、字体和背景,形成自定义的主题。应用主题的方法主要有:

（1）使用内置主题

打开"设计"选项卡,在"主题"选项组中单击"其他"按钮,就可以显示全部内置主题,如图2-2-27所示。移动鼠标至某主题,会显示该主题的名称,单击该主题,会按所选主题的颜色、字体和图形外观效果修饰演示文稿。

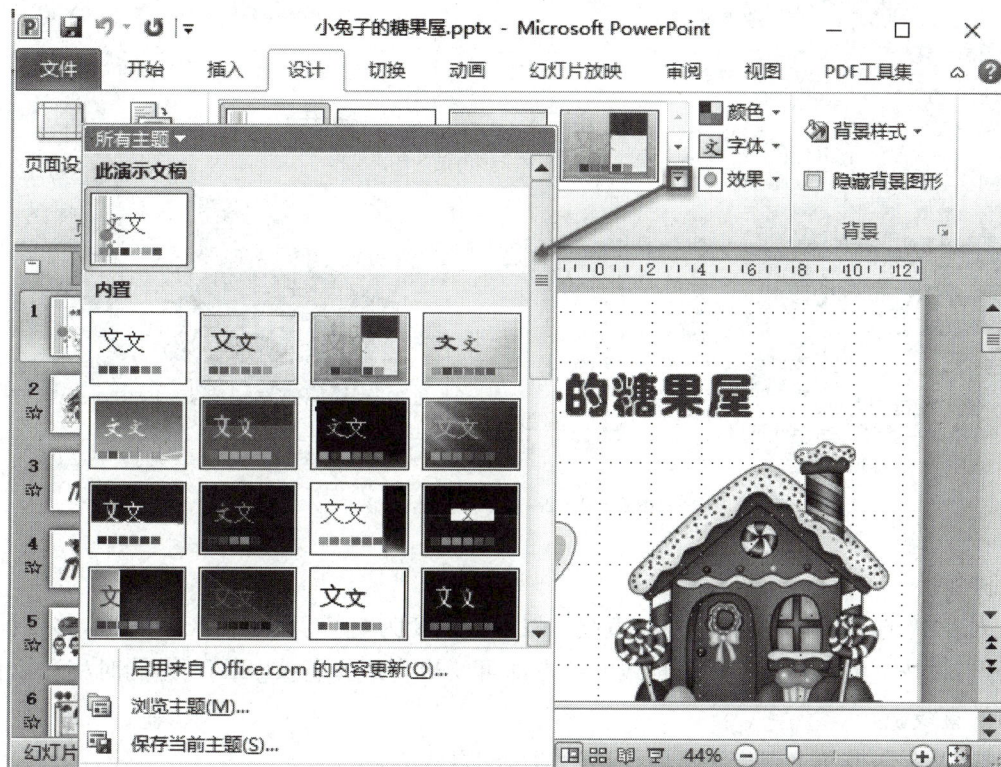

图2-2-27　应用内置主题

如果只设置部分幻灯片的主题,可以选择要设置主题的幻灯片,在对应主题上单击鼠标右键,在弹出的快捷菜单中选择"应用于选定幻灯片"命令即可。

（2）使用外部主题

如果内置的主题不能满足用户的需求,可选择外部主题,方法为:单击在图2-2-27所示"所有主题"列表下中的"浏览主题"命令,在弹出的"选择主题或主题文档"对话框中,选择本地保存的主题文件后,单击【确定】按钮。

2. 自定义主题

主题是主题颜色、字体和效果三者的组合,用户可以根据需要对某一项单独进行设置。可以通过单击"设计"选项卡下"主题"选项组内的【颜色】【字体】和【效果】按钮,在其弹出的下拉菜单中进行个性化设置。

二、插入自定义图形

1. 绘制基础图形

选择要插入基础图形的幻灯片,执行"插入"选项卡下"插图"选项组中的"形状"命令,或执行"开始"

选项卡下"绘图"选项组中的"形状"命令,则打开各类形状列表,如图 2-2-28 所示。在各类形状列表中单击需要绘制的图形形状按钮便可绘制基础图形。

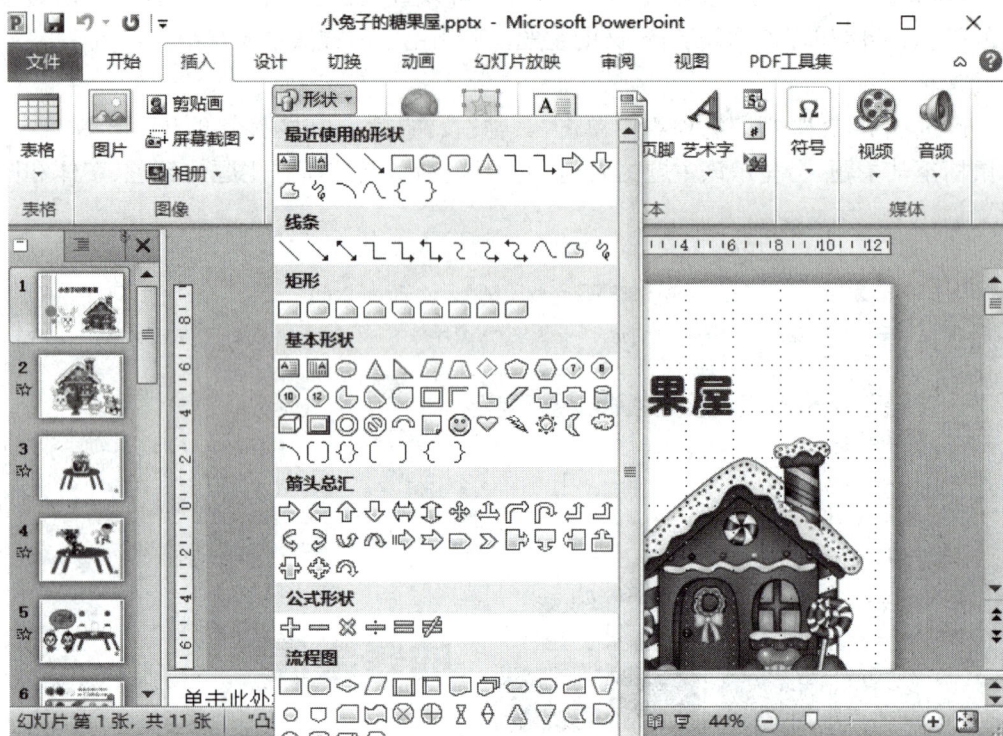

图 2-2-28　绘制基础图形

（1）绘制直线

在形状列表中,选择"基本形状"中的"直线",鼠标指针变为"十"字形。在幻灯片中,移动鼠标指针到直线的开始点,再按下鼠标左键拖动到直线的终点即可绘出直线。若按[Shift]键同时移动鼠标,可以绘出特定方向的直线。

如果选择"箭头",按照上述方法可以绘出带箭头的直线。

（2）绘制矩形

在形状列表中。选择"矩形"。鼠标指针变为"十"字形。在幻灯片中,移动鼠标指针到某一点时按下鼠标左键拖动可绘出矩形。若按[Shift]键拖动鼠标。则可绘出正方形。

同样选择"椭圆",若按[Shift]键拖动鼠标,则可绘出正圆形。

2. 编辑图形

编辑图形就是对已绘制的图形进行移动、复制等操作。

（1）选择图形

移动鼠标指针到图形上,然后单击鼠标左键即可选定图形。如果要选择多个图形,按住[Shif]键的同时再分别逐个选择图形。当图形被选定之后,该图形的周围将出现控制点。

（2）删除图形

选择图形后,单击"开始"选项卡中的剪切按钮 ✂ ,或按[Delete]键,即可删除图形。

（3）移动或复制图形

如果要移动图形,可将鼠标指针移动到图形上,此时鼠标指针变为十字箭头;然后单击鼠标左键并拖动到需要位置后松开鼠标即可。若按住[Ctrl]键的同时在拖动图形,则可复制图形。另外,选定图形后,按住[Ctrl]键,再按键盘上的方向键,可以对图形的移动方向进行微调。

（4）旋转图形

若要旋转图形，应先选择图形，则其周围将出现控制点，用鼠标拖动图形上方的绿色控制点即可随意旋转图形。

若要精确旋转图形，需要单击要旋转的图形，在"绘图工具设计"选项卡→"排列"→单击"旋转"按钮，弹出下拉列表。在下拉列表中可选择图形"向右旋转90""向左旋转90""水平旋转"及"垂直旋转"。若选择下拉列表中的"其他旋转选项"，则打开"设置形状格式"对话框。在对话框的左窗格中选择"大小"选项卡，然后在右窗格的"旋转"框中输入旋转角度（正值表示顺时针旋转，负值表示逆时针旋转）。再单击【关闭】按钮，则图形将按指定的角度旋转。

（5）在图形中添加文字

要在图形中添加文字，可右击需要添加文字的图形，在弹出的快捷菜单中选择"编辑文字"命令，此时图形中出现光标闪烁，输入所需内容即可，并可对文字进行编辑和设置格式。

3. 设置图形的格式

选择要设置格式的图形后，再单击"绘图工具"下的"格式"选项卡，则可利用"形状样式"选项组中命令，可对图形的格式进行设置。

（1）套用图形样式

选择要套用图形样式的图形，在"绘图工具"→"格式"选项卡→"形状样式"选项组中，选择其中一种样式，则使用该样式设置图形。如果"形状样式"选项组中显示的图形样式不能满足要求，可单击图形样式列表右下角的【其他】按钮，将弹出42种图形样式供用户选择。如图2-2-29所示。

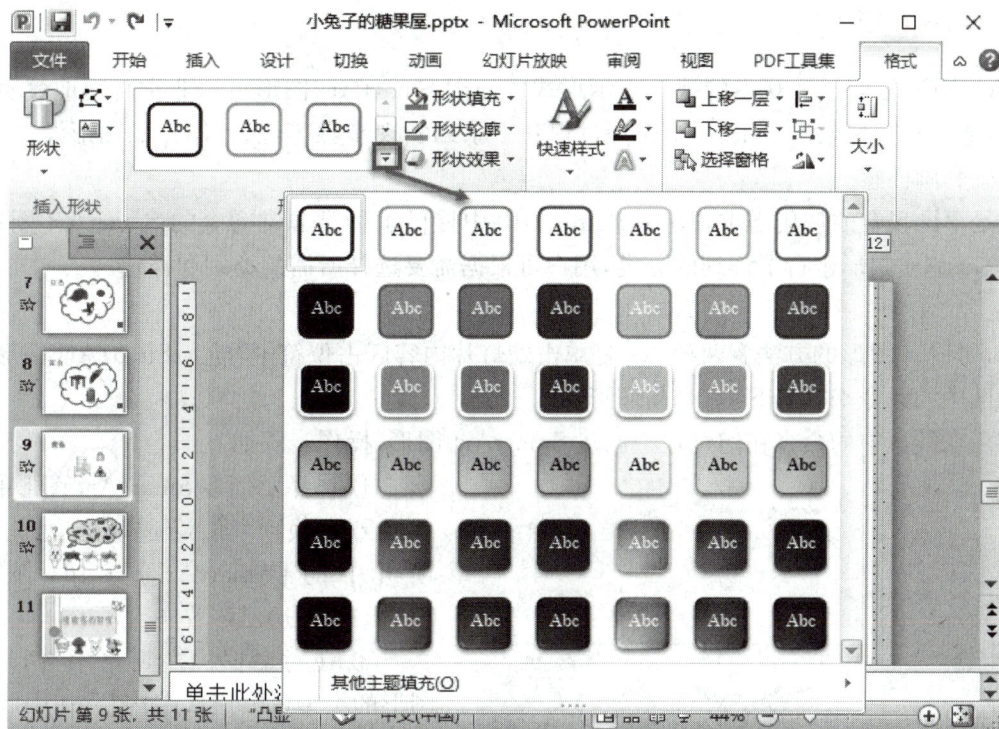

图2-2-29　套用图形样式

（2）设置图形轮廓

选择要设置轮廓的图形，单击"绘图工具"→"格式"→"形状样式"→"形状轮廓"按钮，下拉列表中选择图形轮廓颜色、粗细等，也可以取消图形的轮廓。

（3）填充封闭图形

选择封闭图形，单击"绘图工具"→"格式"选项卡→"形状样式"选项组→"形状填充"按钮，在下拉列表中,为封闭图形设置填充颜色,也可以用渐变、纹理或图片来填充封闭图形。

（4）设置图形效果

选择要设置效果的图形,单击"绘图工具"→"格式"选项卡→"形状样式"选项组→"形状效果"按钮,打开下拉列表。移动鼠标设置至"预设"选项,将显示 12 种预设效果,选择其中一种为图形设置选中的预设效果。如果预设效果不能满足要求,还可以对图形的阴影、映像、发光等六个方面进行适当的设置。

4. 更改形状

绘制图形之后,若对其形状不满意,可以直接更改,操作方法如下:选择要更改形状的图形,单击"绘图工具"→"格式"选项卡→"插入形状"选项组→"编辑形状"按钮。再选择下拉列表中的"更改形状"命令,打开形状列表,在形状列表中选择需要的形状,即可用新选中的形状替换原来的形状。

5. 组合图形

组合图形就是把若干个图形组合为一个图形,作为一个整体来进行移动或缩放等操作。这样,在对组合图形进行移动操作时,其相对位置不会发生变化。组合图形的操作步骤如下:

① 选中若干个需要组合的图形(可以按[Shif]键,再单击要组合的每个图形)。

② 单击"绘图工具"下的"格式"选项卡下"排列"选项组中的【组合】按钮,从弹出的下拉列表中选择"组合"命令,可以将选中的所有图形组合为一个整体。

对已组合图形,需要时还可以取消组合。取消组合是指将组合后的图形分解成组合前的多个图形。操作方法如下:选中组合后的图形,单击"绘图工具"→"格式"选项卡→"排列"选项组→【组合】按钮,从弹出的下拉列表中选择"取消组合"命令即可。

三、插入 SmartArt 图形

SmartArt 图形是信息和观点的视觉表示形式。使用 SmartArt 图形可以非常直观地表明各个部分之间的关系,如显示一种层次关系、一个循环过程和一系列实现步骤等,而且制作的图形漂亮精美,具有很强的立体感和画面感。

为了满足不同场合的使用需求,PowerPoint 2010 中提供了种类非常齐全的 SmartArt 图形样式,并对每一种 SmartArt 图形进行了详细的分类,用户可根据需要选择所需的类别和样式。

1. 创建 SmartArt 图形

插入 SmartArt 图形的方法有两种:一是单击幻灯片内容区占位符中"插入 SmartArt 图形"图标,二是使用功能区中的命令来插入 SmartArt 图形。

若要使用功能区中的命令在幻灯片中创建 SmartArt 图形,操作步骤如下:

① 选择要创建 SmartArt 图形的幻灯片。

② 切换到"插入"选项卡,单击"插图"选项组中的【SmartArt】按钮,弹出"选择 SmartArt 图形"对话框。

③ 在对话框的左窗格中选择 SmartArt 图形的类型(如"层次结构"),在中间窗格中选择该类型的一种布局方式(如"层次结构"),在右窗格中会显示该布局的说明信息。

④ 单击【确定】按钮,则可在幻灯片中要创建 SmartArt 图形,如图 2-2-30 所示。

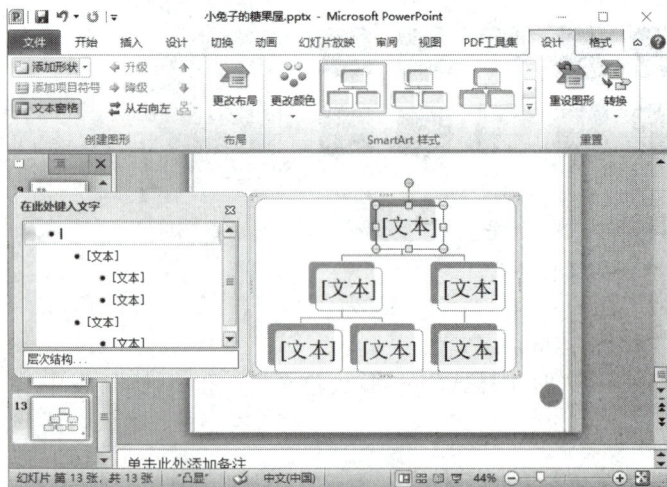

图 2-2-30　创建 SmartArt 图形

2. 在 SmartArt 图形中输入文字

在 SmartArt 图形中输入文字,能够准确的表现 SmartArt 图形所表达的内容。方法是：单击需要输入文字的形状，然后即可在形状中输入文字。

3. 修改 SmartArt 图形的结构

选中插入的 SmartArt 图形，再单击"SmartArt 工具"选项卡下"设计"选项卡，在"创建图形"选项组中，单击【添加形状】右边的下拉按钮，从下拉列表中选择"在前面添加形状"命令，则在其前面添加一个形状；从下拉列表中选择"在下方添加形状"命令，则在其下方添加一个形状。

四、表格和图表

1. 插入表格

表格是一种用于表现数据信息的常用工具，它不仅可以简洁地将复杂的数据展示出来，还可对所展示的数据进行分析和计算。

在幻灯片中插入表格的方法有两种：一是选择功能区中的命令，另一个是单击幻灯片内容区占位符中"插入表格"图标。

使用功能区中的命令插入表格，操作步骤如下：

① 切换到要表格的幻灯片。

② 在"插入"选项卡的"表格"选项组中，单击【表格】按钮，打开"插入表格"下拉列表。

③ 将光标移至网格上，按下鼠标左键向右下方拖动，选定需要的行数和列数（以红色显示），然后释放鼠标左键即可。若选择下拉列表中的"插入表格"命令，则弹出"插入表格"对话框。在对话框中输入表格的列数和行数，再单击【确定】按钮，也可以插入表格。

2. 插入图表

图表是指以数据对比的方式来显示数据的，可以清晰地体现数据之间的关系。在演示文稿中，使用表格表现数据有时会显得比较抽象，为了更直观、形象地表现数据，可使用图表对数据进行分析。

要在幻灯片中插入图表，可以单击幻灯片内容区占位符中"插入图表"图标，也可以使用功能区中的命令来插入图表。

使用功能区命令来插入图表的操作方法是：

① 选择要插入图表的幻灯片。

② 在"插入"选项卡中，单击"插图"选项组中的【图表】按钮，弹出"插入图表"对话框。

③ 在"插入图表"对话框中，选择图表类型，再单击【确定】按钮，系统会自动打开默认的工作表，同时在幻灯片中自动插入相应的图表。

五、设置动画效果

默认情况下，在幻灯片放映过程中，一张幻灯片中添加的所有对象（文本、图形、图片等）是作为一个整体一次性完全显示出来的。

PowerPoint 2010 提供的自定义动画可以使幻灯片中的对象以各种各样的动画形式，分层次出现在幻灯片上，让原本静止的页面更加生动。这样可以增强视觉效果、突出重点，集中观众的注意力。

1. PowerPoint 2010 中的动画类型

PowerPoint 2010 中的动画分为进入动画、退出动画、强调动画、动作路径动画四种。

（1）进入动画

进入动画是指幻灯片中的对象进入放映屏幕的动画效果，展示的是对象"从无到有"的过程。常见的有使对象逐渐淡出、从边缘飞入或者跳入界面等效果。

（2）退出动画

退出动画是指幻灯片中的对象退出放映屏幕的动画效果，展示的是对象"从有到无"的过程。常见的有使对象飞出界面、逐渐消失或从界面中旋出等效果。

（3）强调动画

强调动画是指幻灯片中的对象从原始状态转换到另外一种状态，再回到原始状态的变化过程，以起到强调突出的作用，包括使对象放大或缩小、更改颜色或沿着其中心旋转等效果。

（4）动作路径

动作路径是指幻灯片中的对象的运动轨迹，包括使对象沿着直线、曲线或某些自定义的轨迹进行运动。

2. 添加动画效果

用户可以同时为多个对象添加相同的动画，也可以为同一对象添加多个不同的动画。

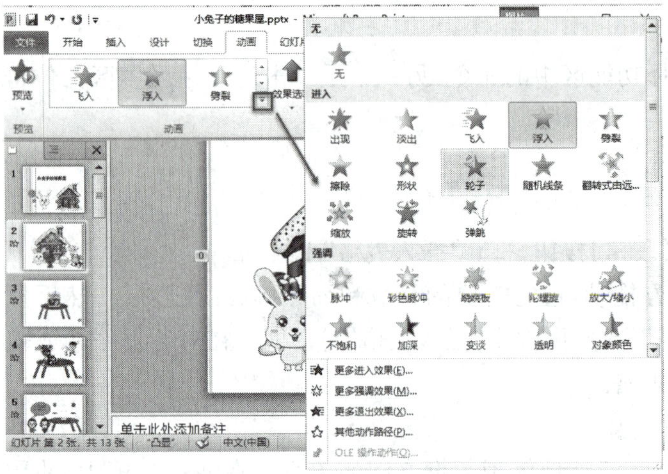

图 2 – 2 – 31　自定义动画

（1）自定义动画

首先选中对象，切换到功能区的"动画"选项卡，在"动画"选项组中单击"其他"按钮，打开动画列表，在不同的动画分类中选择相应的动画。为所选对象添加动画效果后，则在对象旁边出现序号，表示动画出现的顺序。

如果列表中没有合适的动画，可以选择"更多进入效果"命令打开"更改进入效果"对话框选择，如图 2 – 2 – 31 所示。

（2）添加动画

用户为幻灯片中的对象设置了一种动画效果后，还可以叠加添加新的动画效果，操作步骤如下：选择对象后，切换到功能区的"动画"选项卡，在"高级动画"选项组单击中"添加动画"按钮。从弹出的下拉列表中选择相应的动画效果，如果列表中没有合适的动画，可以打开对应的对话框选择。

3. 动画窗格

默认情况下，动画窗格处于隐藏状态，切换至"动画"选项卡，在"高级动画"选项组中单击"动画窗格"按钮，就会在右侧显示动画窗格，如图所示 2 – 2 – 32 所示。动画窗格中以列表的形式列出了当前幻灯片

图 2 – 2 – 32　动画窗格

中的所有对象的动画效果,用户可以单击【播放】按钮预览动画效果。如果要更改某个动画效果,需要在列表中单击选中后更改。

（1）对动画重新排序

动画效果按照添加的顺序依次显示在"动画窗格"列表中,并按照添加的顺序在动画前显示序号。播放时,会按照添加的先后次序播放。如果要更改动画的播放顺序,在动画窗格中选择对应的动画后,按下鼠标左键上下拖动调整即可。

（2）删除动画

在动画窗格中选择对应的动画后,按下[Delete]键即可删除动画。

（3）更改动画

在动画窗格中选择对应的动画后,切换到"动画"选项卡,在"动画"选项组中单击"其他"按钮,打开动画列表重新选择动画效果即可更改动画。

（4）动画刷

借助动画刷,用户可以复制一个对象的动画,并把它应用到其他对象上。操作方法为：选中要复制的动画效果的对象,切换至"动画"选项卡,在"高级动画"选项组中单击"动画刷"按钮,当鼠标变成刷子形状时,单击另一对象,前一对象的动画效果就复制到了该对象上。

4. 设置动画效果属性

为对象添加了动画效果后,该对象就应用了默认的动画格式,包括动画的开始时间、运行轨迹、运行速度等。在实际使用中,用户可以根据需求重新设置这些选项。

（1）设置动画的开始方式

动画的默认开始方式为"单击时",即单击鼠标时开始播放动画。如果要更改动画的开始方式,需要在动画窗格中选中动画效果,然后单击"计时"选项组中"计时"按钮右侧的下拉按钮。从下拉列表中选择需要的方式。其中,"与上一动画同时"表示该动画和前一个动画同时发生;"上一动画之后"表示该动画在前一个动画播放完时发生。

（2）设置动画的播放速度

调整"持续时间",可以改变动画播放速度的快慢。

（3）设置动画的延迟时间

调整"延迟时间",可以让动画在"延迟时间"设置的时间到达后才开始出现,对于动画之间的衔接特别重要,便于观众看清楚前一个动画的内容。

（4）设置动画音效

设置动画时,默认动画为无音效。若要设置音效,操作方法如下：选择设置动画的对象（如选择"飞入"动画）,然后单击"动画"选项卡→"动画"选项组右下角→"显示其他效果选项",则弹出"飞入"效果选项对话框。在"效果"选项卡的"增强"选项组之中,单击"声音"框右边的下三角按钮,则打开下拉列表,如图2-2-33所示。在下拉列表中选择一种音效,然后单击【确定】按钮。

图2-2-33 设置动画音效

六、幻灯片的交互性

交互指的是幻灯片与操作者之间的互动。默认情况下,在放映幻灯片时,屏幕上会显示鼠标指针,单击鼠标时会切换到下一张幻灯片。

为了便于用户对演示文稿的播放进行控制,如实现幻灯片之间的切换,幻灯片和其他文件、程序及网页之间的切换。即实现幻灯片的交互性,可以在幻灯片中插入超链接、设置动作和绘制动作按钮来实现。设置动作和动作按钮本质上都属于超链接。

1. 超链接

超链接是超级链接的简称,它是实现幻灯片交互性的一种重要手段。幻灯片中的对象插入超链接,可以实现幻灯片之间随意切换,也可以切换到其他文件、程序、网页等。

（1）插入超链接

如果需要给幻灯片中的对象添加超链接,选定对象后,切换至"插入"选项卡,在"链接"选项组中单击"超链接"按钮,打开"插入超链接"对话框,如图2-2-34所示。

图2-2-34 超链接

在打开"插入超链接"对话框中,可以选择的超级链接类型包括以下几种:

① 链接到"现有文件或网页":包括"当前文件夹""浏览过的网页""最近使用过的文件"三个选项。

● "当前文件夹":通过上方的"查找范围"列表可以查找本地文件来建立超链接。

● "浏览过的网页":可以在列表中列出的最近浏览过的网页中选择一个来建立超链接。

● "最近使用过的文件":可以在列表中列出的最近使用过的文件中选择一个来建立超链接,如图2-2-35所示。

② 链接到"本文档中的位置":连接到同一演示文稿中的其他幻灯片。下方的列表中会列出本演示文稿中所有的幻灯片,用户可以选择要链接到的幻灯片或自定义放映。此外,为了便于选中正确的幻灯片,可在右侧的"幻灯片预览"区域中预览要链接到的幻灯片。

③ 链接到"新建文档":链接到一个新的演示文稿,默认情况下为"开始编辑新文档"。

④ 链接到"电子邮件地址":可输入电子邮件地址、主题来给设定的电子邮箱中发送邮件。

超链接的类型设置完成后,单击【确定】按钮就完成了对象的超链接设置。在幻灯片放映状态下,鼠标移动到设置有超链接的对象上时,会变成手柄形状,此时单击鼠标,界面会自动跳转到相应的链接位置。

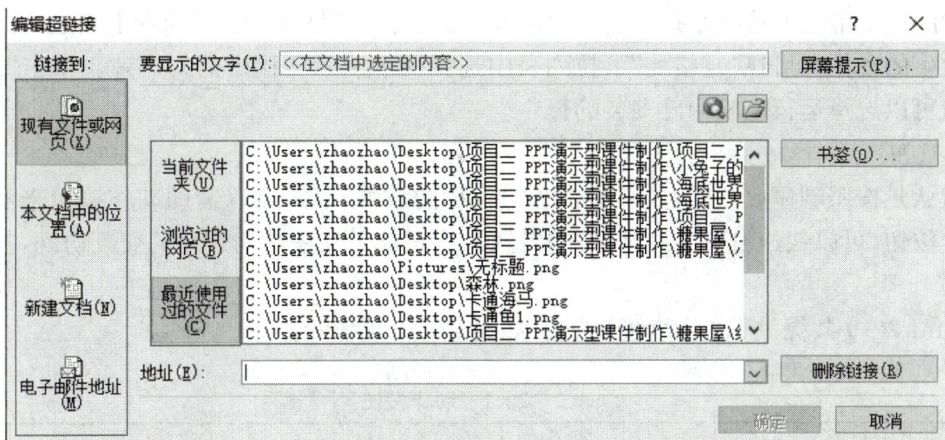

图2-2-35　链接到"现有文件或网页"

（2）编辑超链接

如果要编辑超链接，需要在对象上单击鼠标右键，在弹出的快捷菜单中选择"编辑超链接"命令，打开"编辑超链接"对话框后重新设置。

（3）取消超链接

如果要取消超链接，需要在对象上单击鼠标右键，在弹出的快捷菜单中选择"取消链接"命令，如图2-2-36所示。

2. 动作设置

（1）设置动作

在给对象添加了超链接后，在幻灯片放映状态下，需要单击该对象才会跳转到相应的链接位置。如果想实现鼠标移过便会跳转的效果，可以为对象插入动作。

选定对象，切换至"插入"选项卡，在"链接"选项组中单击"动作"按钮，打开"动作设置"对话框，如图2-2-37所示。

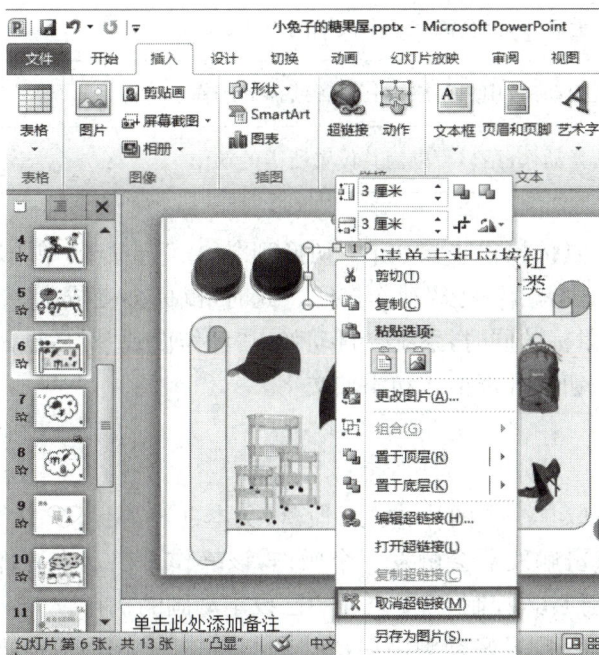

图2-2-36　取消超链接

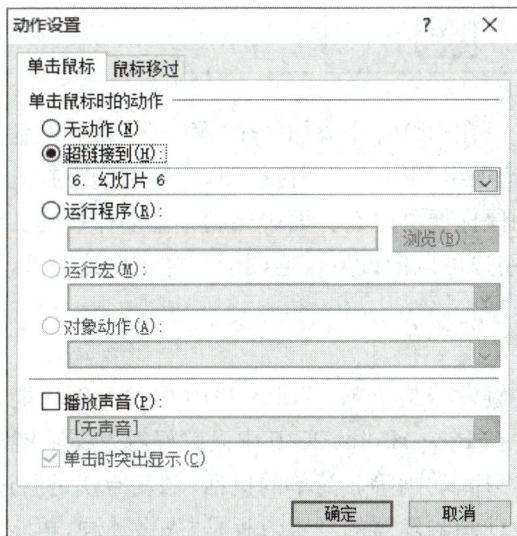

图2-2-37　"动作设置"对话框

"单击鼠标"选项卡下的选项是指单击对象时发生的动作,"鼠标移过"选项卡下的选项是指当鼠标移过对象时所发生的动作。可在"链接到"下拉列表中选择同一演示文稿中的幻灯片。单击"运行程序"下的【浏览】按钮可以选择运行电脑中已安装的程序。

（2）动作按钮

幻灯片默认是按照顺序放映的,如果要改变幻灯片的放映顺序,可以借助动作按钮来实现。在幻灯片中添加动作按钮,可以快速设置某些常用的超链接,实现演示文稿中幻灯片的交互访问,控制演示文稿的放映效果。

PowerPoint 2010 共提供了 11 个动作按钮,如表 2-2-1 所示。

表 2-2-1 动作按钮

按钮图标	按钮名称	说　　明
◁	后退或前一项	默认链接到所在幻灯片的前一张幻灯片
▷	前进或下一项	默认链接到所在幻灯片的下一张幻灯片
◁|	开始	默认链接到演示文稿的第一张幻灯片
|▷	结束	默认链接到演示文稿的最后一张幻灯片
⌂	第一张	默认链接到演示文稿的第一张幻灯片
ⓘ	信息	默认无动作,用户可以为其设置所需的动作
↩	上一张	默认链接到最近观看到的幻灯片
▭	影片	默认无动作,用户可以为其设置所需的动作
▯	文档	默认为该按钮添加一个应用程序动作
◀›	声音	默认无动作,但会添加一个鼓掌的声音
?	帮助	默认无动作,用户可以为其设置所需的动作
▭	自定义	默认无动作,用户可以为其设置所需的动作

以在幻灯片中添加一个"第一张"动作按钮为例,具体操作步骤如下：切换到"插入"选项卡,单击"插图"选项组"形状"的下拉按钮,在弹出的下拉列表中选择"第一张"动作按钮。此时,鼠标会变成十字形,拖动鼠标便可以在页面中绘制一个动作按钮。释放鼠标的同时,系统会自动弹出"动作设置"对话框。此外,用户可以向设置普通图形一样个性化设置动作按钮的外观格式和添加文字。

七、触发器

触发器是 PowerPoint 2010 中的一项功能,它可以是一个图片、文字、段落、文本框等,相当于一个按钮。在 PowerPoint 2010 中设置好触发器功能后,点击触发器会触发一个操作,该操作可以是多媒体音乐、影片、动画等。简单的概括,触发器就是通过按钮点击,控制 PPT 页面中已设定动画的执行。

动画触发器的设置流程是"先做动画,再定触发"。设置好动画之后,在"动画窗格"中选中所有准备被触发的动画,单击鼠标右键,弹出的快捷菜单中选择"计时"命令,打开"计时"对话框。单击"触发器"按钮,出现的展开栏中单击选中"单击下列对象时启动效果"单选项,在右侧的下拉列框中选择准备作为触发按钮的动画对象,设置完毕后确认关闭,如图 2－2－38 所示。

设置触发器动画要注意两个要点:

① 设置触发器时要在"动画窗格"中选中动画,而不能在幻灯片编辑窗口选中带动画的对象。只有在"动画窗格"中选择的具体的动画效果,才能将这一特定动画指定为触发。

② 指定触发器是从下拉菜单列表中勾选对象名称,而不是直接选择页面上的元素,所以必须清楚用作触发器按钮的对象是列表中的哪一个。

图 2－2－38 触发器

页面对象较多时,面对一堆的"椭圆""图片"……,我们可能很难分辨出哪个是我们想要指定为按钮的对象。这时,可以暂停设置,在幻灯片编辑窗口选中准备指定为按钮的对象,到"动画窗格"中去确认对应的名称。

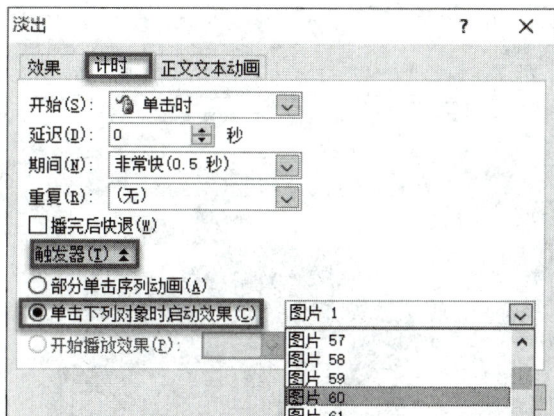

任务 2.3　制作"森林王国"课件

任务描述

王老师准备组织一个音乐游戏《森林王国》,通过游戏使幼儿在倾听、熟悉音乐的基础上,尝试创编动物的舞蹈动作,能够在音乐情景中进行游戏活动并遵守游戏规则。根据游戏内容王老师制作了多媒体课件,让孩子们在听音乐、观看动画欣赏故事的过程中,感受音乐语言,勇于创造表现,乐于参与活动,体验活动的乐趣。

依据活动内容,选择恰当的切换效果展示幻灯片,为幻灯片插入相应的音频、视频,通过设置幻灯片切换达到更佳的观看效果,并将演示文稿通过"打包"成 CD 数据包刻录到光盘或发布到网上,进行共享和交流。

任务实施

一、新建演示文稿

启动 Microsoft PowerPoint 2010,创建一个新的演示文稿,文件名保存为"森林王国"。

二、制作第 1 张幻灯片

（1）选中第 1 张幻灯片,设置版式为"空白版式"。右击幻灯片空白处,在弹出的快捷菜单中选择"设置背景格式"→"图片或纹理填充"选项,单击【文件】按钮,按路径找到本书配套素材"森林王国"文件夹中"图片"子文件夹里的图片"森林王国.jpg"。单击【插入】按钮,设置为幻灯片背景,单击【关闭】按钮。

（2）切换至"插入"选项卡,插入艺术字,选择样式为"填充-绿色,强调文字颜色 3,粉状棱台",输入文

视频 2.3－1 "森林王国"第 1 张幻灯片制作

图 2-3-1　第一张幻灯片效果图

本"森林王国"。切换至"格式"选项卡,设置其文本填充颜色为标准色"绿色"。在"开始"选项卡中设置其字号为"77",将设置好的艺术字移动到合适位置。幻灯片效果如图 2-3-1 所示。

三、制作第 2～5 张幻灯片

（1）新建第 2 张幻灯片（空白版式），设置幻灯片背景格式为"图片或纹理填充"中的"插入自文件",将本书配套素材图片"森林背景图.jpg"设置为幻灯片背景。

（2）插入配套素材图片"红爪印.png",设置进入动画效果为"擦除",开始方式为"上一动画之后"。然后选中设置好的"红爪印",将其复制、粘贴 7 次。将 8 个"红爪印"分别更改其方向、大小、位置,形成由小变大,由远及近,沿小路逐步走来的状态,效果如图 2-3-2 所示。

（3）在"幻灯片/大纲"窗格中选中做好的第 2 张幻灯片,单击右键快捷菜单,选择"复制幻灯片"命令,复制出第 3 张、第 4 张、第 5 张幻灯片。

（4）通过"幻灯片/大纲"窗格切换至第 3 张幻灯片,选中其中一个红爪印,右击打开快捷菜单,选择"更改图片",弹出的"插入图片"对话框中选择配套素材中的图片"黄爪印.png"。同样方法,把其余 7 个红爪印全部换成黄爪印,如图 2-3-3 所示。

图 2-3-2　第 2 张幻灯片效果图

图 2-3-3　更改图片

（5）同上方法,将第 4 张幻灯片上的红爪印全部换成蓝爪印,将第 5 张幻灯片上的红爪印全部换成绿爪印。

（6）通过"幻灯片/大纲"窗格切换至第 2 张幻灯片,切换至"插入"选项卡,单击"媒体"选项组中的"音频"按钮。打开的下拉列表中选择"文件中的音频",在弹出"插入音频"对话框中选择本书配套素材"森林王国"/"音乐"/"A 段动物出场.mp3",幻灯片上出现音频的喇叭标记。选中插入的音频,切换至"播放"选项卡,在"音频选项"选项组中更改开始方式为"跨幻灯片播放"。勾选"放映时隐藏"选项。

（7）在窗口右侧的"动画窗格"里,将音频动画"A 段动物出场.mp3"拖拽到顺序最顶端,如图 2-3-4 所示。

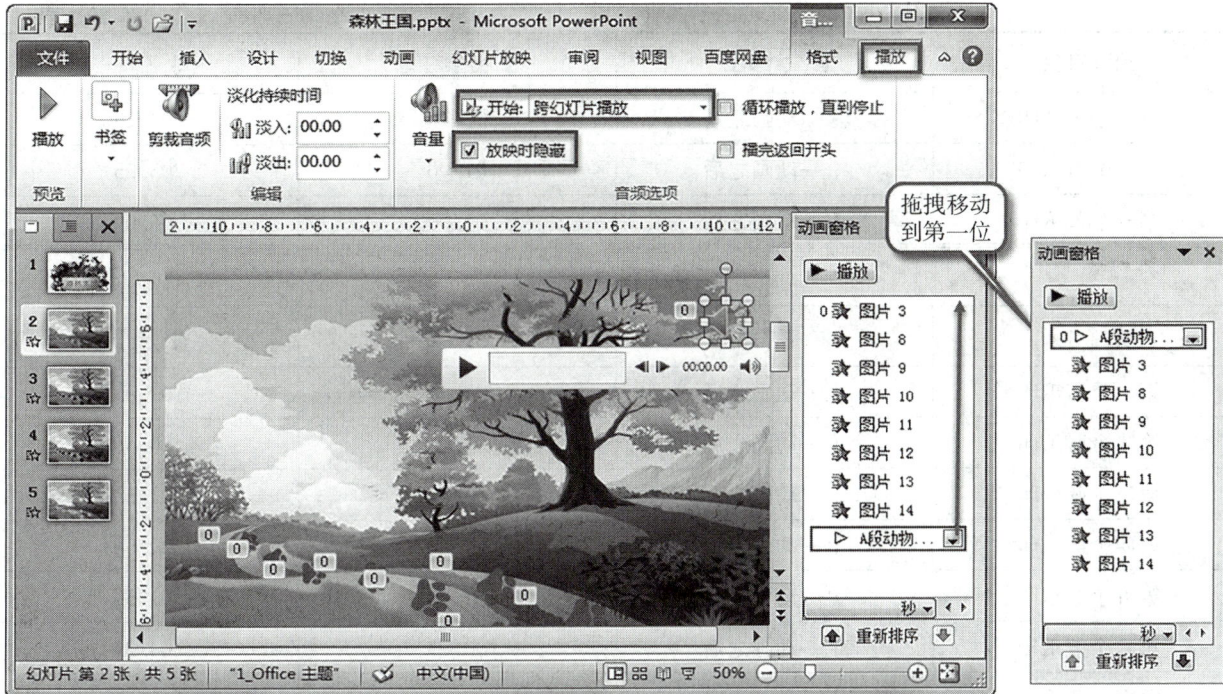

图 2-3-4 音频设置

（8）根据音乐需要，调整脚印动画出现、消失时间，设置见表 2-3-1（仅供参考）。

表 2-3-1 脚印动画属性设置

第 2 张幻灯片			
动画对象	▶ 开始:	🕐 持续时间:	🕐 延迟:
第一个红爪印	上一动画之后	00.50	04.00
第二个红爪印	上一动画之后	01.00	04.50
第三个红爪印	上一动画之后	01.00	05.50
第四个红爪印	上一动画之后	01.00	06.50
第五个红爪印	上一动画之后	01.00	07.50
第六个红爪印	上一动画之后	00.75	08.25
第七个红爪印	上一动画之后	01.00	09.25
第八个红爪印	上一动画之后	01.00	10.00
第 3 张幻灯片			
动画对象	▶ 开始:	🕐 持续时间:	🕐 延迟:
第一个黄爪印	上一动画之后	00.50	00.00
第二个黄爪印	上一动画之后	01.00	00.50
第三个黄爪印	上一动画之后	01.00	01.50
第四个黄爪印	上一动画之后	01.00	02.50
第五个黄爪印	上一动画之后	01.00	03.50

动画对象	▶ 开始:	⏱ 持续时间:	⏲ 延迟:
第六个黄爪印	上一动画之后	00.75	04.25
第七个黄爪印	上一动画之后	01.00	05.25
第八个黄爪印	上一动画之后	01.00	06.00
第4张幻灯片			
动画对象	▶ 开始:	⏱ 持续时间:	⏲ 延迟:
第一个蓝爪印	上一动画之后	00.50	00.00
第二个蓝爪印	上一动画之后	01.00	00.50
第三个蓝爪印	上一动画之后	01.00	01.50
第四个蓝爪印	上一动画之后	01.00	02.50
第五个蓝爪印	上一动画之后	01.00	03.50
第六个蓝爪印	上一动画之后	00.75	04.25
第七个蓝爪印	上一动画之后	01.00	05.25
第八个蓝爪印	上一动画之后	01.00	06.00
第5张幻灯片			
动画对象	▶ 开始:	⏱ 持续时间:	⏲ 延迟:
第一个绿爪印	上一动画之后	00.50	00.00
第二个绿爪印	上一动画之后	01.00	00.50
第三个绿爪印	上一动画之后	01.00	01.50
第四个绿爪印	上一动画之后	01.00	02.50
第五个绿爪印	上一动画之后	01.00	03.50
第六个绿爪印	上一动画之后	00.75	04.25
第七个绿爪印	上一动画之后	01.00	05.25
第八个绿爪印	上一动画之后	01.00	06.00

四、制作第 6 张幻灯片

视频 2.3－3
"森林王国"
第 6 张幻
灯片制作

（1）新建第 6 张幻灯片（空白版式），设置幻灯片背景格式为"图片或纹理填充"中的"插入自文件"，将本书配套素材图片"森林背景图.jpg"设置为幻灯片背景。

（2）切换至"插入"选项卡，单击"媒体"选项组中的"音频"按钮，插入本书配套素材"森林王国"/"B段老虎来了.mp3"，幻灯片上出现音频的喇叭标记。选中插入的音频，切换至"播放"选项卡，在"音频选项"选项组中更改开始方式为"跨幻灯片播放"。勾选"放映时隐藏"选项。

（3）插入配套素材图片"老虎.png"，调整至合适大小，位置放置到幻灯片左外侧灰色区域。切换至"动画"选项卡，单击"高级动画"选项组中的"添加动画"按钮，打开的下拉列表中选择"其他动作路径"，弹出"添加动作路径"，选择"S形曲线 1"，如图 2－3－5 所示。

（4）选中路径动画，拖拽边框更改动画大小，旋转路径更改动画起点、终点位置，效果如图 2－3－6 所示。设置路径动画开始方式为"与上一动画同时"，持续时间为"02.50"。

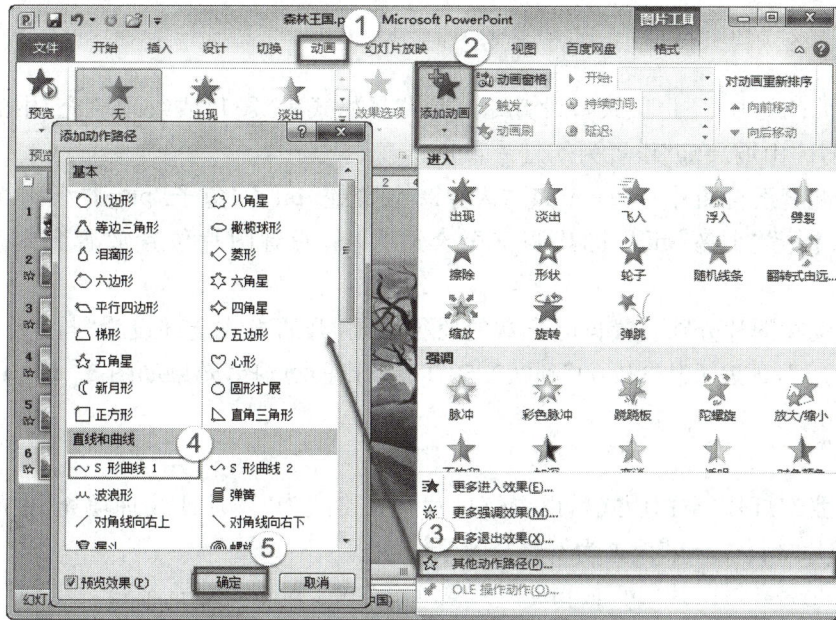

图 2-3-5　添加动作路径动画

图 2-3-6　路径动画效果图

（5）选中"老虎"图片，单击"高级动画"选项组中的"添加动画"按钮，打开的下拉列表中选择"强调"组中的"放大/缩小"，设置开始方式为"与上一动画同时"，持续时间为"03.00"，如图 2-3-7 所示。

第 6 张幻灯片最终效果如图 2-3-8 所示。

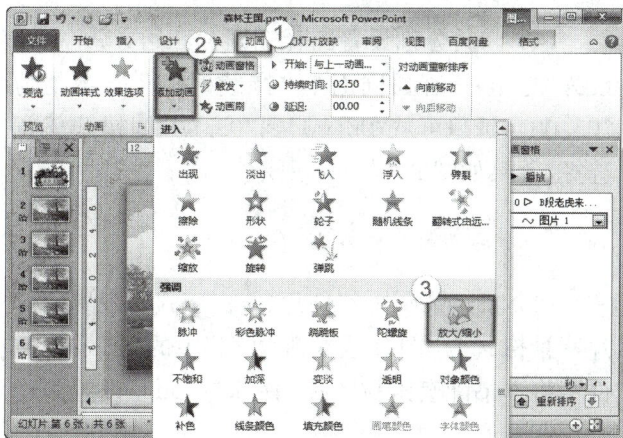

图 2-3-7　设置"老虎"路径动画

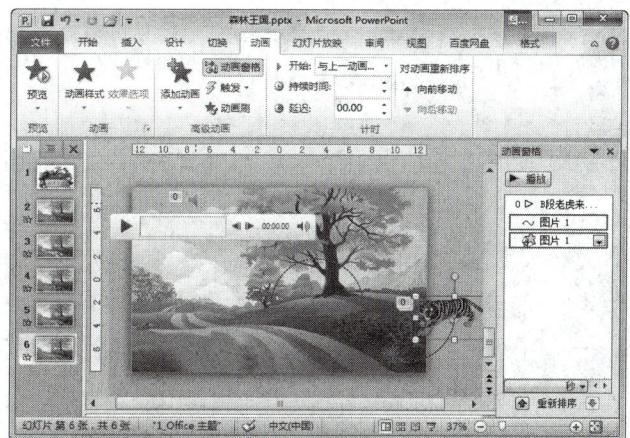

图 2-3-8　第 6 张幻灯片最终效果图

五、制作第 7 张幻灯片

（1）新建第 7 张幻灯片（空白版式），设置幻灯片背景格式为"图片或纹理填充"中的"插入自文件"，将本书配套素材图片"山坡.png"设置为幻灯片背景。

（2）插入本书配套素材图片"斑马.png""大象.png""蛇.png""兔子.png""小狗.png""小鸡.png""小鹿.png""小猫.png""小鸟.gif"，将其调整至合适大小，所有图片位置放置到幻灯片右外侧灰色区域。

（3）为所有小动物图片分别设置自己喜欢的路径动画，开始方式全部设为"与上一动画同时"，持续时间全部设为"04.25"，延迟可从"00.00"到"02.50"间错开任意选择，效果如图 2-3-9 所示。

六、制作第 8 张幻灯片

（1）新建第 8 张幻灯片（空白版式），设置幻灯片背景格式为"图片或纹理填充"中的"插入自文件"，将本书配套素材图片"树林.png"设置为幻灯片背景。

（2）插入本书配套素材图片"斑马.png""大象.png""蛇.png""兔子.png""小狗.png""小鸡.png""小鹿.png""小猫.png""小鸟.gif"，将其调整至合适大小。所有图片位置放置到幻灯片左外侧灰色区域。

（3）分别选中小动物图片，切换至"格式"选项卡，单击"排列"选项组中的"旋转"按钮。在弹出的下拉列表中选择"水平翻转"，将所有小动物图片都进行水平翻转，效果如图 2-3-10 所示。

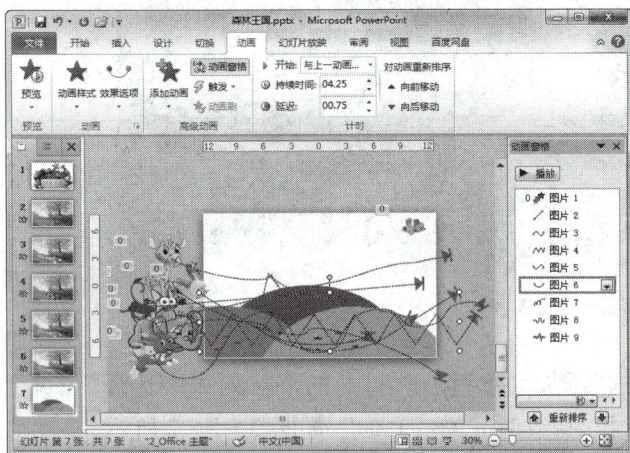

图 2-3-9　第 7 张幻灯片最终效果图

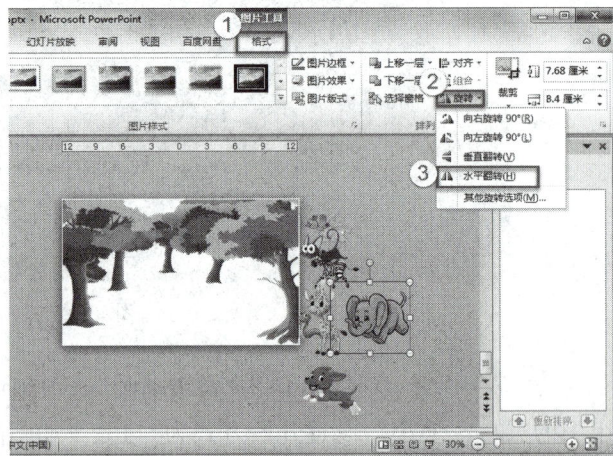

图 2-3-10　更改图片方向

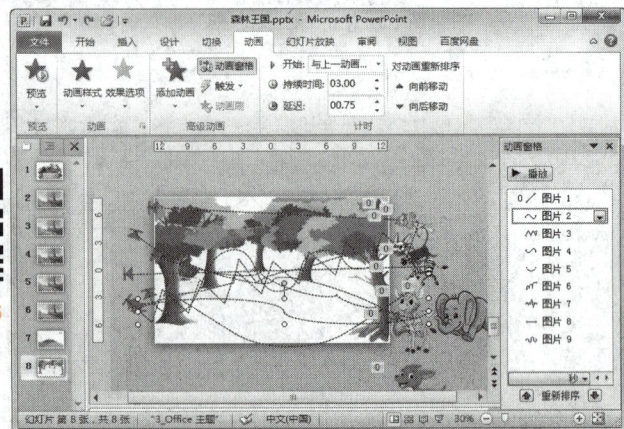

图 2-3-11　第 8 张幻灯片最终效果图

（4）为其分别设置路径动画，"开始方式"全部设为"与上一动画同时"，"持续时间"全部设为"03.00"，延迟可从"00.00"到"02.00"间错开任意选择，效果如图 2-3-11 所示。

七、制作第 9 张幻灯片

（1）新建第 9 张幻灯片（空白版式），设置幻灯片背景格式为"图片或纹理填充"中的"插入自文件"，将本书配套素材图片"森林屋.png"设置为幻灯片背景。

（2）插入本书配套素材图片"斑马.png""大

象.png""蛇.png""兔子.png""小狗.png""小鸡.png""小鹿.png""小猫.png""小鸟.gif",将其调整至合适大小。所有图片分两部分放置到幻灯片左、右外侧灰色区域。

（3）分别选中幻灯片右侧的小动物图片,切换至"格式"选项卡,单击"排列"选项组中的"旋转"按钮。在弹出的下拉列表中选择"水平翻转",将右侧小动物图片都进行水平翻转。

（4）为所有小动物图片设置自己喜欢的路径动画,"开始方式"全部设为"与上一动画同时","持续时间"全部设为"01.50",延迟可从"00.00"到"00.50"间错开任意选择,效果如图 2-3-12 所示。

八、制作第 10 张幻灯片

（1）新建第 10 张幻灯片(空白版式),设置幻灯片背景格式为"图片或纹理填充"中的"插入自文件",将本书配套素材图片"森林.png"设置为幻灯片背景。

（2）插入艺术字,选择"填充-红色,强调文字颜色 2,暖色粗糙棱台",拖动鼠标进行绘制,输入文本"谢谢观看"。切换到"格式"选项卡,设置其"文本填充"为"绿色,强调文字颜色 3,深色 50％","形状轮廓"为"绿色,强调文字颜色 3,深色 25％"。单击"格式"选项卡左侧"插入形状"选项组中的"编辑形状"按钮,选择"更改形状"下拉列表里的"基本形状"组中的"云形",效果如图 2-3-13 所示。

视频 2.3-7 "森林王国" 第 10 张幻灯片制作

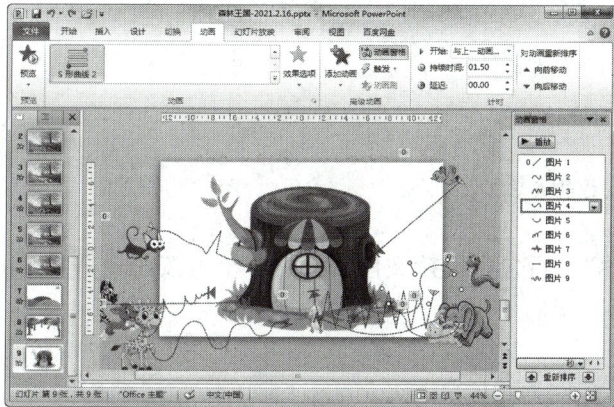

图 2-3-12 第 9 张幻灯片最终效果图　　图 2-3-13 更改艺术字边框形状

九、设置幻灯片切换效果

在"幻灯片/大纲"窗格中选中第 10 张幻灯片,选择"切换"选项卡,"切换到此幻灯片"选项组中"切换效果"为默认效果:"无",勾选"计时"选项组中的"设置自动换片时间",单击【全部应用】按钮,将设置的切换效果应用到本演示文稿中所有幻灯片,如图 2-3-14 所示。

视频 2.3-8 设置幻灯片切换效果

十、保存演示文稿

单击窗口左上角快速访问工具栏中的【保存】按钮,或按快捷键[Ctrl]+[S]保存文件。课件最终效果如图 2-3-15 所示。

十一、打包演示文稿

（1）执行"文件"菜单中的"保存并发送"命令,然后双击"将演示文稿打包成 CD",弹出"打包成 CD"对话框,将 CD 命名为"森林王国 CD"。

（2）单击【复制到文件夹】按钮,打开"复制到文件夹"对话框,指定文件夹的名称为"森林王国 CD",位置为 D:\(本地磁盘 D 盘),如图 2-3-16 所示。

图 2-3-14 设置幻灯片切换

图 2-3-15 "森林王国"课件效果图

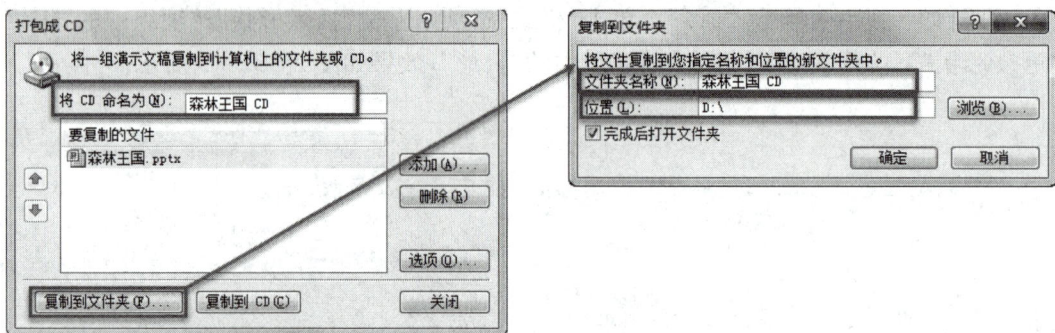

图 2-3-16 打包成 CD

（3）单击【确定】按钮，屏幕出现如图 2-3-17 所示"是否包含链接文件"对话框，单击按钮 是(Y)，将演示文稿开始打包并存放到指定的文件夹。

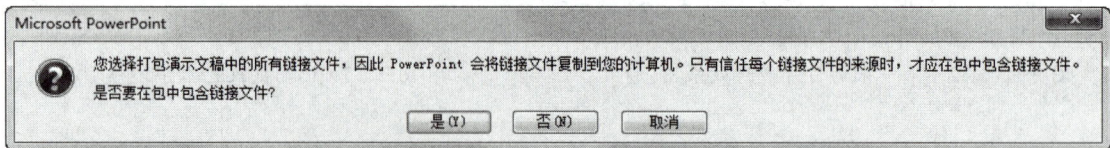

图 2-3-17 "是否包含链接文件"对话框

（4）单击【关闭】按钮，关闭"打包成 CD"对话框。本地磁盘 D 盘中出现"森林王国 CD"文件夹，如图 2-3-18 所示。

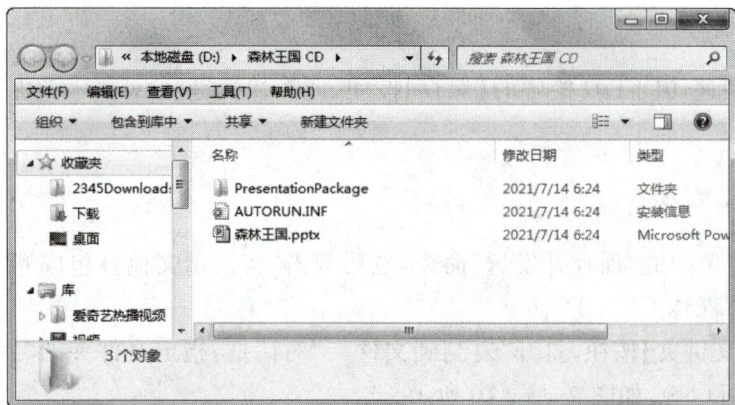

图 2-3-18 "森林王国 CD"文件夹

一、辅助工具

PowerPoint 2010 还有一些辅助工具,如标尺、网格线、参考线等。

1. 标尺

围绕幻灯片编辑窗口的垂直标尺和水平标尺可帮助我们更准确地放置对象。若要打开或关闭标尺,在"视图"选项卡中的"显示"选项组中,选中或取消勾选"标尺"选项即可,如图 2-3-19 所示。

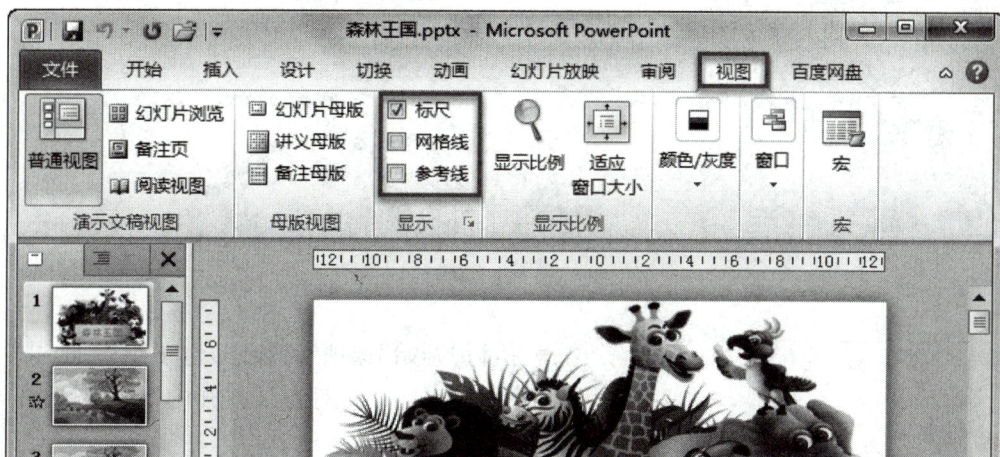

图 2-3-19 标尺

标尺仅在"普通视图"和"备注页视图"中可用。无论处理的是哪种类型的内容,标尺都有助于定位,但在文本框中编辑文本时,标尺还具有其他用途。水平标尺显示文本框的段落缩进和任何自定义制表位,可在标尺上直接拖动更改缩进标记。

垂直标尺是可选的。要禁用垂直标尺,同时保留水平标尺,可执行"文件"菜单中的"选项"命令,在打开的对话框中选择"高级"选项卡,在"显示"选项组中取消勾选"显示垂直标尺"选项,如图 2-3-20 所示。

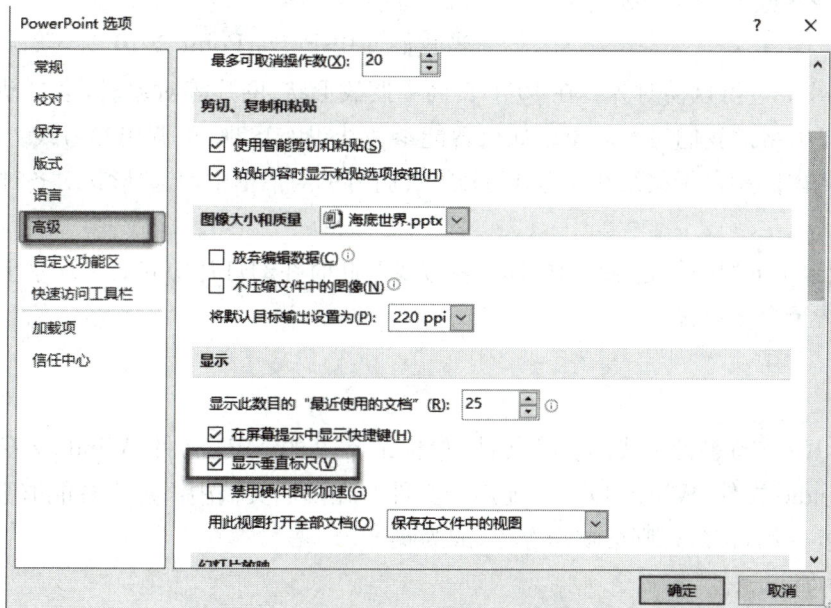

图 2-3-20 取消垂直标尺

2. 网格线

网格线是幻灯片编辑状态下的虚线,在播放幻灯片的时候不会显示出来。线之间的间距是固定的,能够帮助我们排列、对齐本幻灯片中的对象,要打开或关闭网格线,可采用以下方法:

● 在"视图"选项卡"显示"选项组中,勾选或取消"网格线"选项,如图 2–3–21 所示。

图 2–3–21　网格线

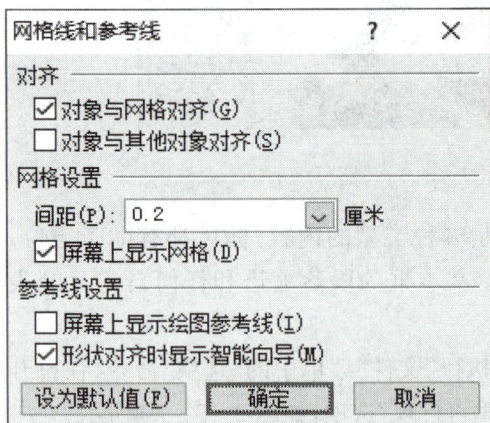

图 2–3–22　"网格线和参考线"对话框

● 执行"开始"选项卡"绘图"选项组中的"排列"命令,弹出的下拉列表中选择"对齐",打开的下一级下拉列表中选择"查看网格线"选项。

单击"对齐"所弹出的下一级下拉列表中的"网格设置"选项,可打开"网格线和参考线"对话框。可设置多种参数,如对象是否对齐网格、网格是否可见、网格线间的间距是多少厘米等,如图 2–3–22 所示。

3. 参考线

参考线分两种:一种是智能参考线,又称自动对齐;另一种是绘图参考线。

（1）智能参考线

当我们使用 PowerPoint 2010 时,默认会有一种自动出现的参考线,辅助 PPT 进行自动对齐。在 PPT 页面中摆放形状、图片等对象时,会自动出现数条类似的参考线,这些虚线可以帮助我们对齐对象。如果智能参考线没有出现,可调用参考线。在 PPT 空白处右击,在弹出的快捷菜单中选择"网格线和参考线"选项,在打开的对话框中勾选"形状对齐时显示智能向导"。

（2）绘图参考线

在"视图"选项卡中的"显示"选项组中勾选"参考线",此时在幻灯片中间会出现水平和垂直两条参考线,可以拖动参考线至合适位置。

二、插入音频

PowerPoint 2010 支持多种格式的音频文件,包括最常见的 MP3 文件,Window 音频文件(WAV)、Windows Media Audio 文件(WMA)以及其他声音文件。在演示文稿中添加声音能够吸引观众和增加新鲜感,然而声音不要使用过多,否则会喧宾夺主,成为噪音。

1. 在幻灯片中插入音频

选择需要插入音频的幻灯片,切换至"插入"选项卡,单击"媒体"选项组中"音频"右侧的下拉按钮,可以插入"文件中的音频""剪贴画音频",还可以"录制音频"。音频插入成功后,幻灯片中会出现一个声音图标、播放滚动条和声音设置按钮,如图2-3-23所示。

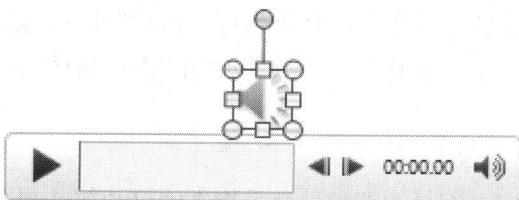

图2-3-23　声音图标

　　选中声音图标后,功能区会添加"音频工具"选项卡及下属"格式"和"播放"两个选项卡。用户可以借助"格式"选项卡中的按钮把声音图标当作普通图形来设置其外观,借助"播放"选项卡中的按钮可以对音频进行播放设置,如图2-3-24所示。

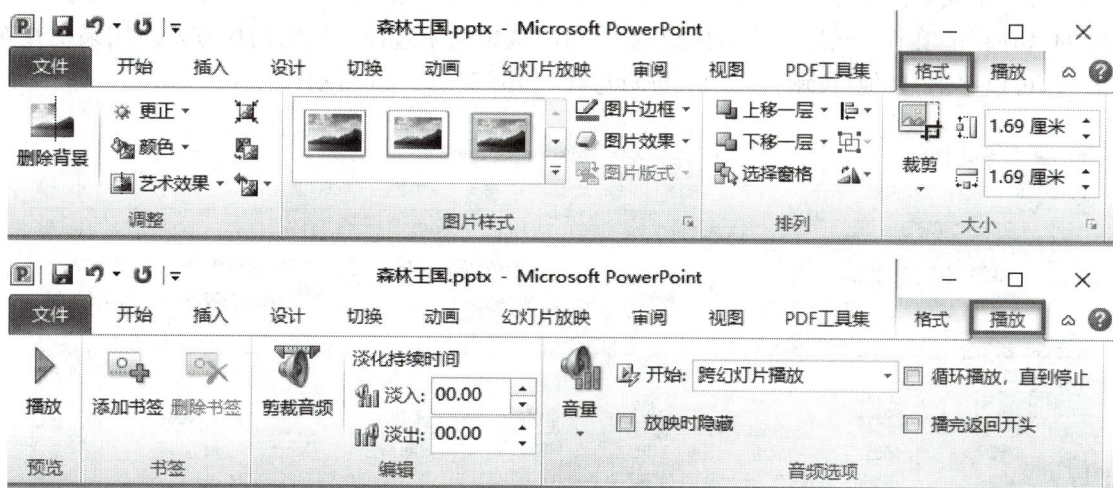

图2-3-24　音频工具选项卡

2. 剪裁音频

　　默认情况下,插入音频是将整首音乐插入到幻灯片中。如果只是插入某一段,则可以通过以下方法实现:选中声音图标,切换至"音频工具"选项卡下的"播放"选项卡,单击"编辑"选项组中"剪裁音频"按钮,打开"剪裁音频"对话框,如图2-3-25所示。绿色图标处为音频的开始点,红色图标处为音频的结束点,中间为当前音频播放的时间线。可调整绿色与红色图标的位置或输入开始时间和结束时间来剪裁音频。

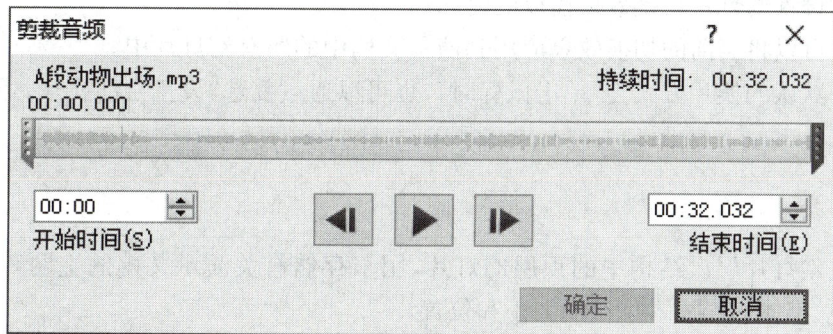

图2-3-25　剪辑音频

3. 设置声音的播放方式

　　默认情况下,插入的音频是在幻灯片放映状态下单击鼠标时才开始播放。要更改声音的播放方式,需要选中声音图标,切换至"音频工具"选项卡下"播放"选项卡。单击"音频选项"选项组中"开始"按钮右侧选择框的下拉按钮,在弹出的下拉列表中选择播放方式,如图2-3-24所示。如果想把插入的音频作为背景音乐,选择"跨幻灯片播放"即可。此外,当幻灯片的数目较多时,为了保证在所有幻灯片的放映过程中均有背景音乐,可以选中"循环播放,直到停止"或"播放完返回开头"复选框。

三、幻灯片切换

幻灯片切换效果是指在幻灯片放映视图下,两张连续的幻灯片之间的过渡效果。即在放映时,从幻灯片 A 到幻灯片 B,幻灯片 B 应该以何种方式显示。

PowerPoint 2010 提供了多种不同的幻灯片切换方式,可以使幻灯片之间的切换呈现不同的效果。

1. 设置幻灯片切换方式

可同时为一张或多张幻灯片设置切换效果,操作步骤如下:选中需要设置切换方式的幻灯片,切换到功能区的"切换"选项卡。然后,在"切换到此幻灯片"选项组中选择对应的切换方式。如果要查看更多的切换方式,可以单击"其他"按钮打开列表进行选择,如图 2-3-26 所示。

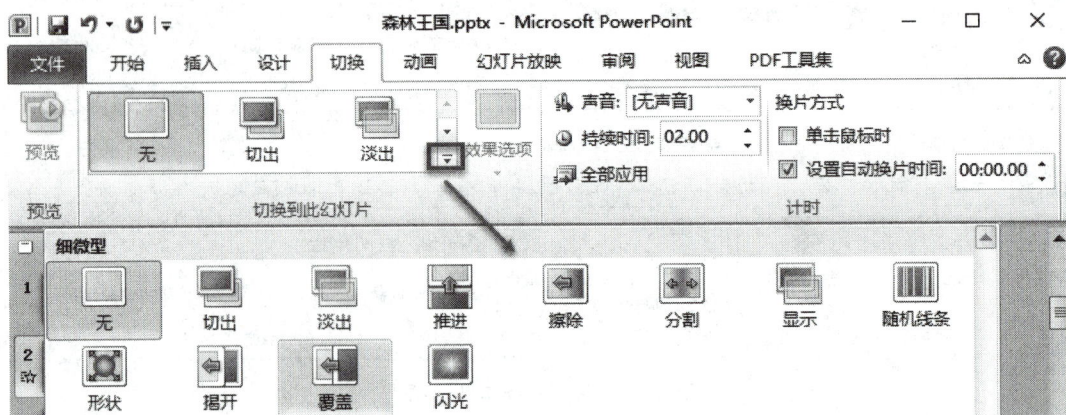

图 2-3-26 设置切换方式

2. 设置幻灯片的切换效果属性

任何一种幻灯片切换方式都有默认的切换效果,如果想自定义幻灯片的切换效果,需要借助"切换"选项卡中的其他按钮来设置。

- 效果选项:设置幻灯片的切换方向。
- 声音:可在列表中选择幻灯片切换时的背景音效。
- 持续时间:设置幻灯片切换效果播放的时间。
- 全部应用:可以将当前的切换效果应用到演示文稿中的所有幻灯片中。
- 换片方式:默认的换片方式为"单击鼠标时",也可以通过复选"设置自动换片时间"来设置自动的换片时间。

四、幻灯片母版

幻灯片母版是幻灯片层次结构中的顶层幻灯片,用于存储有关演示文稿的主题和幻灯片版式的信息,包括背景、颜色、字体、效果、占位符的大小和位置。

在演示文稿中所有幻灯片都基于母版创建的,每个演示文稿至少包含一个幻灯片母版。使用母版可以统一幻灯片的外观,一旦修改了幻灯片母版,则所有基于这一母版所创建的幻灯片格式也随之发生改变。

PowerPoint 2010 提供了三类母版:幻灯片母版、讲义母版和备注母版,实用性最强的是幻灯片母版。

若要把演示文稿中每张幻灯片标题的字体、字号等进行修改,或添加相同的信息(如徽标和名称),可以通过修改母版来实现。具体操作步骤如下：

（1）打开演示文稿。

（2）单击到"视图"选项卡，然后选择"母版视图"中的"幻灯片母版"命令，进入"幻灯片母版视图"，如图 2-3-27 所示。在"幻灯片母版视图"窗口中，右窗格最顶部为幻灯片母版，下面是与幻灯片母版相关联的幻灯片版式。幻灯片母版对演示文稿各张幻灯片均生效，而其他版式只对运用此版式的幻灯片生效。当将鼠标指针指向版式略略图，将显示此版式适用的范围。

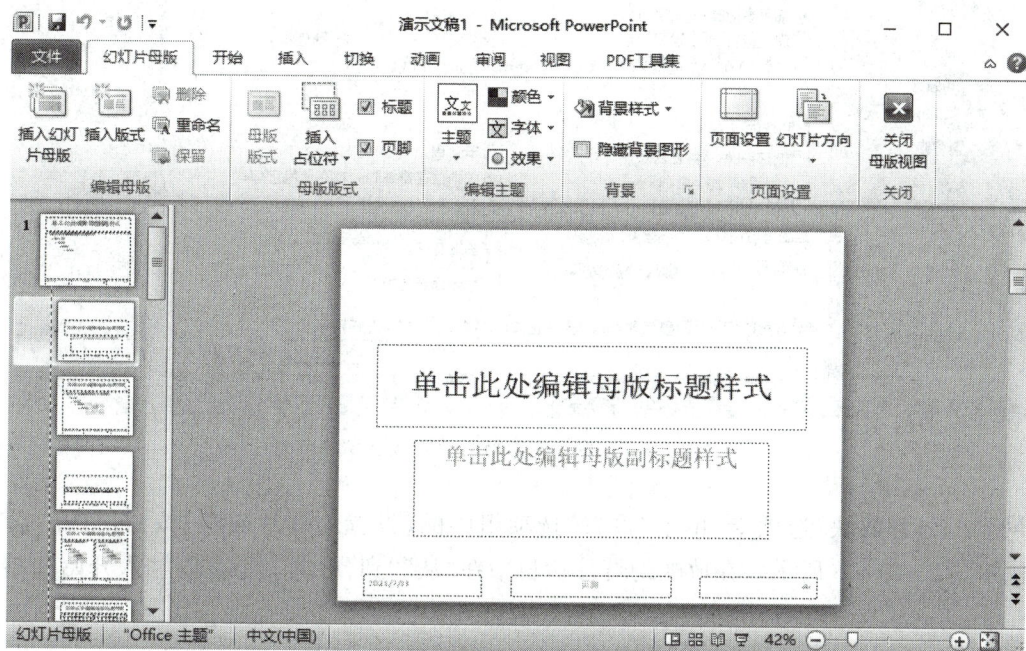

图 2-3-27 幻灯片母版

（3）右击"单击此处编辑母版标题样式"，在弹出的快捷菜单中选择"字体"选项，打开"字体"对话框。在"字体"对话框中，设置好字体、字号等相关的选项后，单击【确定】按钮返回。

（4）右击"单击此处编辑母版文本样式"，在弹出的快捷菜单中选择"字体"选项，可以设置字体。在弹出的快捷菜单中选择"项目符号"选项，可以设置项目符号。同样，可分别对下面的"第二级""第三级"等进行字体和项目符号设置。

（5）单击"插入"选项卡，选择"文本"选项组中的"页眉和页脚"命令，打开"页眉和页脚"对话框，切换到"幻灯片"选项卡，可对日期区、页脚区、数字区进行格式化设置。

（6）在"插入"选项卡中，选择"图像"选项组中的"图片"命令，打开"插入图片"对话框，在"插入图片"对话框中选择图片，可将图片插入到母版中，并根据需要对图片的格式进行设置。

（7）编辑修改完成后，单击"视图工具栏"中【普通视图】按钮，返回普通视图，相关的设置即生效。

五、演示文稿的放映

演示文稿制作完成后，便可在观众面前放映。通常，放映演示文稿之前，可根据需要对放映方式进行设置。执行"幻灯片放映"选项卡下"设置"选项组中的"设置幻灯片方.映"命令，则弹出"设置放映方式"对话框，如图 2-3-28 所示。在此对话框中，可设置放映类型、放映选项、放映范围及换片方式。

1. 设置幻灯片放映方式

（1）设置放映范围

默认情况下，放映幻灯片时会播放演示文稿中所有的幻灯片。也可以设置只播放部分幻灯片。方法

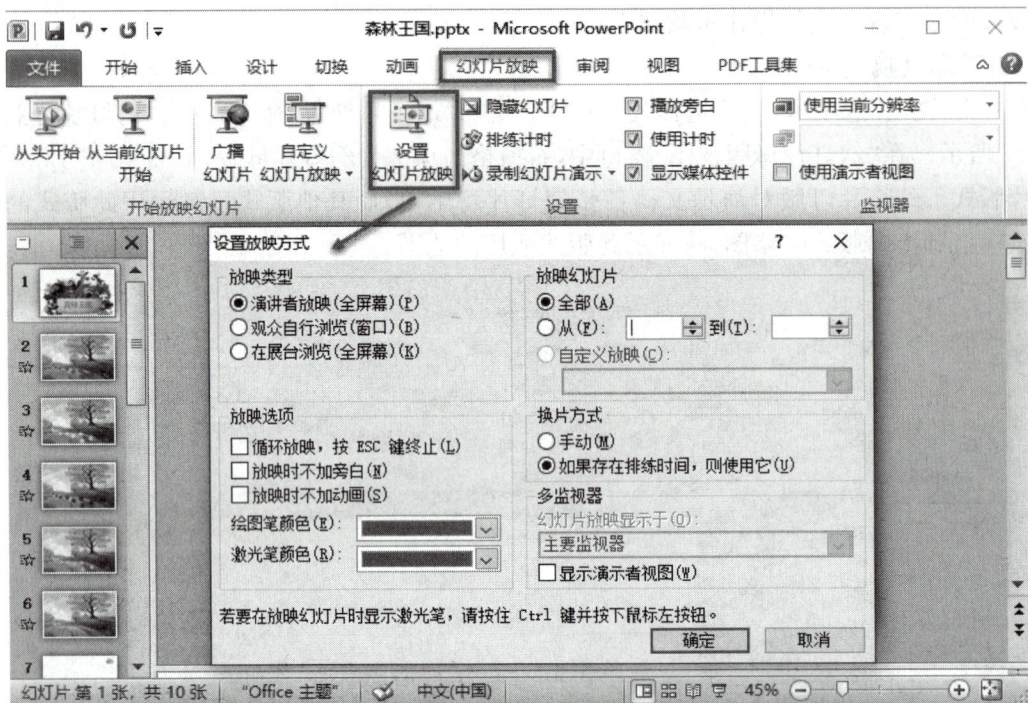

图 2-3-28　设置幻灯片放映方式

如下：切换至"幻灯片放映"选项卡，单击"设置"选项组中的【设置幻灯片放映】按钮，打开"设置放映方式"对话框，如图 2-3-28 所示。在放映幻灯片栏目中在"从""到"后的文本框内输入开始和结束的幻灯片编号。

（2）放映幻灯片

在普通视图下，可以按下［F5］键或单击状态栏的【幻灯片放映】按钮，或切换至"幻灯片放映"选项卡，单击"开始放映幻灯片"选项组中的相应按钮来放映幻灯片。

（3）结束观看

要提前幻灯片的放映，可以按［Esc］键或单击鼠标右键，在弹出的快捷菜单中选择"结束放映"来结束放映。

2. 幻灯片放映类型

（1）演讲者放映（全屏幕）

最常用的放映方式，由演讲者自动控制全部放映过程，可以采用自动或手动的方式放映，适用于大屏幕投影的会议、上课等，还可以录制旁白。

（2）观众自行浏览（窗口）

以窗口的形式放映幻灯片，允许用户通过菜单操作幻灯片，同时可以进行其他窗口的操作。适用于展示会上进行产品展示。放映过程中，观众可以交互式的控制放映进程。单击窗口下方的左箭头←（或按［Page Up］键）切换到上一张幻灯片，单击窗口下方的右箭头→（或按［Page Down］键）切换到下一张幻灯片。若单击两个箭头之间的"菜单"按钮，在打开的控制菜单中选择"定位至幻灯片"命令，可切换到指定的幻灯片。

（3）在展台浏览（全屏幕）

以全屏形式在展台上做演示，按预定的或通过"幻灯片放映"菜单中的"排练计时"命令设置的时间和次序放映，但不允许现场控制放映的进程。

这种类型将自动全屏放映幻灯片，并且循环播放。它适合于无人看管的场合，例如在展台上自动播放产品信息。要以这种方式播放演示文稿，应执行"幻灯片放映"选项卡下"设置"选项组中的"排练计时"

命令。进行排练计时,然后可按照排练计时的过程放映。但放映过程中不能现场控制放映进程。

六、发布幻灯片

在制作幻灯片的过程中,有时需要制作内容相近的幻灯片,PowerPoint 2010 可以将这些经常用到的幻灯片发布到幻灯片库中,需要时直接调用;还能用于其他演示文稿中,从而共享并重复使用这些幻灯片内容,使制作更加方便快捷。

1. 将幻灯片发布到幻灯片库

发布幻灯片的具体步骤如下:

(1)打开演示文稿。

(2)选择"文件"菜单中的"保存并发送"命令,在中间列表的"保存并发送"栏中选择"发布幻灯片"选项,在右侧的"发布幻灯片"栏中单击发送幻灯片按钮 ⚏ ,如图 2-3-29 所示。

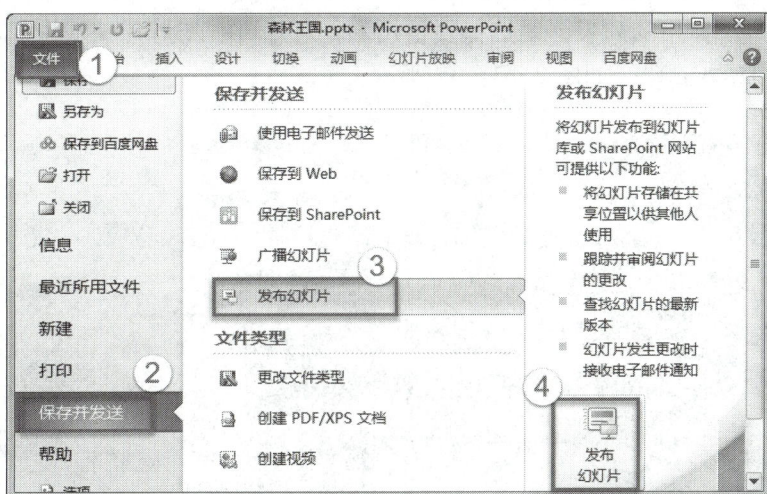

图 2-3-29 发布幻灯片

(3)弹出"发布幻灯片"对话框,在"选择要发布的幻灯片"列表框中选择需要发布的幻灯片左侧的复选框。然后,在"文件名"栏中输入对应幻灯片的名称,在"说明"栏中输入该幻灯片的说明,如图 2-3-30 所示。

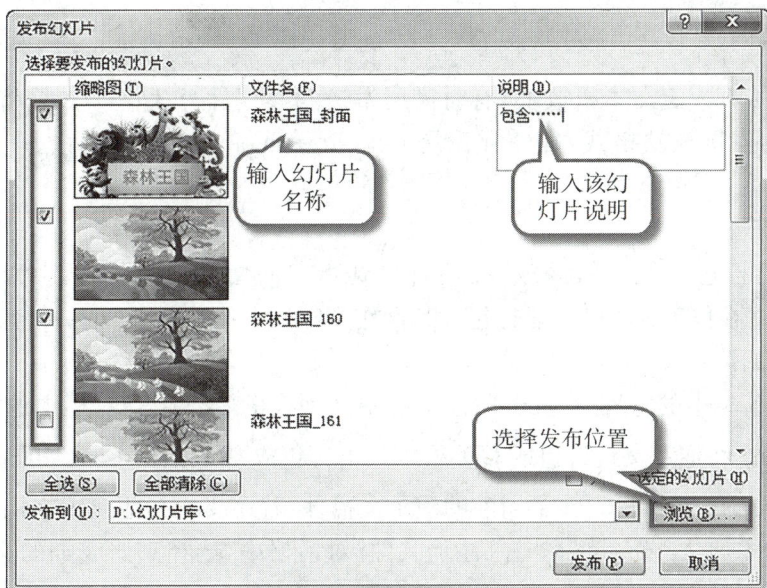

图 2-3-30 "发布幻灯片"对话框

（4）单击浏览按钮 浏览(B)... ，打开"选择幻灯片库"对话框，选择发布位置（事先在本地磁盘上新建一个文件夹，例如在 D 盘上新建"幻灯片库"文件夹）。

（5）返回"发布幻灯片"对话框，单击【发布】按钮进行发布。打开选择的本地的"幻灯片库"文件夹，即可看到发布的幻灯片，每一张幻灯片都单独对应一个演示文稿。

若要将所有幻灯片都发布到幻灯片库中，可单击【全选】按钮；若要重新选择，可单击【全部清除】按钮，先将原来选中的幻灯片清除，再重新选择。

2. 调用幻灯片库中的幻灯片

幻灯片发布到幻灯片库中后，在需要时可以将其从幻灯片库中调出来使用，具体操作如下：

（1）新建演示文稿，在"开始"选项卡下"幻灯片"选项组中单击【新建幻灯片】按钮下拉按钮，在打开的列表中选择"重用幻灯片"选项。

（2）在工作界面右侧打开"重用幻灯片"窗格，单击【浏览】按钮，在打开的列表中选择"浏览文件"选项，或单击"打开 PowerPoint 文件"超链接，如图 2-3-31 所示。

（3）在"重用幻灯片"窗格的列表框中选择要重用的幻灯片，在"幻灯片编辑"窗口中将新建一个文本内容与重用幻灯片相似的幻灯片，如图 2-3-32 所示。

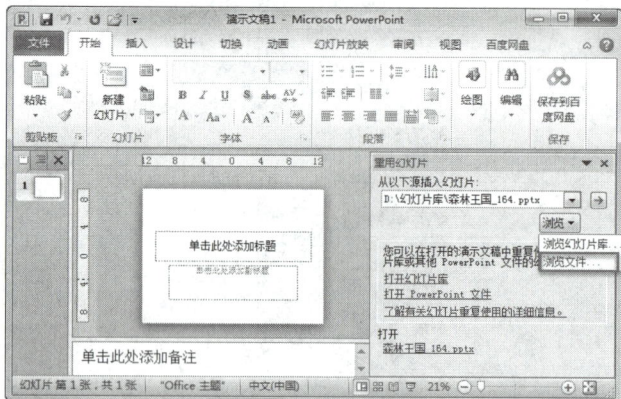

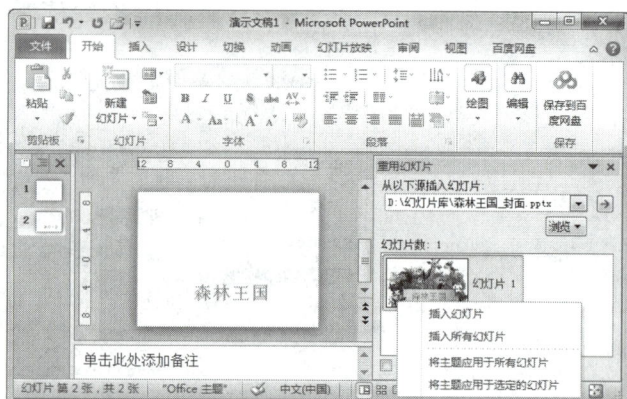

图 2-3-31　重用幻灯片　　　　　　图 2-3-32　利用"重用幻灯片"新建一个幻灯片

（4）在"重用幻灯片"窗格中的列表框中的重用幻灯片上单击鼠标右键，弹出的快捷菜单中选择一种幻灯片的应用方式，如图 2-3-32 所示。

七、发送演示文稿

课件制作好后，并不一定在本机放映，有时需要发送到其他计算机中。如果将演示文稿打包或直接将演示文稿转换为直接放映格式，即使在没有安装 PowerPoint 2010 的计算机上，也可以运行演示文稿。

1. 演示文稿的打包

通过演示文稿的打包功能，可将演示文稿打包到指定的文件夹或打包到 CD 光盘，甚至可以把 PowerPoint 2010 播放器和演示文稿一起打包。其操作步骤如下：

（1）打开要打包的演示文稿。

（2）执行"文件"菜单中的"保存并发送"命令，在中间列表的"文件类型"栏中选择"将演示文稿打包成 CD"选项，在右侧的"将演示文稿打包成 CD"栏中单击打包成 CD 按钮 ，如图 2-3-33 所示。

（3）弹出"打包成 CD"对话框。除了当前的演示文稿外，若还要将其他演示文稿也一起打包，可单击【添加】按钮，则弹出"添加文件"对话框。在"添加文件"对话框中，选择需要添加的文件并单击【添加】按钮，返回"打包成 CD"对话框。

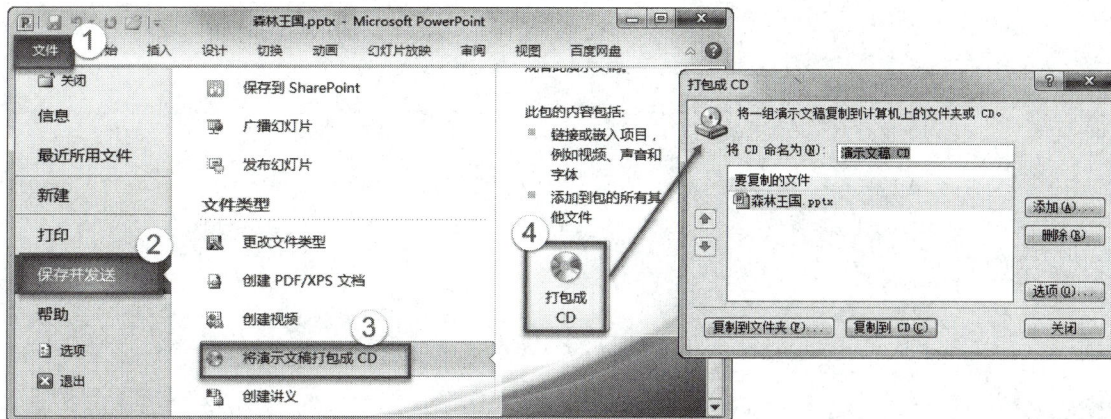

图2-3-33 将演示文稿打包成CD

（4）若要更改默认设置，可单击"打包成CD"对话框中的【选项】按钮，在打开的"选项"对话框中进行设置，如图2-3-34所示。设置完成后，单击【确定】按钮返回"打包成CD"对话框。

通常会选中"链接的文件"复选框，否则演示文稿有可能不完整。选中"嵌入的 TrueType 字体"复选框之后，可确保在未安装同样字体的机器中正确显示文本。

（5）如果单击"复制到文件夹"按钮，则打开"复制到文件夹"对话框。指定文件夹的名称和位置后，单击【确定】按钮，便将演示文稿开始打包并存放到指定的文件夹。如果单击"复制到CD"按钮，可以将演示文稿制作成CD盘（需要刻录机和空白CD光盘）。

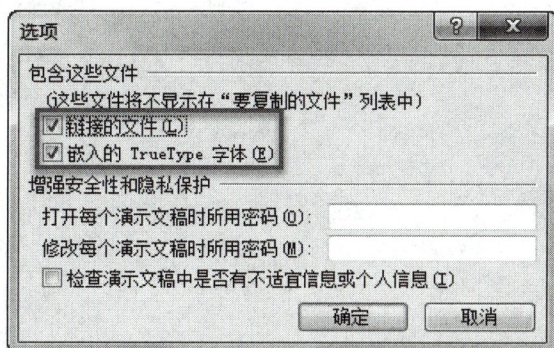

图2-3-34 "打包成CD"的选项对话框

（6）单击【关闭】按钮，则关闭"打包成CD"对话框。

2. 转换为直接放映格式

要在其他没有安装 PowerPoint 的计算机中放映演示文稿，除了采用打包的方法外，还可以将演示文稿转换为直接放映格式。操作步骤如下：

（1）打开演示文稿。

（2）执行"文件"菜单中的"保存并发送"命令，然后双击"更改文件类型"，弹出"另存为"对话框。

（3）在"另存为"对话框中选择存放位置和文件名，设置保存类型为 PowerPoint 放映（文件扩展名为"ppsx"），如图2-3-35所示，然后单击【保存】按钮即可。将演示文稿转换为直接放映格式后，双击扩展名为"ppsx"的文件，即可开始放映演示文稿。

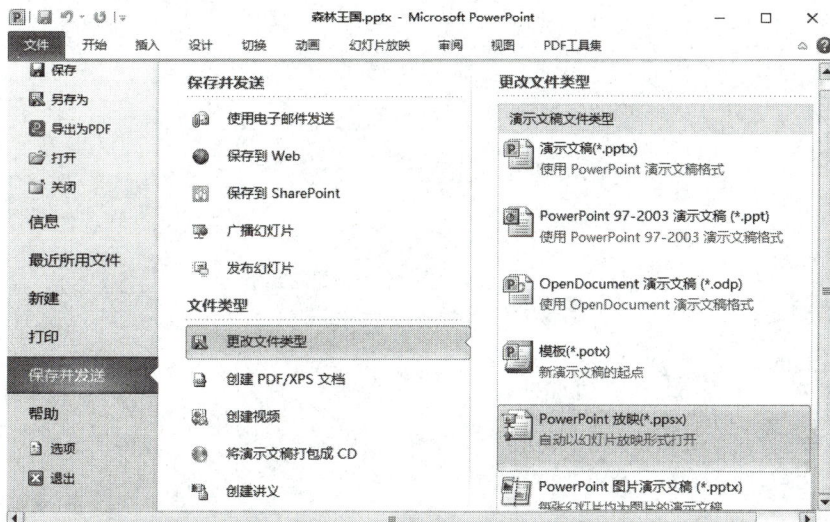

图2-3-35 转换为直接放映格式

项目三　微课型多媒体课件制作

"互联网+"时代，信息技术与教育教学深度融合成为必然趋势。微课以其短小精悍的特点契合了网络时代的个性化学习、碎片化学习、移动学习等需求，成为教育教学改革的切入点之一。教师是信息时代数字化教学资源的开发者和信息化教学的实践者，设计、制作及应用微课型多媒体课件是幼儿教师必备的技能。

任务 3.1　制作"泥泥狗"微课

任务描述

作为国家级非物质文化遗产,河南淮阳泥泥狗是我国古老而优秀的泥塑艺术品之一。它取材广泛,造型美观,精致大方,古朴淳厚,工艺精湛,而且古色古香。它是一种原始图腾文化的延续和拓展,给人以永恒的生命印象,在中华民族民俗文化中具有独特的魅力。

幼儿园杨老师为了传承传统民间艺术,设计了活动"泥泥狗",引导幼儿尝试纸黏土搓条和圆形叠加装饰,多角度欣赏与认识美术作品。为了提升活动效果和幼儿的观摩体验,她选择采用摄录的方式,并结合会声会影后期编辑制作微课型多媒体课件来辅助活动实施。

利用摄像机、手机等移动设备拍摄视频后,通过会声会影软件对视频进行后期编辑和制作,包括片头制作、素材导入、覆叠轨使用、转场添加、字幕添加、音频调整等等,并分享输出。

任务实施

经过前期准备(包括活动方案设计、稿本编写,确认拍摄知识点、授课风格、拍摄场地、拍摄相关人员等)后,进入视频拍摄阶段。

一、视频拍摄

1. 试拍

（1）在开拍前对拍摄场地进行踩点,进行场地清扫、装扮、灯光设备调试(摄像机固定与三脚架使用,灯光和电池准备,摄像机参数调整)等,如图 3-1-1 所示。

（2）试拍,适应镜头。拍摄时穿戴整齐(不穿带条纹衣服及条纹领带),必要时淡妆出镜。

图 3-1-1　摄像器材

2. 正式拍摄

（1）注意拍摄范围、景别,调整摄像机焦距。如果光线不足,可适当调整光线,也可在后期调整。

（2）在录制过程中如果需要停止,可暂停摄像机拍摄,等再次准备好继续拍摄。

（3）拍摄完成,使用数据线或读卡器把录制好的视频导入到电脑上。

二、后期编辑与制作

使用会声会影软件进行后期编辑和制作。

1. 使用模板,制作片头

启动会声会影,在"媒体"的素材库里选择自带视频模板"SP-V03",并拖动到时间轴视频轨上,如图 3-1-2、图 3-1-3 所示。

在"标题"素材库,选择"LOREM IPSUM|DOLOR SIT AMET",拖动至标题轨 00:02:12 处,如图 3-1-4、图 3-1-5 所示。

视频 3.1-1
使用模板
制作片头

双击预览窗口上的模板文字并修改标题。选中文字,打开素材库右下角"选项面板"→"选项"按钮→"编辑",调整文字相关设置,如图 3-1-6、图 3-1-7 所示。

图 3-1-2 "媒体"素材库

图 3-1-3 视频轨

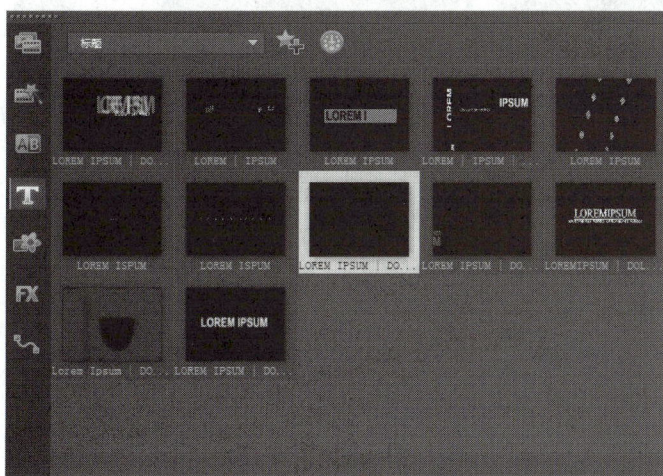

图 3-1-4 "标题"素材库

图 3-1-5 标题轨

图 3-1-6 预览窗口

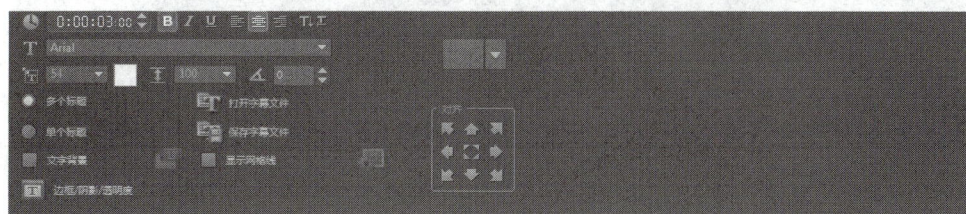

图 3-1-7 文字编辑

视频 3.1-2
导入素材

2. 导入素材

单击"媒体"素材库左上角"导入素材文件"按钮,导入全部素材到素材库里,如图 3-1-8、图 3-1-9 所示。

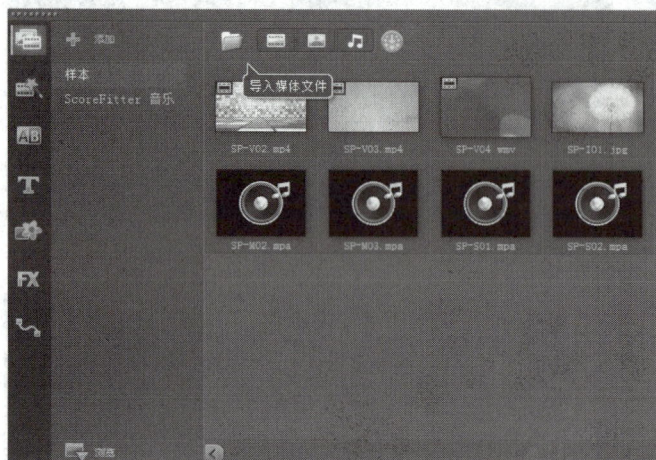

图 3-1-8 导入媒体文件

图 3-1-9 浏览媒体文件

将"课程导入""制作过程""作品介绍""作品展示"四个素材按顺序依次拖动到视频轨前一个视频之后,如图 3-1-10 所示。

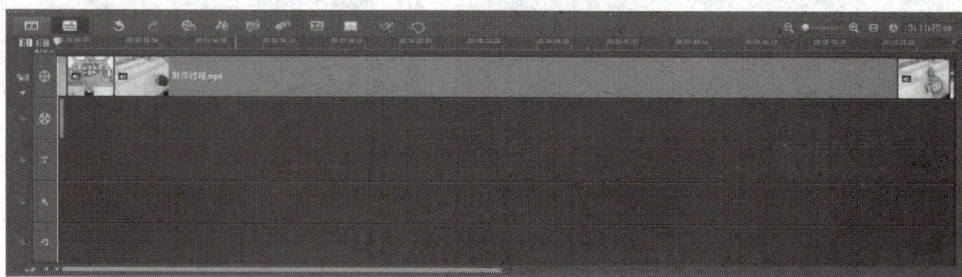

图 3-1-10 视频轨

视频 3.1-3
制作画中
画效果

3. 制作画中画效果

拖动素材库"图片"素材到覆叠轨 00:26:00 处,如图 3-1-11 所示。

图 3-1-11 覆叠轨

选择"图片"素材,在预览窗口上调整大小和位置。打开"选项面板"→"编辑",调整照片区间为 14 秒,如图 3－1－12 所示。

图 3－1－12 调整时间

切换到"属性"→"遮罩和色度键",添加边框。宽度设为 2,颜色为黑色,如图 3－1－13、图 3－1－14 所示。

图 3－1－13 遮罩和色度键

图 3－1－14 设置边框

4. 添加转场

在"转场"素材库,左上角单击下拉菜单,选择"覆盖转场"→"棋盘"效果,拖动至轨道 1"片头"和"课程导入"两个素材之间。后面的素材交接处添加"交叉淡化"效果,如图 3－1－15～图 3－1－17 所示。

视频 3.1－4
添加转场

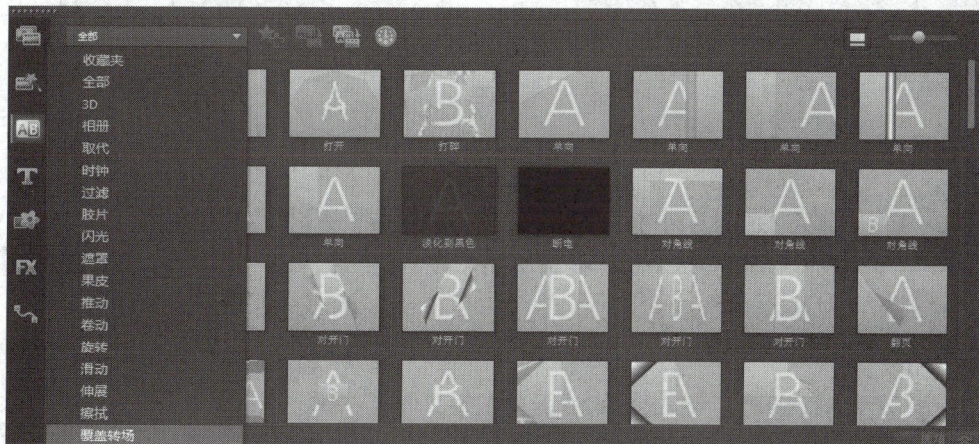

图 3－1－15 "转场"素材库

图 3-1-16　拖动"棋盘"效果在两个素材之间

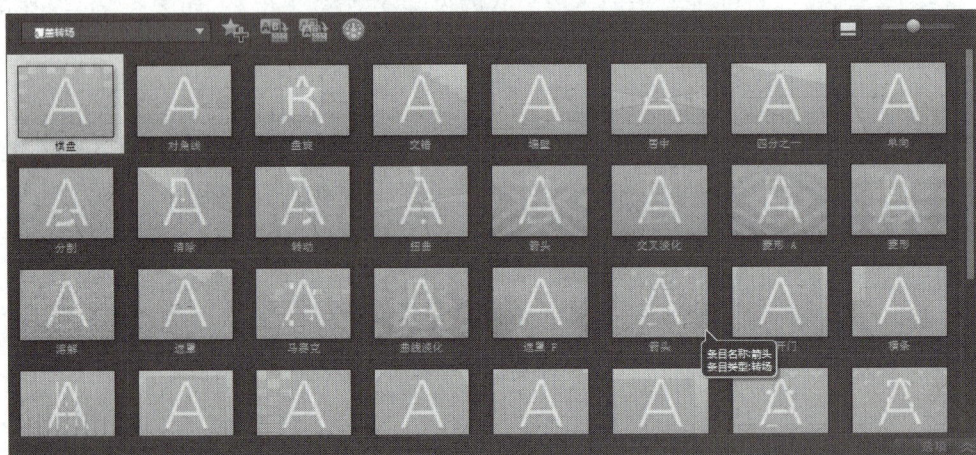

图 3-1-17　覆盖转场

5. 添加字幕

分别在 00:42:21、10:36:06、11:13:11 处添加"LOREM IPSUM"标题效果,并在预览窗口调整大小和位置并修改文字,分别输入"制作过程""作品介绍""作品展示",如图 3-1-18 所示。

视频 3.1-5
添加字幕

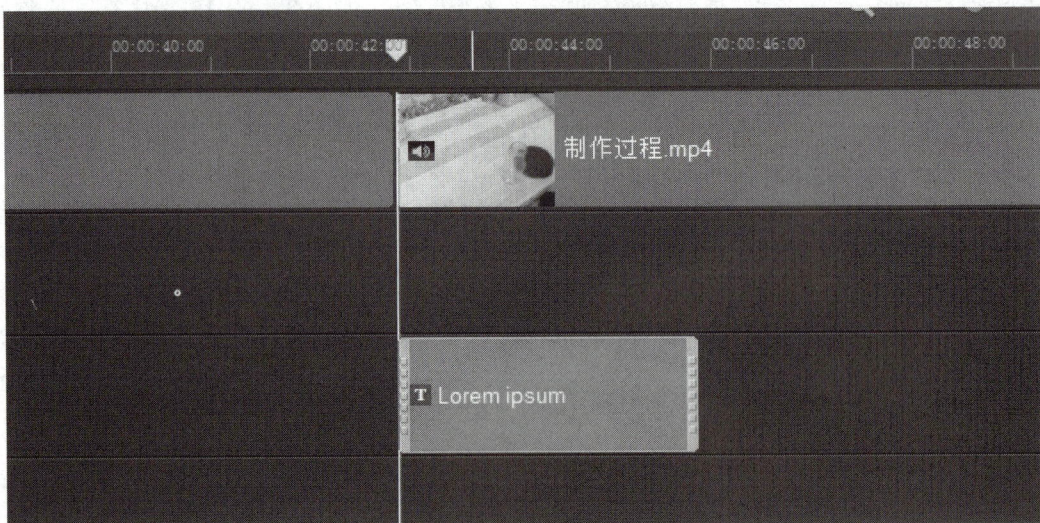

图 3-1-18　添加字幕

6. 调整画面

选择"课程导入"素材,打开"选项面板"→"视频"→"色彩校正",设置"自动调整色调"或自行调整各参数,如图 3-1-19、图 3-1-20 所示。

视频 3.1-6 调整画面和音频

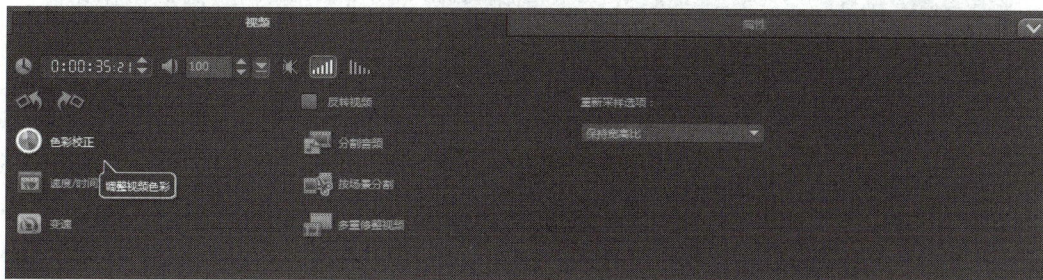

图 3-1-19 色彩校正

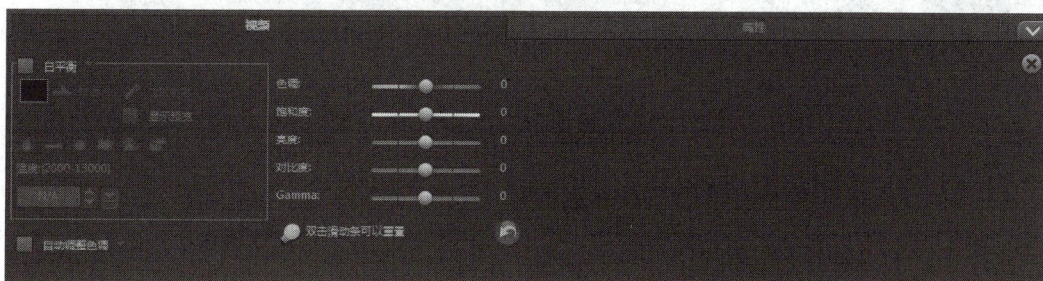

图 3-1-20 设置色调

7. 调整音频

选择"课程导入"素材,在"选项面板"→"视频",设置音频音量值为 300,如图 3-1-21 所示。

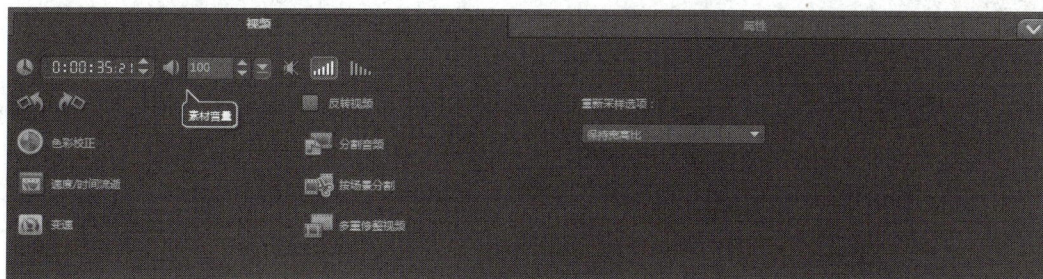

图 3-1-21 调整音频

注意:视频如果带有噪音,可在编辑前期使用"分离音频"命令,导出音频,在 Audition 中消除杂音,再导入继续编辑。

三、共享输出

将编辑完成的视频输出成视频文件。

（1）切换选项卡到"共享",在输出面板中选择"计算机",选择适合的文件格式或单击"自定义",在"格式"下拉菜单中选择其他文件格式,如图 3-1-22 所示。

（2）设置文件名和文件位置,检查无误后,单击"开始",渲染文件。

视频 3.1-7 共享输出

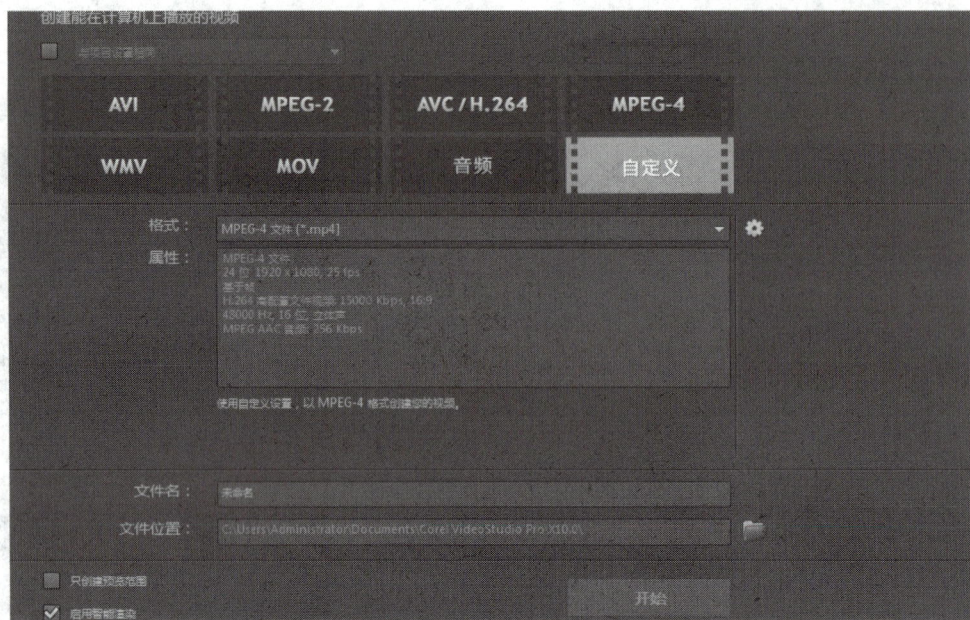

图 3-1-22　输出视频

知识链接

一、微课的概念

微课是指以视频为主要载体,记录教师围绕某个知识点或技能点开展的简短、完整的教学活动。

二、微课的特点

1. 短

短是指微课的呈现时间短。根据人的注意力的持续时间,建议微课视频长度短,微课呈现内容多为一个知识点,时间一般为 10 分钟左右。当然,针对不同的教学内容和学习群体,时间也是应该不一样的。相对于传统课堂几十分钟的一节课来说,微课可以称为"课例片段"或"微课例"。

2. 小

小是指主体和容量都要小。相对于较宽泛的传统课堂,微课的问题聚集,主题突出,更适合教师的需求。一个微课设计围绕一个主题,主要是为了突出课堂教学中某个学科知识点(如教学中的重点、难点、疑点)的教学,或是反映课堂中某个教学环节,教学主题的教学活动。微课充分使用多种辅助媒体,突出教学知识点。

3. 精

精是微课核心所在。精是指微课呈现形式新颖,富有创意。当然,好的创意需要经过比较长的沉淀和协作才会取得更好的效果,对于初学者的难度相对比较大。

4. 悍

微课的快节奏和碎片化学习效果令人难忘。微课能引发学习者的兴趣和思考或者情感上的共鸣。此外,微课实现了课前的组内"预演",人人参与,互相学习,互相帮助,共同提高,在一定程度上减轻了教师的心理压力,也让教师更能关注教学内容的设计和呈现。

正因为课程内容的微小,所以人人都可以成为课程的研发者;正因为课程的使用对象是教师和学生,课程研发的目的是将教学内容、教学目标、教学手段紧密的联系一起,是为了教学,而不是为去验证理论、推演理论,决定了研发内容一定是教师自己熟悉的、感兴趣的、有能力解决的问题。此外,微课技术门槛较低,广大教学者都能轻易参与进来。

三、微课的设计流程

微课设计分为多个步骤进行,每个步骤所需要考虑的细节都不一样,但是都必须以活动目标为中心。

1. 确定选题

确定选题是制作微课的首要环节和起点,科学的选题是微课成功的前提和基础。知识点选取是一节课中的重点或难点,且知识点必须足够细,能在几分钟左右讲解透彻。

2. 活动方案设计

根据选题及活动要求,编写活动方案设计。后期的微课开发以活动方案为蓝本。

3. 前期准备

准备教学素材与练习测试,结合微课知识点,充分运用图、文、声、像、动画等多媒体元素制作相应的课件。并编写稿本,配合讲授不容易理解的知识点,辅助教师现场讲授。

4. 视频录制

可以选择计算机录屏软件、摄像工具以及录播教室等进行录制。摄像工具可以使手机、数码相机、DV 摄像机或者视频摄像头等一切具备摄录功能的设备;若是使用录屏软件进行录制,则要调整摄像头的距离,以确保至少能看到整个头部。在视频后期处理过程中,要保证画质清晰、图像稳定、声音清楚(无杂音)、声音和画面字幕同步。在整个教学过程中,教师要注意镜头,与摄像头或者摄像机有眼神交流。特别是采用录屏软件时,可利用鼠标的单击与拖动,或者使用画笔功能来配合解说。讲解知识点不宜照本宣科,表述应有自己的见解。

5. 后期编辑与制作

后期制作是指利用实际所得素材,通过视频编辑制作软件,例如会声会影、Premiere 等,将视频剪辑到一起,形成完整的影片,并且为影片制作声音的过程,包括将视频片头和片尾的空白部分分割移除,并为视频的片头和片尾配上背景音乐,添加字幕等。

6. 共享输出

后期制作最后生成导出高清视频格式文件,确保视频画面导出后清晰和不变形。

7. 实施与评价

实施与评价要及时听取学习者观看后的感受和反馈。对于学生不满意的方面,要和学生多交流,找出解决方法。也可以和爱好微课的同行多切磋交流,多观摩同行的优秀微课作品,找出每个作品的优秀设计加以学习借鉴,以期不断提升。

四、微课的制作类型

微课的制作途径和方式多种多样,既可采用拍摄方式记录教学活动,也可以通过录屏软件录制计算机上讲解与演示的知识点,还可以通过一些创作型动画软件,例如 Animate、万彩动画大师等,将一些动作与画面合成输出为微课。教师可根据不同的学习对象,有针对性选择制作方式。根据使用的软硬件不同,大概可以将微课的制作类型分为以下六类。

1. 移动设备录制型

移动设备录制型主要是指用手机、平板电脑等终端,拍摄或者直接录屏的方式制作教学视频,此种方法简单、快速。

2. 计算机录屏型

计算机录屏常用的方法主要分为两种:第一种是使用计算机、手写板以及智能笔等硬件工具组合,配以书写类软件,进行书写过程的同步画面与声音的录制。第二种是直接使用 PPT 进行画面内容呈现,配合录音设备进行同步讲解和批注。

3. 专业拍摄型

专业拍摄型微课是指成片采用单拍摄的视频进行剪辑并输出的形式，其特点是采用单机或多机位拍摄，借助实景的活动来完成教学内容的传达。

4. 拍摄与录屏混合型

拍摄与录屏混合型微课是采用计算机录屏视频与摄像设备拍摄的两种画面进行混合剪辑或者直接叠加的模式，这种模式的微课视频中非常常见。

5. 其他创作型工具

其他创作型工具也可以制作出很多新颖，能够迅速吸引学习者注意力的微课。比如使用 Animate、3D MAX、万彩动画大师等工具。

6. H5 页面型

H5 页面型伴随着互联网学习常态化而发展起来的新型课件形式。H5 页面型是基于 Web 和浏览器，依托 HTML5 技术制作出来的课件。因此在移动化、形式表现多样化、良好的交互性和支持跨平台学习等方面的天然优势，日益成为备受人们青睐的一种课件形式。

五、视频拍摄的方法和技巧

1. 拍摄的基本方法

应用摄像机进行微课视频拍摄、虚拟环境拍摄、抠像视频拍摄等各种拍摄过程中都必须按照"平、稳、准、清、匀"5 点基本要领进行摄像操作，这 5 点基本要领是摄影师的基本功，务必掌握好。

"平"是指在进行静止或运动状态拍摄时应始终保持摄像机处于水平状态，在室外或室内拍摄时应提前确定好环境的水平参考线，使摄像机水平移动过程中保持在同一个水平线上。

"稳"是指在空中的画面要始终保持平稳，消除任何晃动、抖动。应将摄像机固定在三脚架上，以增强镜头的稳定性。在车船上拍摄，如果没法放置三脚架，只能利用摄像机身体来控制摄像机的稳定性，千万不能以车、船上的任何物体做支撑，只能利用摄像机自身与车船的同步运动（身体可起减震、缓冲作用）来减轻晃动，求得较为稳定的拍摄画面。同时，尽量使用短焦距进行拍摄以减少摄像机的晃动影响。

"准"是指拍摄时，要求抓取所拍摄的对象准确无误，按照微课脚本的要求及时、快速对准拍摄对象进行拍摄。在运动拍摄过程中的画面起幅和落幅的焦点要准确。在推、拉、摇、移、跟的运动拍摄中，落幅画面都要停的干净利落，重点准确，拍摄时机和构图把握准确，运动的节奏也要准确。

在进行跟、移拍摄的过程中，无论被摄物体如何运动，该动体应该始终保持在拍摄画面的某一位置上，并且前后镜头速度也要和谐、准确。

"清"是指摄像机镜头所摄取的画面要力求清晰。要求摄像师调整焦距快速、准确。拍摄时如果使用手动调焦，要多运用广角镜头过渡，然后再目测被摄对象的距离调整焦距。在运动拍摄时，还要注意摄像机镜头的移动速度不能太快，否则会使拍摄画面模糊。当然，摇摄速度太慢视觉感觉也会不舒服。

"匀"是指运动拍摄时的速度和节奏要均匀合拍。用电动变焦时，镜头的推拉速度容易控制；用手动变焦时，用力要匀。一般情况下，镜头在起幅和落幅时的速度应该慢一些，中间的运动状态变速要均匀，用三脚架摇摄时，云台要有良好的阻尼特性，便于均匀操作摄像机。

2. 室内授课过程的拍摄方法与技巧

（1）拍摄前准备工作

① 摄像机固定位置确定：摄像师应提前阅读理解微课脚本，根据脚本要求，分析确定需要固定摄像机的几个位置。通常情况下，如果有较多学生参与微课教学过程，且有多次互动、学生模仿练习等教学内容时，应与授课教师进行沟通、了解，在明确教师的行动路线后，选择几个摄像机固定点逐个试验，确保选

择出最佳的摄像机固定点。

② 照明与摄像机参数设置：如果较多学生参与微课教学过程，教室内布局补光灯受到限制，应尽量选择晴天，使教室内的光线明亮，再适当利用摄像机上的补光灯。这时，电子快门可选择 1/125～1/250 秒，光圈适当增大。

（2）拍摄方法与技巧

① 如果有较多学生参与微课教学过程，开始可以应用远镜头或中镜头适当拍摄参与学生的总体情况 2～3 秒钟，微课学习并不关注有多少学生参与微课教学过程，参与学生的多少对微课学习者的学习兴趣和效果影响不大。

② 教师在黑板或者白板书写教学内容时，往往字迹小、不清晰，而微课学习者关注的不是授课教师的身体和书写动作，而是关注书写的内容。为了能清晰地拍摄黑板或白板上的教师书写的教学内容，应使用近景拍摄。

③ 在拍摄教师书写、公式、图片、样品等重要内容时，应采取特写镜头拍摄，配合教师讲授确定时长，每个镜头应大于 3 秒钟，给学习者足够的识别、观看时间。

④ 在拍摄学生回答问题、互动、操作讨论等情景时，摄影师应提前与教师商定，单独作为一个分镜头进行拍摄，等待摄影师准备好以后再开始组织教学。

3. 录音方法与要求

（1）录音声道选择与控制方法

数字摄像机都有录音功能。在选择应用录音声道时，应根据声音的高低选择，当录制的声音中有超低音时，建议采用杜比 5∶1 声道录制。

在微课音频录制过程中，要对语言、音响和音乐三者进行适当处理，一般情况下应以语言为主体，其他声音作为次要内容。当教师授课语音中带有伴音时，授课语言始终应在突出位置，而伴音是次要的应作为背景音、辅助音来处理，不能喧宾夺主。

在录制过程中，应通过录制电平进行适当控制，处理好声音、音响的动态范围。

（2）降低噪声的方法

① 正确设置摄像机的录音参数以降低噪声。在录音过程中，摄像师对摄像机的录音性能不熟、使用不当会造成录音噪音。摄像机的录音部分一般都有一个音频限幅开关。这个开关可以对音频输入信号超过一定电平的部分进行自动限幅压缩，降低放大量，使之不至于过载失真，如使用不当也会增加噪声。

利用摄像机的录音限幅器控制，能有效、及时控制录音信号的过幅失真，但也会衰减高频音频信号。在低电平时，摄像机自身的噪声也会少量的加入录音系统，使信噪比下降。

② 降低拍摄环境中的噪声干扰。在拍摄微课视频之前，应该对拍摄环境（教室、实训室等）中可能产生干扰噪声的条件进行分析、处理，充分做好预防性工作，以减少环境噪声对录音效果的干扰和影响。

● 在校内的教室、实训室等环境下拍摄微课时，尽量选择常规上课时间段进行拍摄。在常规上课时间段，没有学生和铃声的干扰。

● 在室外环境下拍摄微课视频时，应尽量避免人声喧杂的环境和时间段，如果没有办法避免室外拍摄，应重点录制教师授课的音频范围，可以提前对授课教师的语音进行录制，测试其频率范围。

● 在有噪音的室内拍摄微课时，还可以利用一些室内物品如窗帘、地毯等进行简单的吸音处理，以改善室内的混响特性。

● 在室外拍摄时，要注意强风产生的噪音和对摄像机稳定性造成的伤害，应对摄像机上的传声器采取防风措施，风较小时可为传声器选好合适的防风罩泡沫。风较大时，使用带绒毛的大型话筒防风罩比较好。

任务 3.2　制作"动物园"微课

任务描述

李老师设计制作一节语言活动,结合绘本故事《动物园》,注重多媒体的运用,以鲜艳的色彩、多变的动态画面、声音的配合,帮助幼儿运用多种感官感知,引导幼儿"悦"读绘本,激发美好的情感。她选择 Camtasia Studio 软件进行录制屏幕并编辑,制作微课型多媒体课件。

准备好硬件环境(计算机、耳麦或独立的话筒)、课件和讲课稿,利用录屏软件 Camtasia Studio 录制视频。进入编辑模式,调整画面,添加动画、转场、字幕、音频特效等,最终输出微课视频。

任务实施

一、录制视频

视频 3.2-1
录制视频

准备好硬件环境、课件和讲课稿。打开 Camtasia Studio 9 的程序,在主界面的左上角单击【录制】按钮,打开录制界面,如图 3-2-1 所示。

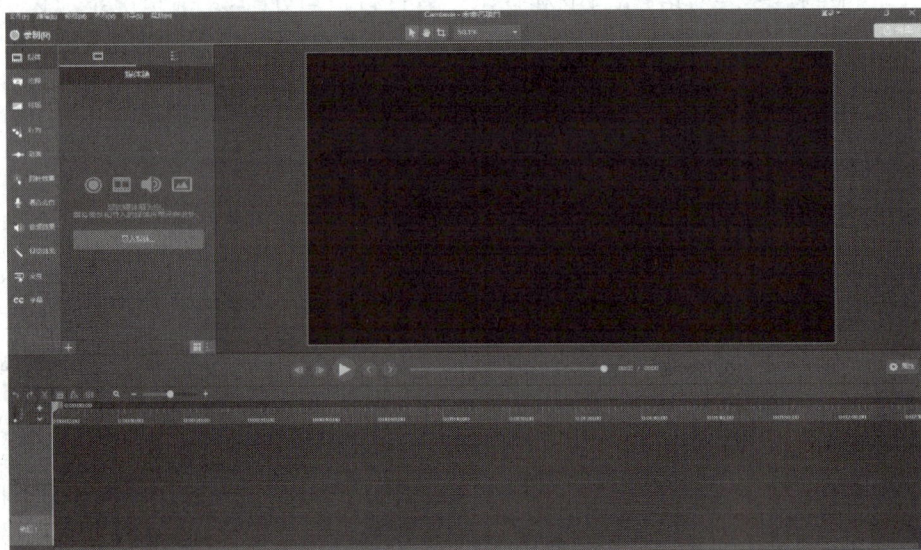

图 3-2-1　程序界面

在选择区域中选择全屏录制。在录像设置中打开摄像头和音频并把音量调至最大,单击【rec】,开始录制,如图 3-2-2 所示。

图 3-2-2　录制界面

倒计时后正式开始录制。打开课件，教师开始授课。如果中间需要暂停，可打开录制界面，单击【暂停】按钮，暂停录制，等准备好后，单击【恢复】按钮，继续录制。录制完成后，单击【停止】按钮即可，进入程序主界面，如图 3-2-3、图 3-2-4 所示。

图 3-2-3　暂停录制　　　　　　　图 3-2-4　恢复录制

在画布下方，单击【播放】按钮，播放已录制视频，如果存在问题，可以重新录制，如图 3-2-5 所示。

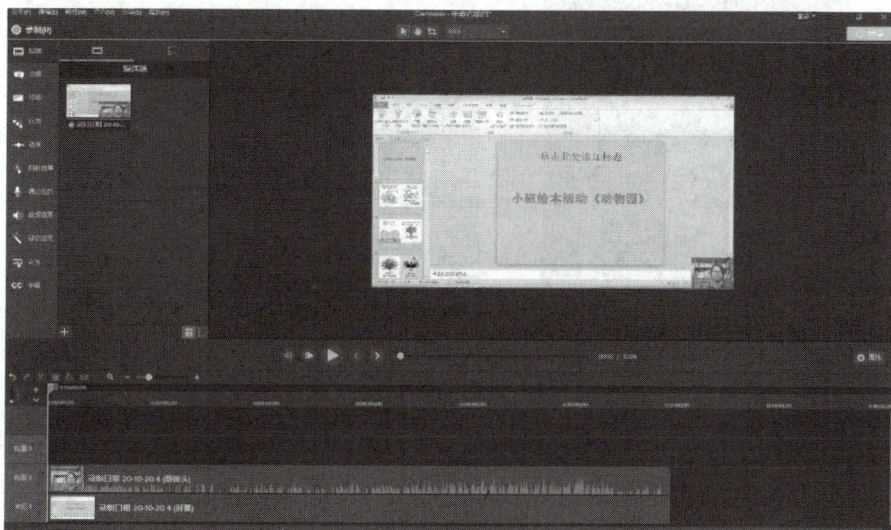

图 3-2-5　编辑界面

录制好的视频可以直接编辑或者根据实际情况调整后保存成视频格式，再次导入软件编辑。

二、后期制作

1. 新建项目

打开 Camtasia Studio 9 的程序，出现启动页面，选择【新建项目】，如图 3-2-6 所示。

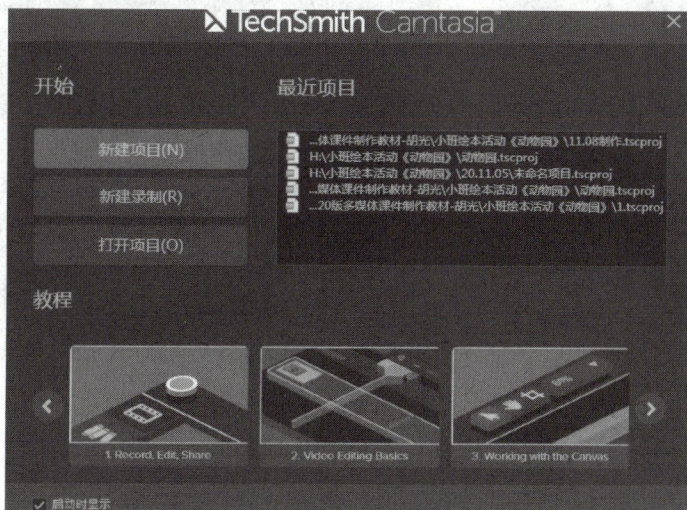

图 3-2-6　开始界面

2. 设置画布尺寸

执行"文件"→"项目设置"命令,在弹出的"项目设置"对话框中设置画布尺寸为"480p SD(854×480)",如图3-2-7所示。

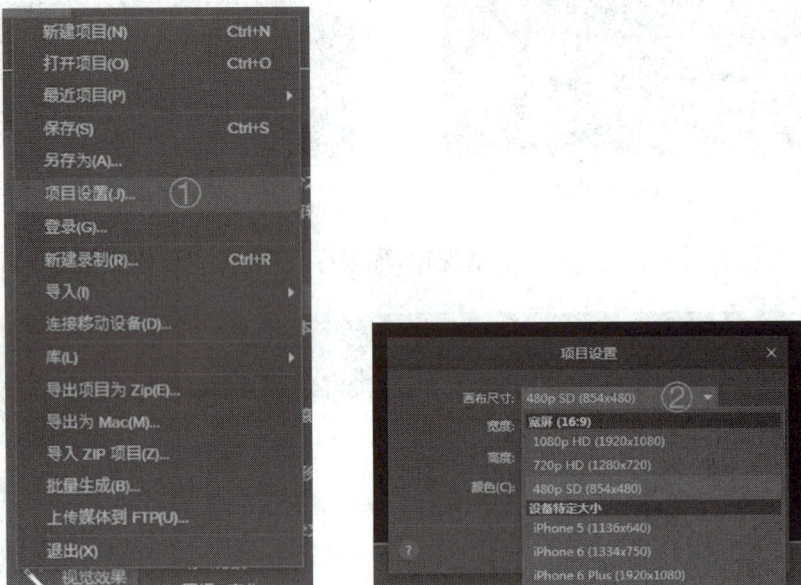

图3-2-7　设置画布尺寸

3. 制作片头

视频3.2-2
制作片头

使用程序自带模板,在"媒体"→"库"→"动态图形-介绍剪辑"→"方形钉",拖动到时间轴轨道1上,如图3-2-8、图3-2-9所示。在画布上单击右键,选择"缩放到适合"。

图3-2-8　使用模板

图3-2-9　拖动模板到轨道1

单击"方形钉"组左上角加号,打开组。选择不同的文本块,观看并调整效果。在画布上双击左键,调整文字,分别输入"动物园"和"小班语言活动",如图3-2-10所示。

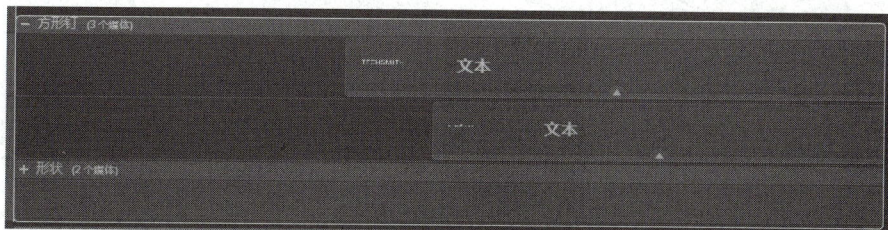

图 3 - 2 - 10　编辑文字

4. 导入素材并编辑

单击"媒体"→"媒体箱"左下角的加号,选择"导入媒体",导入所有素材到"媒体箱",拖动"画面录屏"素材到轨道 1 上,放置在"方形钉"素材之后,如图 3 - 2 - 11、图 3 - 2 - 12 所示。

视频 3.2 - 3
导入素材
并编辑

图 3 - 2 - 11　导入素材

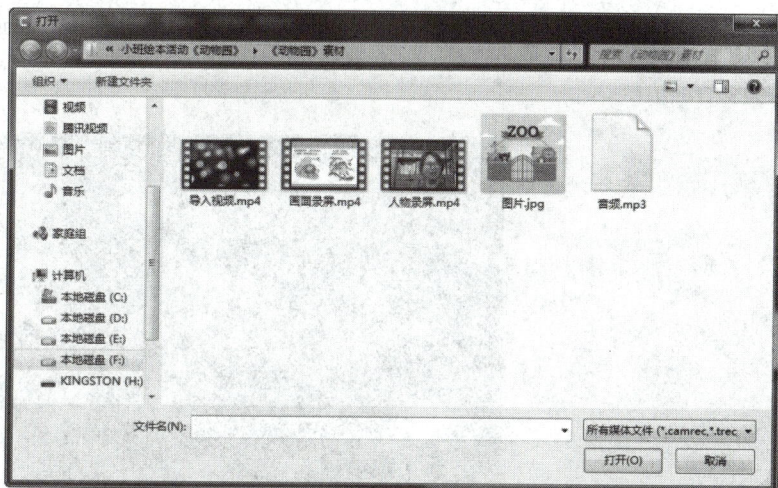

图 3 - 2 - 12　导入素材

为了便于编辑,可以调整时间轴视图比例大小。拖动播放头到 02:01:02,选择"画面录屏"素材,单击分割按钮 ,视频素材被分为两部分,删除前面不需要的部分,如图 3 - 2 - 13 所示。

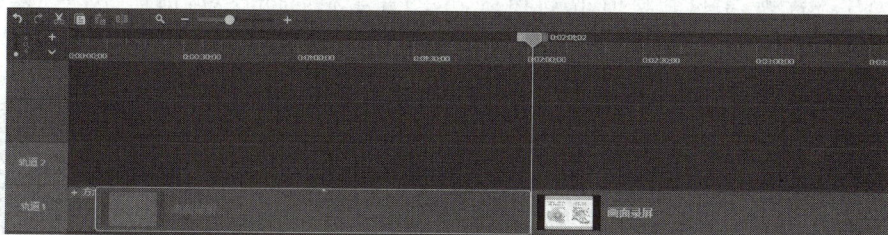

图 3 - 2 - 13　分割素材

拖动"导入视频"素材到轨道 1 空出的位置,将后面素材向前对齐,如图 3 - 2 - 14 所示。

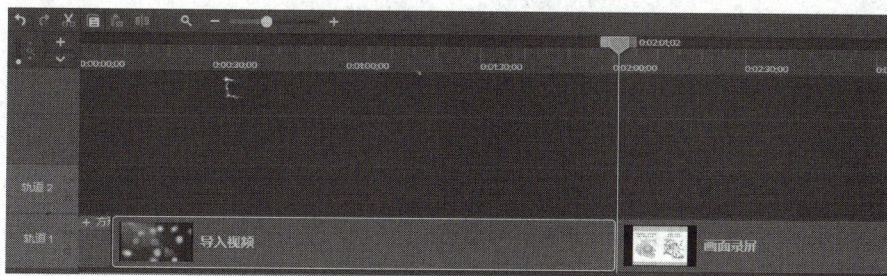

图 3 - 2 - 14　拖动素材到轨道 1

拖动"人物录屏"素材到轨道 2,对齐下方"导入视频"素材,如图 3－2－15 所示。

图 3－2－15　拖动素材到轨道 2

选择画布上"人物录屏"素材,调整控制点,缩小视频,调至画布右下角合适位置,如图 3－2－16 所示。

图 3－2－16　调整素材大小

按住[Ctrl]键同时选中"画面录屏""人物录屏"两个素材,调整播放头到 11:21:24,单击分割按钮,删除素材后面多余部分。

分别拖动"图片""音频"素材到轨道 1、轨道 2 上,图片素材时间较短,选择"图片"素材,拖动素材边缘至结尾处,如图 3－2－17 所示。

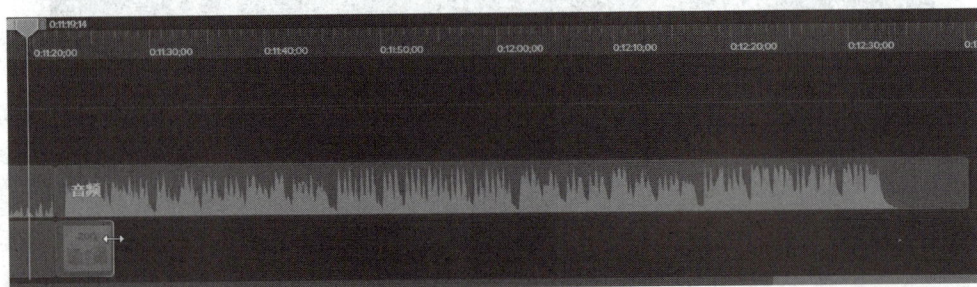

图 3－2－17　调整素材时长

视频 3.2－4
加入转场
效果

5. 加入转场效果

在"转场"→"类型"中,选择"所有",拖动"像素化"效果到轨道 1"方形钉"和"导入视频"两个素材交接处;选择"溶解"拖动到轨道 1"导入视频"和"画面录屏"两个素材交汇处,如图 3－2－18、图 3－2－19 所示。

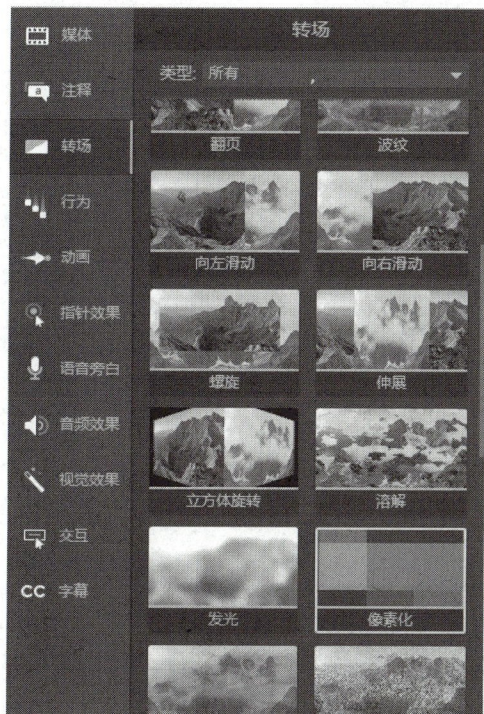

图 3-2-18 添加转场效果

图 3-2-19 拖动效果至两个素材之间

6. 添加缩放和平移动画

在"动画"→"缩放和平移"中,调整播放头至 02:04:15,在"缩放和平移"缩略图中调整控制框大小。用同样的方法,分别在 02:38:11、02:59:16、03:42:27、04:18:15、04:53:15 调整图像至合适位置,在 06:06:03 单击缩略图下方的【缩放到适合】,如图 3-2-20 所示。

7. 添加注释

调整播放头至 02:01:03 处,选择"注释"→"注释",选择"样式"→"所有"中第二行第一列形状,单击右键,选择"添加到时间轴播放头位置",所选样式直接添加到轨道 3 上,如图 3-2-21 所示。

视频 3.2-5 添加缩放和平移

视频 3.2-6 添加注释

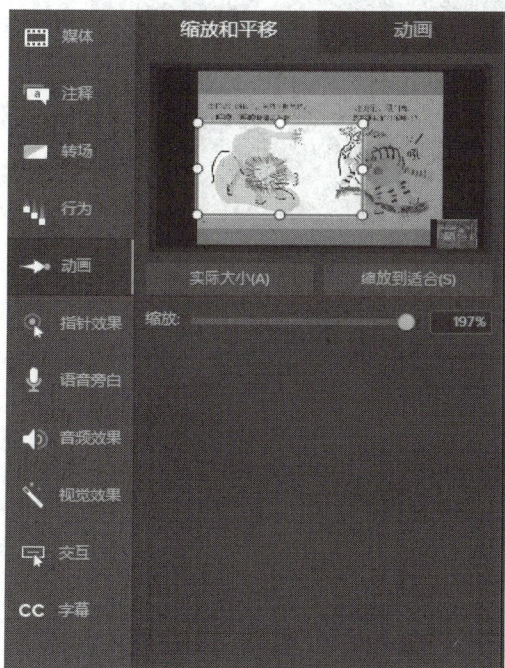

图 3-2-20 调整控制框

图 3-2-21 添加注释

单击时间轴注释素材右键,在弹出的对话框选择"持续时间",调整为 2 秒,如图 3-2-22 所示。

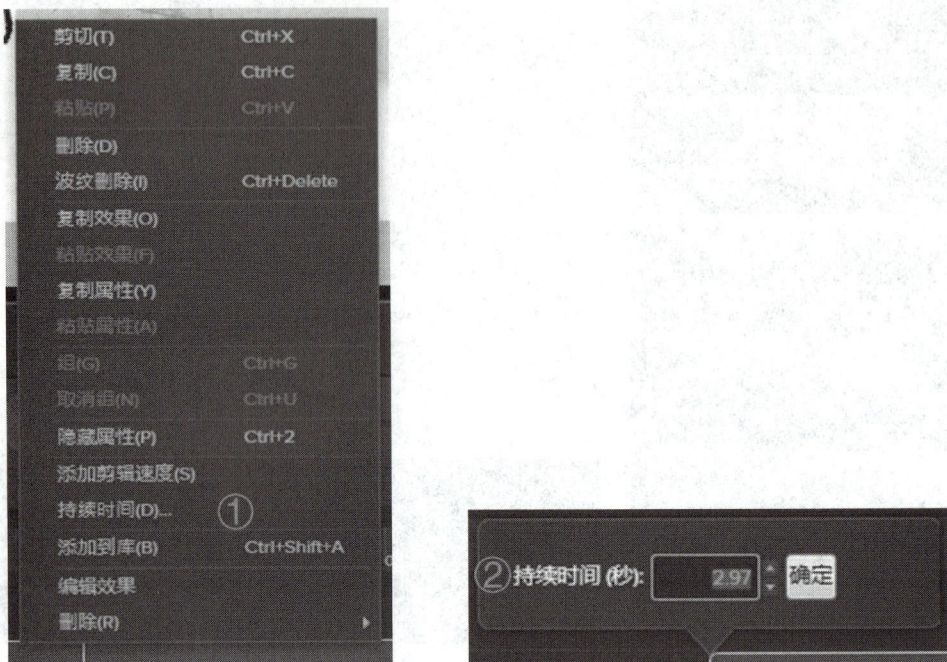

图 3-2-22　设置素材时间

在画布上选择注释样式,在属性面板的"视觉属性"里,调整缩放为 30%,调整至画布合适位置。修改文字,输入"重点页面导读,初步感知象声词",调整宽度。在 06:06:03 和 10:41:11 处用同样方法制作,如图 3-2-23 所示。分别输入"完整阅读故事""初步用声音、动作表现象声词"。

8. 添加字幕

拖动播放头至 11:30:16 处,选择"字幕",单击【添加字幕】按钮,在弹出的对话框里输入字幕,单击右下角加号依次添加字幕,如图 3-2-24、图 3-2-25 所示。

视频 3.2-7
添加字幕

图 3-2-23　调整视觉属性

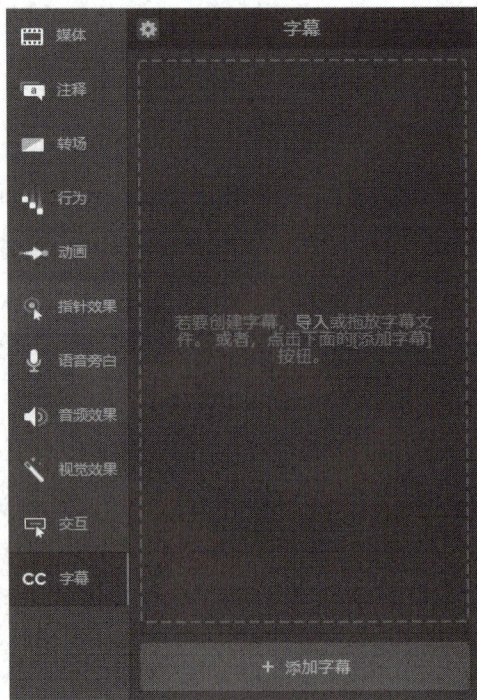

图 3-2-24　添加字幕

图 3-2-25　字幕对话框

三、视频输出

（1）执行"文件"→"保存"命令，保存文件。

（2）单击主程序右上方【分享】按钮→"本地文件"，在弹出的对话框，选择"仅 mp4（最大 480p）"，单击【下一步】按钮。修改项目名称和保存位置，单击【完成】按钮，渲染视频，如图 3-2-26～图 3-2-28 所示。

视频 3.2-8
视频输出

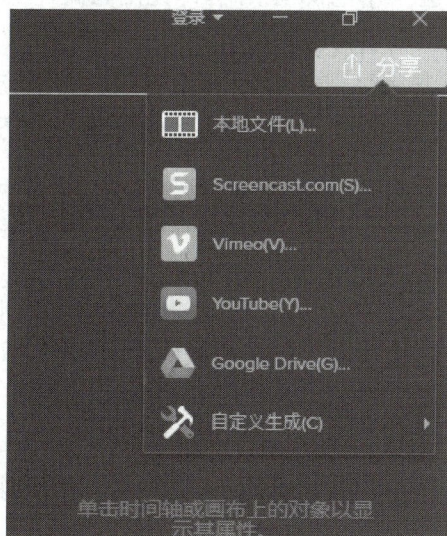

图 3-2-26　分享

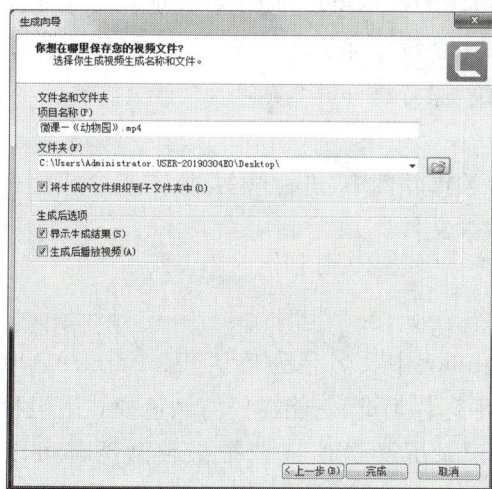

图 3-2-27　生成向导

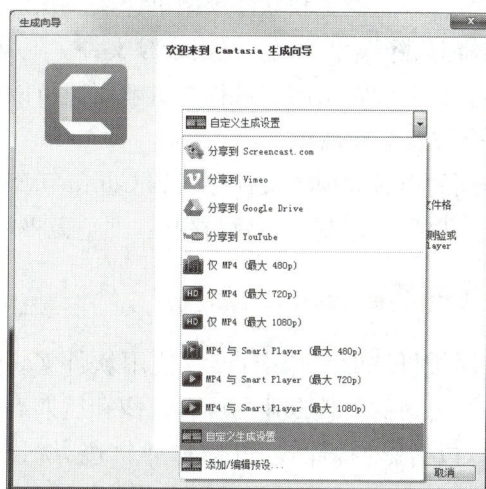

图 3-2-28　生成向导

知识链接

录屏类微课的制作是使用录屏软件将教学内容的动态画面和解说音频采用同步或异步的方式录制，并进行后制合成的一种制作方法。

一、录屏类微课的制作技巧及流程

1. 录制准备

在排练录制的时候经常会有很多口头禅、卡顿或者口误情况，不经意间会产生很多问题，这不仅增加了后期剪辑的难度，而且录制下来的微课体验效果不好。

也有部分教师做好PPT或者其他类型的课件后就开始排练演示路径和动作了，想反复操作，降低错误率，尽量达到精准。但是，一边控制PPT播放一边解说，想要一气呵成，制作出一个好的微课，真是非常难做到，特别是在不是特别熟练的情况下，更加容易出错，手忙脚乱。

人的大脑大部分是单任务工作的，说得通俗一些，"一心二用"甚至"一心多用"会降低工作效率，一个时间段内大脑只能集中精力做好一件事。

从教师做现场PPT演讲，一般会采用电视剧模式，即先出画面，演员先演着，后期才配音。在画面内容上将素材进行集成，等PPT画面出现后再组织语言。但是如果想要得到精准和标准的视频，就应该考虑拍MV的模式，即先有歌词，待录制完得到音频后，再对音频轨做相应处理，最后根据歌词意境配画面，精确到秒，这样就能保证画面和声音的精准匹配。借鉴这种拍MV的方法，先将画面后讲解的模式翻转过来，即前期先确定讲课稿，之后再根据解说配画面。

2. 录制步骤

（1）讲课稿先行

首先写讲课稿，便于谨密、理性的分析教学内容。讲课稿以文本的形式呈现方便反复修改，而且讲课稿在反复研读过程中可发现问题。讲课稿是控制整个微课时间长度最好的计算方式。

（2）讲课稿可视化

将写好的讲课稿制作成课件。提取关键词进行图形转换，用Word中Smartart等工具将内容可视化。最后使用动画呈现教学内容。这里需要注意的是，动画时长和讲课稿时长要大致相同，反复播放课件并练习同步讲解，做进一步优化。

（3）讲课稿语音化

使用语音录音设备和软件录制讲课稿。建议录制时以段为基本单位，便于后期剪辑。录制完毕后进行简单的修剪、降噪和优化后输出音频文件。通常人的语速是每分钟160～230个字之间，但由于微课可以暂停、回放，因此在录制的过程中讲解语速可以适当加快，保持每分钟200字。

（4）合成音频和视频

将得到的声音和视频文件导入到Camtasia Studio等编辑软件中，进行修剪，做同步合成。完成音画同步后可以根据要求制作特效与配乐，预览无极可输出视频文件。

二、Camtasia Studio软件应用

在录屏类微课的制作中，推荐使用软件Camtasia Studio，中文名字为喀秋莎。Camtasia Studio是TechSmith公司的一款专业的屏幕录像和后期编辑的软件套装工具，它能在任何颜色模式下轻松地记录屏幕动作，包括影像、音效、鼠标移动轨迹、解说音频等。录屏类微课或者拍摄类微课都可以导入到Camtasia Studio编辑器中进行编辑。

1. 录制

（1）启动录制界面

启动软件进入程序主界面,单击【录制】按钮,打开录制界面。

（2）录屏参数设置

设置录屏参数,包括全屏、自定义、摄像头、音频和音量5项参数。

① 全屏录制时:鼠标左键单击【全屏】按钮,蓝点在全屏录制下方显示,计算机屏幕上出现一个全屏的绿色线,框内是录屏范围,建议分辨率选择最大挡。

② 自定义录制时:鼠标左键单击【自定义】按钮或下拉箭头。单击【自定义】按钮后,计算机屏幕上出现一个绿色的局部范围现况。可以根据实际录制范围,用鼠标左键调整,该绿色虚框线的位置范围大小。

单击下拉箭头,有以下选择:

● 宽屏16∶9的高清1280×720像素和标清854×480像素两种选择,一般选择高清,录制的视频清晰度高。

● 标准屏幕4∶3、1 024×768像素和640×480像素两种情况可供选择,一般应选择分辨率高的1 024×768像素。

● 最近录制的区域的分辨率。

在【自定义】按钮右侧也可以调整视频尺寸参数。上述分辨率只能选择其中一种作为本次录屏的分辨率和区域。

③ 摄像头:单击【摄像头】按钮则是打开自带摄像头,再单击一下则关闭摄像头。下拉菜单中的参数选择默认即可。

④ 音频录音:单击【音频】按钮打开自带的录音头,再单击一下则关闭录音头。单击下拉菜单,选择系统录音还是外置麦克风录音,两者只能选择其一,或者选择不录制麦克风。

⑤ 音量调整:音量标尺一般应放置在最大位置,即将滑块拖止标尺的最右端。

（3）录屏

上述参数设置完成后。单击红色【rec】按钮或单击[F9]键,等待3秒倒计时后开始录制屏幕。进入录制状态后,打开多媒体课件,按照活动方案设计和讲课稿要求进行授课、讲解即可。如果教师在讲述过程中出现小的错误,不要急于关闭录屏。发现错误后停顿3～5秒后再重新讲解,剪辑时把错误、停顿的录屏内容剪掉即可。也可以在录制过程出错时,按[F9]键暂停录制结束,或按[F10]键停止录制。

进入编辑界面对视频进行后期编辑,编辑完成后,可将文件保存到先前建立好的项目文件夹,保存格式为Tscproj。当然,如果预览后效果不理想,可删除该视频。如果开启了摄像头使用画中画模式时,这样录屏和录像两个视频是分离的,方便后期编辑。如果在录屏过程中同时摄像,则授课教师的仪表、着装、语言举止、身体语言都要注意符合职业规范要求。如果外置录音麦克风,则应调整好麦克风的位置,确保录音质量。

2. 编辑

（1）素材分割与剪切

在对视频文件进行编辑过程中,基本工具由剪切、分割、复制和粘贴。复制和粘贴工具使用方法与Word软件中的使用方法基本一样,这里重点介绍剪切和分割工具的使用方法。

① 分割工具的使用方法:

● 分割的目的:计划在分割处插入其他视频文件;经过两次不同的时间点的分割后,可以把中间一段剪掉不用;在录制过程中将两个场景或两个镜头连续录制在一起,这时需要分开。

● 分割的方法:在媒体箱中右键单击需要剪辑的视频素材后,选择"添加到时间轴播放头位置"项。这时,视频文件同时在下方的时间轴中出现。播放需编辑的视频文件。单击播放器下方的播放按钮即可进入播放状态。当播放到需要分割时刻。单击分割按钮,这时停止播放,时间轴上的时间滑块停止的位置就是分割点,同时将轨道中的视频文件分割成两个文件。如果想连同与被分割视频关联的其他轨道上的素材一起分割,再右键单击时间滑块。在出现的选择项中选择"分割全部"即可,然后再根据分割的目的进行后续操作。

② 剪切工具的使用方法:

● 已经分割的文件剪辑:当视频文件中某些已经分割的片段不需要时,应剪切掉,这时应用剪切工具即可。单击时间轴中需要剪切掉的那段文件,然后再单击【剪切】按钮,那段文件就去掉了,并留下相应时间长度的空间。当剪掉一段视频文件后,再单击并拖拽后面的视频文件向前拖动,直到于前一段文件连接为止。

● 未分割的文件剪切:在一个视频文件中间某一部分需要剪切时,用鼠标左键将时间滑块儿拖至需剪切的那段视频起点,然后单击时间滑块儿右侧的红色滑块并向右拖。只需剪切部分的止点,单击【剪切】按钮即可剪切后的前后两段自动对接起来。

(2)视频编辑处理方法

在程序主界面中,有"媒体""注释""转场""行为""动画""指针效果",在"其他"里还有"字幕""语言旁白""音频效果""视觉效果""交互"等功能。在以上功能中,这里主要介绍"动画"和"转场"功能及其实现方法。

① 动画功能及其实现方法:当需要对视频图像中的某一局部进行放大、保留时,可应用"动画"功能中缩放和平移。

● 确定缩放视域:在程序主界面中单击"动画"后。在"缩放和平移"下方出现缩放边框,用鼠标左键拖住边框即可调整缩放视域的大小,拖动边框位置可选择缩放视域范围。另外,缩略图下面有缩放比例,可以随意调整高、宽,但容易使图像变形而导致失真,有时可能为了某些艺术特征而要求而故意失其失真。

● 确定缩放的开始时间:当选择"缩放和平移"功能后,在时间轴中,如果出现箭头图像,左边的箭头表示缩放的起点,箭头的长度表示缩放过渡时间,用鼠标左键拖动箭头的前后端,可调整缩放过渡时间。左键拖住箭头先后调整位置,可改变缩放起点时间。

● 确定缩放结束时间:当播放一段时间确定缩放结束时,用鼠标左键再将缩放框调制至整个屏幕大小,即恢复到原始图像状态,在时间轴中出现了第二个箭头。同样,可用鼠标左键拖动右边的箭头,调整缩放结束时间点和过渡时间的长短。

② 转场功能及其实现方法:转场是在两段视频中间插入一个过渡式的短暂图像,使原来两段不同场景之间的内容图像差异较大的情况有所缓解,从而使过渡更加自然,并能实现一些特殊的视觉效果。

本软件中的转场效果中有波纹、伸展、螺旋等30种。插入转场图案,单击"转场"功能后,出现了各种转场图案供选择,如选择"百叶窗",则单击图案,并拖至视频的分割处。这时,在时间轴的视频分割处出现了一个标识框,表示转场已经完成。播放一下,看看转场的效果是否满意,如果不满意,则右击时间轴上的转场标识框后选择删除,再重新插入一个满意的转场图像即可。单击时间轴上的转场标识,框边沿向右拖拉即可延长转场时长。

(3)音频编辑处理方法

① 在视频文件中插入音频:将视频文件放置在时间轴上,播放一下看看是否正常。将背景音乐或配音文件导入到媒体箱中,然后用鼠标左键拖至时间轴中的一个空轨道上。如果没有空轨道,在时间轴左端有一个【+】按钮,单击一次增加一个新轨道。调整音频时长。一般情况下,导入的音乐或配乐的音频时长和原视频文件时长不一致,或者仅需要在视频中间的某一段插入音频,这时,应调整插入的音频起点、时长。单击时间轴中的音频左端向左拖动,则将音频起点与视频对齐,如果需要从视频中间某一刻插入音频,再向右拖动至视频中选定的起点时刻即可。如果音频长度超过设计要求,则应该分割功能将其分成两段,用剪切功能将不需要的一段剪掉。

② 音频质量调整：单击音频,时间轴上的音频块儿变成绿色,用鼠标左键上下拖动绿线框,即可调整音量大小,或者打开属性面板,调整增益值。

再单击"音频效果"后出现所示对话框,选择降噪选项,拖动到音频上,在属性面板上,调整灵敏度和量的值,然后单击【分析】按钮,等待生成音频噪声配置文件,播放视频查看效果,确认是否成功消除了噪声。

如果插入的音频信号开始或结尾时,声音太强,有不适应感,则可选"淡入"或"淡出"功能,使声音有个过渡期的时长,可以通过时间轴的音频块的斜块调整。

（4）文字编辑处理方法

① 添加注释：在录制好的微课视频中,有时需要添加一些文字,这时可运用添加标注功能来实现,方法如下：

● 添加书写文字内容：在播放视频过程中,在需要添加文字时暂停,然后单击主界面中的"注释"功能。调出各个样式供选择,如选择"箭头"作为文字框,拖动"箭头"到画布上,双击文字框输入文字即可。另外,文本框的边框颜色、宽度、文字框填充和效果等,按照文字框的标识进行即可,与 Word 方法相同。

● 调整添加文字的位置：在画布中,用鼠标左键拖动添加的文字框可调整其位置、大小。

● 调整添加文字的起、止时间：当添加文字完成后,在时间轴的轨道上出现文字框,调整鼠标到文字框块边缘,出现横线双箭头时向右拖动,延长至要求的时长即可。单击时文字框并拖动文字框整体向左或右移动,以此调整开始或结束的时间点位置。

② 添加字幕：

● 逐句添加字幕：字幕和注释不同,字幕是教师授课的讲话稿,也称为授课稿本,字幕的内容与教师讲课的内容完全一致。因此每一句话的字幕起始点和视频中教师讲课的进度一一对应,或提前一秒钟出现字幕,延迟一秒钟结束。

准备好授课稿本,并播放一次微课视频进行核对,当稿本内容与视频中的授课内容不一致时,应以授课视频为准,修改授课稿本。注意：授课稿本,每一行文字在 8～15 个,每行文字的头尾和微课视频中教师授课语言对应不佳时,应适当调整每行文字的头尾文字。输入字幕。单击"字幕"→【添加字幕】,在弹出的文字框中输入文字即可。文字的字号、字体、颜色等可根据标识调整。调整字幕起、始时间点,全部字幕填写完成后,要播放。对准视频中的教师授课的语言进度,在时间轴中的字幕轨道上单击每一个字幕块进行左右调整,使字幕出现和结束时间与教师授课的讲话对应起来。如果字幕块宽度太小不易调整,则单击时间轴缩放按钮向右拖动,使时间轴放大后,字幕块的宽度就增大了。但其时长不变。

● 添加同步字幕：把准备好的授课稿本,整理成一行一行的 Word 文件或文本文件,不要表格、图框等,纯文字版,每行的文字不宜过多,去掉标点符号。字幕文字整好之后复制备用。复制字幕,在字幕文字输入框中单击鼠标右键后选择粘贴字幕。单击同步字幕按钮后出现选择框选择,确定开始同步字幕和音频中的一个选项后,单击【确定】按钮。单击【同步字幕】按钮,即开始视频播放和显示字幕,在视频中教师每句话开始说时,单击对应行的文字开头位置,要跟上教师讲话的速度,使其同步。有时慢了或快了,问题不大,字幕添加完毕后,可以按照逐句添加字幕的起始时间和方法调整、修正。

（5）文件输出与保存

微课视频编辑完后,应及时保存输出。

① 文件保存：保存编辑后的原始 Tscproj 格式文件,以后还可以调出来进行继续修改完善。方法如下：单击主界面左上角的"文件"窗口,选择"项目另存为",在出现的对话框中选择需要保存的文件夹后,在"文件名"栏填写该文件的名称。

② 文件输出：文件输出是将编辑完成后的文件转化为某种通用格式,进行保存。输出后的视频文件只能用于播放使用,无法再进行修改与完善。

　　单击主界面右上方的"分享"后,选择"本地文件"出现生成导向菜单,默认格式是 MP4,如果没问题就单击【下一步】按钮,也可以根据需求选择其他文件格式。单击【下一步】按钮后,出现视频文件保存地址的对话框。在"项目名称"栏目中输入该视频文件的名称;在"文件夹"栏目中查找、确定保存的地址和文件夹。后期制作选项中的两个选项,根据情况选择,单击【完成】按钮。等待渲染,进度条显示渲染进度情况。渲染结束后出现生成结果和视频参数,单击【完成】按钮即可。

参 考 文 献

［1］牛琛富茜. 会声会影 2018 视频编辑与制作［M］. 北京:清华大学出版社,2018.

［2］赵君,周建国. Adobe Audition CS6 实例教程［M］. 北京:人民邮电出版社,2020.

［3］潘博. Animate CC 二维动画设计与制作［M］. 北京:人民邮电出版社,2019.

［4］张侨等. PhotoShop 实战应用［M］. 北京:人民邮电出版社,2019.

［5］王亚盛. 微课程设计制作与翻转课堂教学应用［M］. 北京:机械工业出版社,2016.

［6］杨上影. 微课设计与制作［M］. 北京:高等教育出版社,2017.

［7］陶翠萍. 多媒体课件设计与制作［M］. 北京:人民邮电出版社,2018.

［8］丁文敏等. 幼儿园多媒体课件设计与制作［M］. 北京:人民邮电出版社,2021.

图书在版编目(CIP)数据

幼儿教师多媒体课件制作/张莉,孙培锋主编. —上海:复旦大学出版社,2021.12
高等职业教育学前教育专业系列教材
ISBN 978-7-309-15939-4

Ⅰ.①幼… Ⅱ.①张… ②孙… Ⅲ.①学前教育-多媒体课件-制作-高等职业教育-教材
Ⅳ.①G434

中国版本图书馆 CIP 数据核字(2021)第 185125 号

幼儿教师多媒体课件制作
张 莉 孙培锋 主编
责任编辑/张志军

复旦大学出版社有限公司出版发行
上海市国权路 579 号 邮编:200433
网址:fupnet@fudanpress.com http://www.fudanpress.com
门市零售:86-21-65102580 团体订购:86-21-65104505
出版部电话:86-21-65642845
上海四维数字图文有限公司

开本 890×1240 1/16 印张 12 字数 355 千
2021 年 12 月第 1 版第 1 次印刷

ISBN 978-7-309-15939-4/G·2309
定价:45.00 元